刘海潮　著

張伯行

第六卷　第一清官

目　录

（第六卷　第一清官）

第十一章

第十二章

第十一章

一
复任巡抚

（一）康熙五十二年（1713年），张伯行复任江苏巡抚

再次来到府衙，门口守卫看到张伯行一行人，急忙上前施礼，说道："拜见大人！"

张伯行摆手道："无须多礼，我之前已经派人通知汝等，要汝等将这一段江苏治下所有案卷全部备齐，可曾做到？"

那人道："这个小人不知，大人可去里面查问一下。"

张伯行来到公堂，门吏钟逵早在门外等候。看到张伯行，急忙上前一步，躬身施礼道："钟逵见过大人！"

张伯行对钟逵道："钟逵，不必多礼。我吩咐你整理的案卷可曾整理完毕？"

钟逵道："大人吩咐之事，钟逵不敢怠慢。这些日子的案卷全部在此，小人已经分门别类，大人可一一过目。"

张伯行笑道："钟逵做事，总是让人放心。你是大才，跟着我张伯行，的确有些委屈你了。"

钟逵慌道："跟随大人，是钟逵的福分，钟逵不曾有其他任何想法。"

钟逵顿了顿又说道："大人，还是先查看案卷吧！"

张伯行来到书案之前，端坐在椅子上，开始认真查阅各种案卷。

恍然之间，一个时辰已经过去。

张伯行感觉有些疲惫，不觉伸了一下腰，对钟逵道："果真年龄不饶人，这才多长时间，已经有些不支。"

钟逵道："大人，已经正午时分了。钟逵从未见过如大人这般官员，刚到

衙门,不曾歇息片刻,就查阅案卷。"

张伯行道:"爱人利物之谓仁。惟如此,方不负这身官服啊!"

忽然之间,张伯行想到一事,问钟逯道:"钟逯,我方才查阅各种案卷,为何不见张元隆与海盗一案的案卷?"

钟逯道:"大人,那张元隆已死,此案应该算是了结,所以就不曾把此案卷宗给大人看。"

原来,钟逯知道张元隆虽死,但背后牵涉事情重大,想必除了噶礼,还会有其他朝廷命官牵涉其间。若张伯行执意要查,恐再次给张伯行招来杀身之祸,故钟逯将此案案卷故意藏起,却不想张伯行竟然再次提起。

张伯行道:"张元隆虽死,但张令涛还在,且和张贼勾结之海盗尚未全部肃清。若就此仓促结案,恐以后会给江苏百姓带来祸端,给大清王朝带来隐患。"

钟逯无奈,只好将相关案卷拿出,交于张伯行。

张伯行将案卷又仔细查阅一遍,不知不觉中,过去约半个时辰。

张伯行看完之后,回身对钟逯道:"钟逯,你去吩咐大仪,明日安排车马,我带大仪前往上海县一趟,务必要查清张令涛下落。此人不除,此案便不能结。"

"谨遵大人吩咐,钟逯这就去安排。"

钟逯走出公堂,按照张伯行吩咐,将相关事宜安排妥当。

按照张伯行的安排,大仪回仪封老家参加万寿恩科乡试,以五十八名的成绩高中举人。可是大仪时刻牵挂着千里之外的张伯行,便放下功名,别妇抛雏,辞别家乡,又赶往苏州。

第二日,天刚刚亮,张伯行起来。洗漱完毕,用完早餐,张伯行命人让钟逯过来。

片刻,一衙役进来,张伯行奇怪道:"钟逯为何没到?"

那衙役急忙施礼说道:"大人,小的正要跟大人说。钟大人昨日晚间,染上风寒,现卧床不起,钟大人令小人过来给大人告假。"

张伯行闻听,有些着急,忙问衙役:"病情如何,是否严重?"

那衙役道:"钟大人令我告诉大人,车辆行具已安排妥当,随行人员也在待命。并让小人转告大人,不用担心他,钟大人自会照顾自己。"

　　张伯行道:"我今日前往上海县,你务必找到最好的郎中给钟逵治病,我回来之时,要看到钟逵身体痊愈。"

　　那衙役领命而去。

　　此时之上海,初具规模。商业贸易日益频繁,南洋海船川流不息,闽浙货物自此迎送,逐渐成为影响深远的大码头。县城南门外陆家浜、董家渡等,码头货栈占据整个江岸,海船、沙船以及南洋鸟船、洋船等,或停泊,或装卸;或起锚远航,或鸣笛致意。航运旺季,帆樯辐辏,船只数千艘,工人数万人。

　　康熙帝还在上海县城设立江南海关,关署就在县城小东门旧察院行台衙门。初叫大关,设专门汛口关卡,对进出的海船须在汛口挂号、登记号簿,进口、出口皆以不同的折数征收关税。

　　一时之间,上海港成为中国南北洋之间、沿海和内地之间货物交换的最大商港。

　　到上海时,已近午时。

　　大仪对张伯行道:"老爷,行走半日,人困马乏,我们先找一酒家歇息片刻,再行查访,您看如何啊?"

　　张伯行道:"也好。我们且去黄歇浦吧,那里来往人众,或许能够得到一些消息。"

　　大仪领命。

　　几人来到黄歇浦,见临江有一小店,极是清净。

　　张伯行对大仪道:"我们就在此处歇息片刻。"

　　几人走进小店,店小二急忙过来,招呼张伯行等人坐好。

　　张伯行看这家小店,门面不大,但收拾得倒甚是干净,心中愉悦。

　　店小二过来,又将桌椅擦拭一遍,道:"几位客官,看看用些什么。本地各色生煎,日常酒菜齐备。"

　　大仪对那小二道:"你等特色酒菜,上来一些够我们几人食用即可。"

　　片刻,酒菜备齐。几人边吃边聊,主仆甚欢。

　　不一会儿,从门外进来几位客人。店小二急忙过去喊道:"哎哟,李爷,什么风把您吹过来了啊?快快请进。"

　　张伯行抬眼看去,见一四十岁上下的人领着几人走了进来。

　　那人对小二道:"给我们几个来几样精致小菜,两斤黄酒。"

小二道:"好嘞,李爷,您稍等,马上备齐!"

那几人同样边吃边聊。只听一人说道:"李爷,听说你最近又添得一处房屋,恭喜啊!"

那人闻听,脸上突显怒色,说道:"休提此事,提到此事,就让我生气。本来以为捡到一处便宜,却谁想惹了一身骚。"

几人忙问道:"李爷,我们只听说你用二百两银子,买回一处临街房屋,难道其中有蹊跷不成?"

那人道:"我一远房亲戚给我介绍此处房屋,说房主姓张,因要离开此地,故想速速卖掉。谁料想,刚将银子交与他,就接到县衙通告,说此房原主状告有人强抢他家房屋,这处房产已经被查封。我再找那姓张的,谁料他已无踪无影。"

几人听过,面面相觑,其中一人道:"那李爷准备如何处理此事啊?"

姓李的说道:"听天由命吧!"

几人皆用好言劝了一番,而后离去。

张伯行在旁边一直细细倾听。容那几人等离去,张伯行对大仪悄声说道:"这个案子有点意思,我们且去县衙见许士贞,查问一番,或者会得到一些有用的线索。"

大仪领命,唤来小二,结账之后,几人匆匆赶往县衙。

张伯行说的许士贞,就是时任上海县知县。

史载:许士贞,字介庵,归德府虞城人也。生于顺治十二年九月,康熙戊午科举人,生而颖异,能文章。初任光州学政,升授山东利津县知县,再补江南含山县知县,敕授文林郎,调上海县知县,加一级。

上海素称剧邑,有命盗数十案拖而未结,狱铺人满为患。许士贞调任上海知县,仅数旬之间,察冤摘优,审谳定拟,随详宪结案,释放宁家者五百余人,图圄一空。

张伯行曾在为许士贞的姑父许琦撰写的《赠文林郎江南含山县知县许君墓志铭》中赞许士贞之官德:"余方抚吴时,上海以廉干称,而不能曲意事上官,遂为制府所摭,余以同乡引嫌,心知其冤而不能伸也。"

还未等张伯行走到县衙,那边,早有上海县知县许士贞带领县丞王蠲疾、主簿李谔知等佐贰人众在县衙门外迎接。

一见张伯行,许士贞赶紧上前跪拜,余等皆跪。

之后,许士贞紧紧握住张伯行的手,笑着说道:"抚台刚复任,就来小县,乃士贞之福。吾备简餐,候君已久矣!"

"劳烦介庵兄久候,我等已食过。"张伯行道,"闻上海秩序井然,百业兴旺,今日一见,果不其然!"

言谈中,许士贞陪张伯行一起走进县衙。

上海县署经过多年扩建,完整建成了穿堂、仪门、中堂署、戒石亭、銮驾库、典史厅等,还扩建了吏舍及皂役班房。

张伯行看到上海县署集行政、司法、监狱于一体的建筑群,幽深华美,古朴庞大,房屋结构勾连完美,布局设计大方合理,房屋之间主配呼应,高低有致,心中甚喜。在此环境中,署理事物,批阅文件,都会感到舒心。

边走边听介绍,张伯行很感兴趣。许士贞善于读书,又不断实地巡访民情,对于上海了解得十分详细,所以他的讲解也颇多趣味。

张伯行不禁对着许士贞感叹道:"初次见到你,为你的施政于民、仁政于民的思想甚为高兴。这一次见你,感到这些精美建筑和为政为人的德行是一致的。虽朴质却高大,虽细微却精要。那些木雕,精工细雕而显善巧,大朴不雕而透力度,都不失分寸,不失比例,恰到好处,一无多余,一无残缺。哈哈,如此完美的结合,乃上海县署唯一也!"

许士贞说:"谢抚台大人夸赞。本署衙建筑经过多年修复,日见华美,机构完善。卑职自任职以来,诚惶诚恐,每事精于作,虑于心,每天三省,检点自己,告诫自己,哪些事情应该做,哪些事情不应该做,都要有个公私分明、善恶有辨、条理清晰。如不然,当有愧于朝廷信任,有愧于抚台大人厚爱,也有辱于祖庭家训。"

张伯行点了点头,说道:"上海县位置重要,皇上素重此地,派你于此任职,皆是皇恩浩荡。你才德双具,为人正派,以身作则,能够融情于民,十分难得。"

许士贞道:"朝廷命我承乏云间,为华亭父老做些事情,乃我所愿。沪渎积弊较多,我须亲力亲为。一日去一弊,一日少一弊;一日谋一事,一日兴一业;日日有位,日日有为。我不敢稍有懈怠,但事多芜杂,不尽如人意地方尚多,哪敢放松警惕,荒废县务? 上海地大人众,本就积弊冗繁,我岂敢一任放纵心意,在我任上再行积弊?"

张伯行感叹道:"人生如白驹过隙,转瞬即逝,所以时不我待啊!"

许士贞听了张伯行发自内心的一番感叹,似乎蹙额有思,说:"一年来,不断有人告状,言说海盗时有作乱,扰乱船上商户生意。卑职曾几次到海上捉拿,且严密查案,却至今未果,成了一块心病。"

"此次前来,也是为此。吾闻张令涛与海盗有勾结,想以此为突破口,荡涤海盗。"张伯行道,"我听悉近日有一房屋纠葛的案件,可有此事?"

许士贞说道:"大人真是料事如神,几日前,还真有一桩房屋纠纷案。不过,民间纠纷缘何引得张大人关注?"

张伯行道:"你且将案卷拿出,让本官一看!"

师爷将案卷拿出,毕恭毕敬地呈了上去。

张伯行接过,一目十行,浏览一遍。只见一个名字迅速跃入眼中:张令涛。

原来告状者乃本地老户,名字叫顾协一。顾协一世代在此居住,前些日子,有个名叫张令涛的人带一群大汉强抢了他家房屋,将顾协一赶出,逼着他在房屋买卖协议上画押。顾协一无奈,只能状告张令涛。

张伯行看到"张令涛"三个字,眼前顿时一亮。张伯行回身对许士贞道:"这件案子不知如何处理的?"

许士贞道:"本官接到状子之后,不敢怠慢,亲率手下到顾协一家勘察,事情确如顾协一状子上所讲,张令涛带人强抢顾家老宅。"

张伯行道:"哦,那如何处置的呢?"

"事情调查清楚后,本官欲将此宅归还给顾家,奈何此宅却又被张令涛卖给一李姓之人,而张令涛又踪迹不见。"许士贞接着说道,"我想先找到张令涛,不愁此案不破。"

说完这番话,许士贞看了一眼张伯行,发现张伯行微微点头,不禁暗暗松了一口气。

"人说介庵精明强干,果然如此。"张伯行略一沉吟,说道,"房屋之案你公正判决,还顾家一个公道,本官就不再插手。但那张令涛乃国家要犯,本官此行也是专为此人而来。你速将顾协一带来,本官要亲自审问。"

那许士贞急忙令人将顾协一带到公堂。

顾协一来到公堂,急忙跪倒,高声道:"草民顾协一见过老爷。"

许士贞忙对顾协一道:"顾协一,我身旁这位乃江苏巡抚张大人,张大人有话问你,你务必要从实讲来。"

张伯行看那顾协一,三十多岁的年龄,皮肤白净,不像奸诈之徒。

顾协一闻听巡抚大人到此,又急忙叩首,高声道:"见过巡抚大人。"

张伯行道:"顾协一,张令涛强抢你家老宅一案,上海知县已经向本官详实汇报,你不必担心,他一定会还你一个公道。"

顾协一闻听,再次叩首,对张伯行千恩万谢。

张伯行又道:"顾协一,本官还有一事问你,你须如实讲来。"

顾协一道:"大人尽管问,但凡草民知道的,定不会隐瞒。"

张伯行道:"本官此行,主要是为捉拿张令涛。他既然带人强抢你家老宅,想必你也对他的行踪有一定了解,你可知此时张令涛藏身何处?"

顾协一略一沉吟,说道:"大人,那张令涛等人行踪的确不定。他带人将小人赶出家门后,我就再也没见过他。但听他手下那些人言谈,草民猜测在近海有一伙海盗,那张令涛应该跟他们有往来。他之所以要强抢草民的老宅,估计也是想为那群盗贼在陆地寻找一藏身之地,却没有想到竟然闹到了官府。"

(二)不仅要打击海盗,还要查出他们后面的保护伞

且说在上海县公堂之上,顾协一告诉张伯行,言那张令涛和一伙盗贼在上海县附近有一巢穴。

张伯行闻听,内心一阵惊喜。他心道,若真如顾协一所言,我须调大黑带人过来,将海盗清除,那张令涛也必然手到擒来。

张伯行回身对许士贞说道:"介庵,今日之事,十分重要。顾协一所言,务必不要让外人知晓。你且备好人马,等我安排。"

许士贞急忙施礼道:"巡抚大人放心,下官定会做好准备,听候大人调遣。"

张伯行从上海县衙出来后,带领大仪等人急忙往苏州而去。

至苏州时,已经夜半时分。张伯行令众人回去歇息,自己独自一人苦苦思索。

第二天一早,张伯行急召来大黑与大仪,商量如何剿杀上海县附近盗匪并抓获张令涛。

张伯行对大黑道:"目前尚不知道盘踞在上海县附近盗匪到底有多少?若是盗贼众多,还要去总兵府求援。"

大黑道:"大人,之前跟张元隆、张令涛有联系的盗匪大多已经被围剿,依大黑之见,这股盗匪应该不会太多。我带十几个弟兄应该可以。"

正在众人举棋不定之时,一衙役从外面走进,来到张伯行面前拱手施礼道:"大人,钟逵钟大人那边来信,说病情有些严重,不能来见大人,但说有些话想对大人讲。"

张伯行一听,急忙拍了一下自己的脑袋,说道:"哎呀,一直忙于如何剿匪,却忘记钟逵尚在病中。大黑、大仪,你们两个随我去看看钟逵病情到底如何了!"

门口备好车马,张伯行与大黑、大仪匆忙往钟逵家中赶去。

到了门口,张伯行带二人连门都未敲,直接进入房中。钟逵正在由一位家人侍奉着吃药,猛抬头看到张伯行进来,急忙从床上下地跪倒,说道:"见过张大人!"

张伯行疾步上前扶起钟逵道:"钟逵,勿要多礼,且躺床上歇息。"

大黑、大仪和旁边那个家人上前将钟逵搀扶到床上。

张伯行仔细询问了一番钟逵的病情。

钟逵道:"大人,钟逵偶感风寒。只是因为年龄已大,故不能支,大人不要太过挂怀。钟逵听说大人正欲去上海剿匪,不知大人可有方案?"

张伯行道:"正在为此事犯难。大黑想要带巡抚衙门的弟兄前去剿匪,我又担心贼人众多。"

钟逵道:"大人,所谓知彼知己,百战不殆。钟逵建议大黑与大仪先行一步,到上海县衙选一精明强干之人做向导,先去探访一下,洞察贼人虚实。大人率人随后再去,根据盗贼虚实再做定夺。"

张伯行道:"钟逵所言极是,等会儿回去就先按你所说的去做。"

钟逵又道:"大人,钟逵还有一言!"

张伯行道:"钟逵,还有何事,但说无妨!"

钟逵道:"钟逵这几日感觉身体不支,恐不能再继续跟随大人,故今日向大人告辞。大人此去剿匪,想来定会成功。大人回来之时,钟逵可能就离开苏州回归故乡了。"

张伯行一听,急道:"不可,钟逵,你尽管安心养病,千万不可回去!"

钟逵道:"大人请勿再劝,钟逵了解自己的身体,钟逵已经不能再帮大人了。"

张伯行见钟逵去意坚决,说道:"钟逵,既然你决意要走,我张伯行也不再勉强,但定要等我从上海回来。"

钟逵应下。

张伯行回到府衙,命大黑与大仪先行一步,自己则率领几十位衙役紧随其后。

张伯行到达上海县衙的时候,天色已晚。

许士贞急忙将张伯行请进县衙,并令人备好晚餐。

张伯行问许士贞,大黑与大仪现在情况如何。

许士贞急忙施礼道:"两位上差中午时分已到,我从县衙选派两名极其伶俐的衙役,随两位上差同去,现在尚未有消息传来。"

张伯行命手下衙役先去用餐,自己在院中来回踱步。

许士贞在旁边一直劝张伯行,说这是上海特色菜,用阳澄湖大闸蟹的蟹黄炒出来的米饭,油而不腻,胡萝卜丁和青豆红白相间,一定要尝一尝。

张伯行一直盯着门上方雕刻的花鸟鱼虫,看着蝙蝠蜷伏在一片叶子的后面,若隐若现,心中顿时清醒了许多。

不知不觉中,两个时辰已过。院中的衙役俱已歇息,而大黑与大仪竟还未回来。

张伯行心内有些急躁,脸色却显得格外平静。

正在张伯行不言不语之时,门口有人跑进来,说道:"大人,两位上差回来了!"

张伯行心中大喜,却纹丝不动,坐等大黑与大仪过来。

大黑与大仪急忙拜见张伯行。张伯行道:"大黑、大仪,此去探寻,结果如何?"

大黑道："老爷，全都打探明白。贼匪并不多，不到二十人。据附近村民讲，那张令涛前几日果真在其中窝藏。"

张伯行闻听大喜。

大黑又道："老爷，今日月黑风高，不如趁热打铁，我和大仪带人过去，定会一举打掉匪窝。"

张伯行道："你们二人跑了半日，也有些疲惫，不如明日再行动。"

大黑道："老爷放心，我们两人虎豹一样的身体，不知疲惫为何物。现在过去，贼人俱已睡着，我们带人过去，定会抓获那张令涛。"

"既然如此，介庵，你安排县衙身手较好的捕快和他们一起去。"张伯行沉吟了一下，说道，"你二人定要小心行事，千万不能有什么意外。"

大黑嘿嘿一笑，说道："老爷，等我们的好消息吧！"

看到大黑他们消失在夜色深处，许士贞对张伯行说道："大人，且到我书房稍息片刻，咱们边喝茶边等他们。"

两人遂一前一后踱进书房，泡了一壶茶，边喝边聊。

这张伯行和许士贞两人有颇多相似之处。虽然一个是开封府仪封人，一个是归德府虞城人，但两县县治相距二百余里，距曲阜邹城也不过半日有余的路程。两人自幼都受儒学熏陶，熟读"四书五经"，承继程朱，时有创新。且年龄相差无几，张伯行是顺治八年生，康熙辛酉科举人；许士贞是顺治十二年生，康熙戊午科举人。故感觉有些惺惺相惜，相见恨晚。

"这茉莉花茶香气太浓，不如开封王大昌的茉莉花味道正宗。"张伯行呷了一口茶，说道，"上海虽是县治，但已成我朝大港，交通要道，将来定会成为都会。贸易往来繁荣的背后，会有暗流涌动，不可小视。"

许士贞略有沉思，慢慢地说道："上海历年多不平静，遭遇海盗之事甚多，故缉拿海盗是各任知县的一项重大任务。"

张伯行问道："可有明确的缉拿海盗记录？"

"不但有，记录还十分详细，"许士贞接着说道，"康熙二十一年三月五日，天气阴沉，乌云压顶，凉意侵身，数十名海盗抢劫了两条粮船。他们手持铁器、猎枪、棍棒等，胆大妄为，十分猖狂。官府迅速出兵捉拿，他们居然和官兵对抗厮杀。一时间刀枪剑戟，你来我往，海面上顿时血红一片，杀声四起。官兵平日训练有素，越战越勇，最后海盗一个个束手就擒。不幸的是，守备司起龙在追杀中殉职。"

"大凡海盗,都和地方黑恶势力有所牵连,联合起来祸害百姓。他们胆大心狠,手中操持有家伙,又有所防备,官兵人少就容易吃亏。"张伯行听了许士贞的话,说道,"除了平日多加防范之外,还要严格查访,寻找线索,严密监视,照章捉拿。海上人员较多,海盗容易蒙混其间。"

许士贞道:"正是因为他们时常躲过官府巡查,所以他们还很猖獗。"

"衙役之中,甚至官员中间,还不乏有其保护伞。这些海盗,为了使其利益最大化,拿重金贿赂官员,使其成为他们的工具。一些官员为了一些蝇头小利,甘于被围猎,为其通风报信,与其沆瀣一气,成为一丘之貉。"张伯行道,"我们不仅要打击海盗,还要查出他们后面的保护伞,上奏皇上,将其一网打尽,还上海一个朗朗乾坤。"

"请抚台大人放心!从今天开始,紧锣密鼓,我们就着手制定计划,付诸缜密行动。"

(三)要有敬畏之心,敬畏天地,敬畏法度,敬畏人心

二人畅叙甚洽,似乎言犹未尽。张伯行把话题转向了上海各业的管理和发展。他关心的不单单是缉拿海盗的事情,还要关心千行百业、黎民百姓的生活甘苦。

"上海地面广阔,各业发展极不均衡,农业一直以来都十分薄弱。农民生活虽有衣食度日,但过于清苦。商业活动较为活跃,但尚未全面开放贸易。卑职自任职以来,特别注重规范管理和人心教化。"许士贞郑重地说出了自己的执政理念。

张伯行多年来强调修心修为,善政亲民,二人内心所想似乎如出一辙,当然对此十分赞赏。

张伯行说道:"关乎百姓的事都是大事,关乎农业的事都是大事,民以食为天啊!"

许士贞深有同感地说道:"只要关乎老百姓的事,卑职都十分审慎地去办,唯恐稍有差池。"

"但往往多数官员容易忽略老百姓的温暖寒凉。"张伯行呷了一口茶,继

续道，"百姓不可欺，人心不可欺。"

"历史上的教训，已经不是一件两件，都十分深刻。"许士贞道，"上海不能掉以轻心，来自各个方面的事情，都要求卑职处处小心，时刻用心。"

"不但如此，还要有敬畏之心。敬畏天地，敬畏法度，敬畏人心，方如此，才能做好人，干好事，当好官！"张伯行道，"自天子以至于庶人，鲜有无所畏而不亡者也。天子者，上畏天，下畏民，畏言官于一时，畏史官于后世。百官畏君，群吏畏长吏，百姓畏上，君子畏公议，小人畏刑，子弟畏父兄，卑幼畏家长。畏则不敢肆而德成，无畏则从其所欲而及于祸。"

"是的，有所畏惧则不敢放肆，因此能修养德性。无所畏惧则任性纵欲，必定招致灾祸。"许士贞说，"只是敬畏天地易，敬畏百姓难。此心具备，才会眼中有活，心中有责，才会用心去做。"

"总结如此到位，才知上海的管理得力于介庵的知行合一，大不易，可贵，可贵啊！"张伯行一时来了兴致。

"兴，百姓苦；亡，百姓苦。"许士贞说道，"这并非耸人听闻，百姓安危决定社稷存亡，社稷存亡决定百姓安危。"

张伯行问道："除了海盗需要缉拿之外，尚有哪些亟待解决的问题？"

许士贞恳切地提出他一直担心的事情："只有百姓温饱得到保证，才能安居乐业。除人为因素外，自然灾害对于农业破坏也十分严重。"

"介庵，你我同乡，出身民间，自知民间疾苦。"张伯行说，"你有哪些更好的办法？"

许士贞说："这也是卑职苦于无应对良策的地方，自然灾害，祸害巨大，有时甚于人祸。"

"介庵所言极是。"张伯行说道，"我想最好还是加强防备，树立忧患意识。有了防备，就能有效减少灾害损失。再就是，在技术和物资上的准备。记得咱们老家为了防止寒雾侵袭庄稼，往往在庄稼地燃烧柴草，以此驱散寒雾，这算不算预防应对呢？"

"大人说的，卑职深有感触。小时候经常燃烧柴草，来驱散寒雾，还真的有效。"许士贞说道，"上海县历史上多因自然和人为灾害，造成灾民流离失所。"

"快说说。"张伯行轻轻放下茶盏，急切地催促许士贞介绍详情。

许士贞能够具体说出上海何年何月发生的重大事件,可见他十分用心。

"康熙三十六年,天有大旱,四月无雨,良田绝收,百姓人心不稳。加上一些人为因素,一时间,百姓群起。特别是浦西饥民纷纷结队,赴县署讨赈,喊声、叫骂声响成一片。饥民如此,镇压何用? 于是人们怒火越烧越旺。知县陈善贪酷,百姓早有怨怒,数百人借此机会,大闹县署,火烧陈宅。除了造成重大损失外,还耽误了正常的救灾和各业的开展。更为严重的是,民贫物贱,白米每石银九钱五分,鲜肉每斤二分三厘,糖每斤二分,笋干每斤三分。"

"百姓无以过活,就会闹事;闹事,就会造成社会动荡。这些直接的原因,不仅仅是自然灾害,其实是人心所致。人心的修正和教育,才是当务之急。"许士贞又道。

"一切皆有心! 心端,理就直;心斜,理不顺。这就直接和理学连接在一起啊!"张伯行忽然明白了现实和理学的密切关系。

张伯行对理学的认知更是渊博,运用得也十分密切、恰如其分,绝没有死搬硬套。理学对于张伯行的理政起到的是积极作用、促进作用。

"伯安先生曰:无善无恶心之体,有善有恶意之动,知善知恶是良知,为善去恶是格物。道理如此深刻,我自深思已久,获益多多。"于是,张伯行不免又一番感喟,"天理不是靠空谈的,是靠格物致知,靠实践,靠自省,即知行合一。心中有天理,无私心,就好比世间有规矩,有规律,有规矩就能丈量世间万物的方与圆。无论有多少方和圆,无论这些方和圆的大小,都能靠格物致知揭示其规律。其实天理就在人的心中啊!"

受其启发,张伯行忽然想起朱熹晚年作的一首词《水调歌头·沧洲歌》,禁不住吟哦起来:

> 富贵有余乐,贫贱不堪忧。谁知天路幽险,倚伏互相酬。请看东门黄犬,更听华亭清唳,千古恨难收。何以鸱夷子,散发弄扁舟。鸱夷子,成霸业,有余谋。收身千乘卿相,归把钓鱼钩。春昼五湖烟浪,秋夜一天云月,此外尽悠悠。永弃人间事,吾道付沧洲。

且说大黑与大仪带领几十个衙役,在夜色当中,很快就到了这股盗匪的老巢。

果如大黑所说,这群盗匪白日酒足饭饱之后,夜半时分俱酣然入梦。

大黑与大仪众人宛若神兵天降一般,很快将这群盗匪包围。

这些盗匪平日里欺压百姓丝毫不曾含糊,但在迷迷糊糊当中,脖子已被明晃晃的刀架住,没有了还手之力。也有几个虎背熊腰的亡命之徒想要反抗,却被大黑和大仪三招两式制服。

大黑正问哪个是匪首滚刀龙,不想一个五花大绑的汉子拧着头气哼哼地叫道:"大丈夫行不更名坐不改姓,本人姓韩名冷,人称滚刀龙。我与你素无冤仇,为何下此毒手?"

大黑喝道:"我且问你,张令涛可在你们寨中?"

韩冷瞟了大黑一眼,厉声喝道:"一群卑鄙小人,有种就光明正大打一架。趁着天黑偷袭我们,算什么英雄好汉? 今日被你们抓住,要杀要剐随你们便。至于你们说的什么张令涛,老子不知!"

大黑冷笑了一下,对身边的衙役高声喊道:"四下仔细搜查,千万不要让张令涛那厮逃掉!"

众衙役四下散开,仔细搜寻。

可是一直搜到天亮,却没有张令涛的踪影。

(四)在所有职业中,张伯行还是更喜欢教书育人

大黑带领众衙役将整个匪巢掀了一个底朝天,却依旧没有找到张令涛。无奈之下,大黑与大仪商议,决定先将盗贼押走,禀告张伯行后再做定夺。

一轮红日从东方冉冉升起,早晨的太阳光芒万丈。阳光肆无忌惮地倾泻在上海这个小县城,把大街小巷照耀得温暖如春。整个县城似乎刚从梦中醒来,三三两两行走着几个路人,大家相互打着招呼,声音里流淌着慵懒的语气。

大黑与大仪带领众人押解着十几名盗匪向县衙而去,街上的百姓顿时骚动起来,适才的慵懒气息瞬间消散,所有人都议论着到底发生了什么事。距离盗匪巢穴较近的人们,眉飞色舞地谈论昨天夜里听到的厮杀之声。

早饭时分,大黑带领衙役押着盗匪回到了县衙。

且说张伯行与许士贞品茶论道之后,就回到房间潜心阅读朱熹的《白鹿洞书院教规》。在所有的职业中,张伯行还是更喜欢办学。得天下英才而

育之,未尝不是人间一桩幸事。张伯行想,等到张令涛这个事有了眉目,就辞官回乡,把请见书院办好,让家乡的孩子们也都享受到优质的教育资源。

想起请见书院,张伯行不禁想起王夫人,想到了师杖、师载两个孩子。这些年,自己一直在外为官,不曾尽到人夫人父的责任。不但没有夫贵妻荣,反而让他们整天跟着担惊受怕。别人是"三年清知府,十万雪花银",而自己官居要职,却每每从家里面往外拉东西。粮食布帛,柴米油盐,甚至磨面的石碾,拉磨的毛驴,都是从仪封老家带来的,夫人从来没有说过半个不字。

"我欠他们的太多,今生恐怕难以回报。"张伯行站起来,按了按太阳穴,正准备就寝,忽闻外面嘈杂之声。

张伯行从房间里缓步踱出,一眼看到大黑,问道:"大黑,事情办得如何?"

大黑嘿嘿一笑,说道:"大人,大黑办事,您尽管放心。一切顺利,匪窝已被铲平,所有盗匪全部落网,弟兄们无一伤亡。"

张伯行微微一笑,问道:"张令涛可曾抓获?"

大黑略顿了一下,恨声道:"我们搜遍了匪窝,却不见张令涛那厮踪影。审问匪首韩冷,韩冷那厮也嘴硬得很,说不认得张令涛。我等怕大人担心,故先将盗匪押解回来,让大人亲自审问。"

张伯行道:"盗匪既然已经抓获,只要张令涛与他们有染,就必能问出张令涛的下落。不要着急,你带领大家先用早饭,而后歇息一下,再审问不迟。"

大黑令众衙役将盗匪全部收监,而后领众人吃饭休息不提。

张伯行回到自己房间,思索着下午该如何审问匪首韩冷。听大黑所言,那韩冷颇有些当初陈首魁的意味。这种人虽为盗匪,但却重情重义。上次无奈之下斩了陈首魁,但至今想来,却依旧有些愧惜。我须从其他地方打开缺口,方不会重蹈覆辙。想到此处,张伯行已经有些眉目。

张伯行走出房间,令人将许士贞喊了过来。

张伯行道:"介庵,昨日晚间,大黑他们已将上海县盗匪肃清,匪窝亦平。"

许士贞道:"张大人,这些下官自然知道,手下已经将详情报与我知。大黑他们一夜之间就将为害上海县数年的盗匪铲平,许士贞钦佩之至!"

张伯行一挥手说道:"介庵不用客气,今有一事,还要请教介庵。"

许士贞忙躬身施礼说道:"抚台有事尽管吩咐,我定会遵命!"

张伯行道:"这股盗匪在上海县业已盘踞很久,那匪首韩冷,介庵可曾听说过?"

许士贞忙回道:"盗匪韩冷自幼练武,为人狠毒。我也曾屡次派人围剿,他却来无影去无踪,神出鬼没,和官兵打起游击战。官兵一去,他就逃至海上;官兵一走,他又回到匪巢。每次他都毫发无损,官兵倒是皆有损伤,故无人敢惹。"

张伯行又道:"这韩冷家中还有何人?"

许士贞道:"听人说过,这韩冷孤身一人,素无家室。"

张伯行脸上显露出一丝失望的神情。张伯行本想从韩冷亲属中寻找一个突破口,问出张令涛的下落,却没有想到那韩冷竟是孤身一人。

失望中的张伯行正要离去,那许士贞突然说道:"抚台,我突然想到一件事,那韩冷家中好像有一个哥哥。"

张伯行精神顿时一振,对许士贞道:"且说仔细一些。"

许士贞接着说道:"记得上次去剿匪时,一个衙役听闻附近村民言起匪首韩冷,说他好像有一个哥哥,但两人已经断绝关系和来往。当时我不曾在意,方才突然想起此事。"

张伯行听闻此言,大喜道:"太好了! 介庵,请速速派人前去查访。若能找到韩冷的哥哥,速将他带来见我。"

许士贞领命而去。

时间很快过去了两个时辰,午饭已经用过。大黑与大仪过来询问张伯行何时审问韩冷,张伯行却说不急。两人不解,相互看了一眼后,大黑询问为何不速速审问韩冷,张伯行却笑而不言,只说少安毋躁。

又过了约一个时辰,许士贞急匆匆从外面进来,边走边说:"张大人,好消息,韩阳已经带到!"

许士贞虽未说韩阳是谁,但张伯行已经猜测韩冷的哥哥被找到,顿时大悦,对许士贞道:"速将韩冷的哥哥韩阳带过来。"

韩阳来到房内,许士贞对韩阳道:"这位乃江苏巡抚张伯行张大人,韩阳还不赶紧跪拜。"

张伯行对许士贞轻轻摆手,许士贞不再吱声。

张伯行看那韩阳,身材羸弱,体格瘦小,憨厚中带着淳朴,眉宇间透出一种木讷,心内不禁道:一母同胞,这韩阳与韩冷却是截然不同。

韩阳听闻眼前乃江苏巡抚张伯行,急忙下跪,说道:"草民韩阳见过张大人。平时就听说我江苏出了一位大清官姓张,想来就是张大人您了,却不想今天能够见到张大人。"

张伯行命人搬来一把椅子,对韩阳道:"韩阳,你且坐下,本抚有话问你。"

那韩阳迟疑一下,看了一眼许士贞。许士贞道:"韩阳,巡抚大人让你坐下,你就坐下。"

韩阳听过之后,脚步轻轻挪移到椅子旁,屁股挨着个椅子角坐了下来。

韩阳看着张伯行说道:"张大人,路上县太爷也已跟我说了,我的确是韩冷的哥哥,但我们断绝关系已十年之久,他的所作所为都跟草民没有一点关系啊!"

张伯行微微一笑,说道:"韩阳,本抚找你,不是要问你连坐之罪。本抚也知道你乃良善之人,甚至你的兄弟韩冷从本质上也算不得坏人。本抚今日找你前来,只是让你去狱中见你弟弟,让你弟弟供出张令涛的下落,希望你能帮助本抚。只要他能说出张令涛的下落,本抚也会对他从轻发落。"

韩阳一听,连忙从椅子上起来跪下,说道:"张大人这样说,草民怎敢不从?我这就去找韩冷,一定让他说出张大人要找的那个人的下落。"

(五)"滚刀龙"韩冷抬头一看,眼前站立一位须发皆白的老者

一切都很顺利,张伯行说服了韩阳去见韩冷。

张伯行、许士贞带着韩阳前往县衙的监牢,大黑与大仪随行护着张伯行。

几人来到大牢,张伯行令狱卒打开牢房,见韩冷盘腿面墙而坐,手脚俱戴着镣铐。

牢门打开,但韩冷纹丝不动,甚至连头都没有回。

许士贞喝道:"韩冷,你回头看看,谁来看你了?"

韩冷终于回头,猛然看到一张熟悉的脸庞,顿时脸色突变,怒声喝道:"许士贞,韩冷为贼被你抓获,甘愿受罚,你为何抓我大哥?"

话音未落,一旁两名狱卒上前就是两脚。狱卒骂道:"韩冷,我们县太爷

的名号你竟敢乱喊,是不是嫌自己死得太慢了?"

张伯行喊道:"不要打他!"

两名狱卒急忙停手。

人称"滚刀龙"的韩冷抬头一看,眼前站立一位须发皆白的老者。虽然看上去年事已高,但身材高大,眼神之中自带一股威严之色,语气竟不自觉缓了下来。

韩冷道:"你是哪个,难道是你把我大哥抓了过来?"

此时,韩阳上前一步,对韩冷道:"老二,这乃是江苏巡抚张伯行张大人,还不快快见过张大人!"

韩冷一听,不禁又仔细看看张伯行,问道:"你真是张伯行张大人?"

张伯行微微一笑,说道:"难道张伯行的名号还有人喜欢冒名顶替不成?"

韩冷的语气比起方才又缓和一些,说道:"听闻张伯行乃江苏这么多年中出来的好官清官,今日一见,不过如此。知道无法从我口中获悉信息,竟用如此卑鄙的手段!"

韩阳急忙说道:"兄弟,千万不要如此说张大人,并非张大人将我抓来。相反,是张大人把我请了过来,专门来见兄弟。"

说着话,韩阳拉着韩冷,将张伯行请自己过来的前前后后讲了一遍。

而后对韩冷说:"老二,大哥也知道你是不得已为匪。为了不连累大哥,你自当盗贼后,从来不与大哥联系,怕一人为匪,辱没全家及祖上。张大人已经说了,若你能够说出那个什么张令涛的下落,必会从轻发落。老二,我们爹妈死得早,是大哥把你拉扯大。自你进入匪窝,大哥没睡过一个好觉。大哥每天都在自责,是我没有本事,让你从小挨饿受欺,每每想起爹妈临死交代我的话,我死的心都有啊!"

韩阳说着说着,涕泪纵横。

韩冷听完,也不禁泪流满面。

韩冷道:"大哥不要再说了,是兄弟不好,让大哥伤心。既然大哥今日到此,兄弟定然遵从大哥所言。"

韩冷对大哥说完这一番话后,转头对张伯行道:"张大人,你们想知道什么,只要韩冷知道的,定会如实相告。只求大人好好照顾我大哥。"

张伯行道:"我们此行只为张令涛而来,无他。故请韩壮士说出张令涛的下落即可。"

韩冷道："大人，张令涛前几日的确在我的寨内栖身。但昨天上午，有一姓唐的朋友请张令涛吃饭，我也在场。吃酒当中，张令涛说在我寨中不甚安全，故请他帮忙推荐去处。那位唐爷对张令涛说，原两江总督噶礼已死，必须要找寻新的靠山。最后两人商议后，说是要投靠江苏右布政使牟钦元。我们喝过酒后，张令涛和那位唐爷一起离去。临走之时，张令涛为答谢我的收留之恩，送我纹银五十两。回到寨内我请弟兄们喝酒，全寨的弟兄都喝得酩酊大醉。不然，也不会这么轻易地被你们荡平我的寨子。"

说完之后，韩冷盯着大黑，感觉十分不服气。

张伯行听完以后，又问韩冷，说道："依你所说，那张令涛现今应该藏身牟钦元府内？"

韩冷道："这个我的确不知。我只听他二人说准备投靠牟钦元，至于现在是否在他府内，大人自去查访一番便知。"

张伯行又问道："适才你说接应张令涛之人姓唐，你可知道他的名字？"

韩冷略想了一下，说道："张令涛一直喊他不语兄，想来他的全名应该叫唐不语吧。"

张伯行一听，大吃一惊，心道：难道恩公的义子如今还跟张令涛厮混在一起吗？哎呀，这个唐不语为何不接受教训呢？

一旁的大黑闻听，对张伯行道："大人，这个唐不语，不是……"

张伯行急忙打断大黑的话语，说道："大黑……"

大黑急忙住口。

张伯行心内着急，脸上却不动声色，回身对许士贞道："这个韩冷协助官府抓捕要犯有功，务必从轻发落，至于韩阳更应该重赏。我即刻带人回去抓捕张令涛，这里事情劳烦介庵妥善处理！"

许士贞忙躬身施礼道："一切谨遵巡抚大人之命行事。"

二
狭路相逢

（一）河南人那个鳖劲儿在张伯行身上体现得淋漓尽致

张伯行带领大黑、大仪回到苏州时，天色已晚，古色古香的姑苏城逐渐沉浸在苍茫的暮色之中。阊门外东园灯光渐暗，只有巡抚衙门的气死风灯还在夜色中孤独闪烁。

张伯行让大黑等先回去歇息，明日再商议如何抓捕张令涛。

回到房间，张伯行脱下官服，连脚都没洗，一下子躺在床上。人像散了架子一样，浑身酸疼，疲惫却不能入眠。

想起韩冷所说，张伯行还是有些担心，到底要不要直接跟牟钦元摊牌。

张伯行想到，自己在江苏任按察使之时，因为抓捕张令涛，也曾经跟牟钦元针锋相对。

那次正面交锋，张伯行已经知道，牟钦元此人不可小觑。其人思虑缜密，做事密不透风。

上次因为张令涛事件，自己一度陷入困境。没想到过去这么久，竟又要面对牟钦元，而且还是因为张令涛。

虽然韩冷说张令涛欲投牟钦元，但韩冷自己也不能确认张令涛是否在牟钦元府中。

到底该不该再次出师搜查牟钦元府邸？张伯行一时拿不定主意。他一会儿醒，一会儿睡，迷迷糊糊之中沉入梦境。

第二日一大早，张伯行洗了个冷水澡，顿时清醒许多。换上官服，他点上一炷香，到康熙帝亲笔为他写的"廉惠宣猷"匾额下，叩首而拜，口中念念有词，曰："吾皇圣明，恩泽四方；庶竭驽钝，肝脑涂地；定无愧朝廷，不负苍生；上报皇上,下安黎民。"

之后,令人找来大黑、大仪、钟逵来客厅议事。

片刻后,大黑、大仪来到议事厅,钟逵却未到。

张伯行心想:昨日回来时已晚,没有来得及去看望他,难道钟逵风寒仍未痊愈?

又过片刻,一个衙役过来,对张伯行躬身施礼道:"大人,钟大人身体一直没有痊愈。大人在上海办案时,钟大人留下书信一封,回老家养病去了。"

接过书信展开,只见钟逵在信中说,自己年纪已大,又加身体不适,归乡之心渐切。因不愿也不忍离别之伤感,故留下书信一封。不能与张大人面辞,万望大人见谅。

读完后,张伯行不禁有些伤感。他想起钟逵、大黑他们这么多年,跟着自己风里来雨里去,早起晚归,赴汤蹈火,在所不辞,却毫无怨言。几个人没有得到一官半职,却一天到晚风刀霜剑,着实是对不起他们几个啊!

大黑与大仪看张伯行半晌无语,也不敢多言。张伯行平复一下自己的心情,对大黑与大仪道:"钟逵因为身体不适,已经回家养病,我们也不用再等他了。等此案了结,我们一起去看他。"

张伯行又道:"今日喊你们来,主要商议一下如何抓捕张令涛。你们说说,能不能带人搜查牟钦元府邸?"

"不入虎穴,焉得虎子。既然韩冷证实张令涛投靠牟钦元,老爷想要了结此案,就必须带人搜查牟钦元府邸。"大黑没有任何犹豫地说道,"况且,这也是我们仅有的机会。"

大仪却道:"老爷,我有不同想法。上次抓捕张令涛,结果一无所获,反被牟钦元抓住把柄,将我们羞辱一番。这次再匆忙行事,无功而返事小,张令涛之案说不定就成死结。"

张伯行道:"我也有这种担心。若不能在牟钦元府中查到张令涛踪迹,非但遭到牟钦元羞辱,更会授人以柄。若传到朝廷,恐还要担责!"

大黑道:"老爷莫非怕了不成? 若是老爷担心前途,我等无话可说,也理解老爷。但老爷若想查清此案,抓获张令涛,这是我们唯一的机会。我们没有其他选择,除非任由张令涛逍遥法外。"

没等大黑说完,大仪就说道:"大黑,我们跟随老爷时间这么长,难道还不了解老爷的脾气吗？老爷何时在意过这一官半职？"

大黑道："大黑不敢说老爷不是，不过今日之形势，没有更好的选择。要么，直接面对牟钦元；要么，不再追查此案。"

"行百里者半九十。"张伯行道，"大黑说得有理，患得患失，畏首畏尾，于事无补。就按大黑所说，明日上午拜访牟钦元。此事关系朝廷命官，我还需向皇上上疏，方更合理。"

张伯行提笔上奏康熙：

江苏巡抚张伯行疏言：秋审大典，臣应与督臣赴常州府会审。但臣所属地方近海，苏松一带五方杂处，最易藏奸。前有上海奸民张元隆通贿肆行，经臣特疏奏闻。近又有奸民张令涛潜匿江苏布政使牟钦元署内，屡提不出。臣恐苏州地方不无可虑，请俟新任提督穆廷栻到松后，臣再往常州与督臣会审。

说起牟钦元，大家并不陌生。

张伯行多次与其交锋，不想却中其计谋，让张伯行措手不及，连连失利。用牟钦元自己的话说，"我也是油锅里过来之人！"

牟钦元在噶礼任两江总督之时，与其来往甚密。如今噶礼虽死，但他的死党张令涛再次来投，迫于往日情面，牟钦元并未推辞。

但牟钦元也知道张伯行做事执着，甚至执拗，一旦认准的事情，九头牛也拉不回来。河南人那个蛮劲儿，在张伯行身上体现得淋漓尽致。既然他决意要查张元隆一案，必不会半途而废。而张令涛为此案要犯，张伯行也定会抓捕。

之前，张伯行在江苏做按察使时，官位品级尚不如自己，却敢带人搜查自己府邸。如今他身为江苏巡抚，定会更加有恃无恐。

以自己对张伯行的了解，牟钦元知道张伯行必然会找到线索，到时也一定会再次搜查。

"凡事预则立，不预则废。"想到古人说的这句话，牟钦元倒吸了一口冷气。

自己虽然收留张令涛，却也不敢明目张胆。牟钦元遂令人在府内建一密室,专为张令涛藏身所用。并对张令涛千叮咛万嘱咐,如果张伯行前来搜查,一定要及时藏身,千万莫要露了形迹。不然,不要说张令涛不能保全,就怕他牟钦元也是泥菩萨过河——自身难保。

张令涛对牟钦元自然是千恩万谢,感谢牟钦元在危难之际收留自己。而后向牟钦元保证,自己定会倍加小心。若是真有把柄被张伯行抓住,也绝不会连累牟钦元。

(二)张伯行考虑再三,决定直接面对牟钦元

这天早上,天色有些阴沉,乌云片片,似乎把天空压得很低。几只乌鸦从树枝上忽然飞起,让人阵阵心惊。运河里的水滚滚而去,河中,几只小船飘摇不定。

巡抚衙门内,大黑与大仪带人集合完毕。二人一同来到房内拱手施礼道:"老爷,弟兄们已经准备好,何时出发?"

来到院里,张伯行看到几十名衙役排成四行,队列整齐,一个个紧身利落,脸上充满肃穆之色。

"凡观物有疑,中心不定,则外物不清;吾虑不清,则未可定然否也!"张伯行略略思考一下,回身对大黑、大仪道:"大黑、大仪,昨晚我又仔细想想,我们还是先礼后兵。如果兴师动众,引起冲突,反而会弄巧成拙。今日上午,我只带你和大仪两人前去,看那牟钦元是何态度,再做决定。"

大黑与大仪道:"谨遵老爷之命,那这些弟兄且在衙门待命?"

张伯行道:"正是如此。"

大黑回头对众衙役说道:"弟兄们,暂且在衙门等候,没有我的命令,不可随意离开。"

众人领命。

外边早有人将轿子备好,张伯行坐到轿中,大黑与大仪骑马在两旁。

约小半个时辰,一行人到达牟钦元府邸。

大黑过去,府邸门旁有人拦住,大黑将拜帖递过去。

两个门卫接过拜帖,看到上面写着"江苏巡抚张伯行"几个大字,急忙施礼道:"小人眼拙,没有认出张大人的轿子,请大人恕罪。"

大黑道:"不妨事。请两位兄弟给牟大人传话,说我们张大人来访。"

一名衙役急忙跑进府内。不多时,那人转回,身后牟钦元迎出门外。

张伯行从轿中走出,牟钦元疾步上前,躬身施礼道:"不知巡抚大人前来,牟钦元迎接来迟,还望大人恕罪。"

张伯行道:"冒昧打扰,牟大人请勿多礼。"

牟钦元干笑几声,说道:"张大人,请移步府内,我们里面说话。"

几人来到府内,分主次坐好。

张伯行抬眼看到,书案之上放着一幅泼墨山水图,遂起身向前,拿起这幅画端详一番,不禁赞道:"牟大人好雅兴,也好手法。这幅画气势恢弘又不失细腻,真乃佳作!"

牟钦元急忙站起拱手施礼道:"牟钦元无事喜欢涂鸦,张大人见笑。这幅画尚未完成,不然就送与张大人。"

张伯行道:"看来牟大人也是善始善终之人,这一点甚合吾意。我张伯行做事也不喜欢半途而废,凡事都要坚持到底。"

牟钦元听出张伯行话里有话,却假装不知,对张伯行拱手道:"张大人这样的行事风格,也让牟钦元钦佩不已。江苏有张大人管理,实乃江苏百姓之福!"

张伯行话锋一转,脸色忽而郑重起来,对牟钦元拱手道:"牟大人,说到为百姓造福,张伯行有一事想问,不知牟大人能否告知?"

牟钦元站起来,也对张伯行拱手道:"张大人,只要是为江苏百姓,牟钦元定然会知无不言,请张大人指教。"

张伯行道:"既然如此,张伯行也不兜圈子了。前几日,张伯行去上海县剿匪,抓获十几名盗匪。经过询问,一名盗匪招供,说张元隆案件另一主要案犯张令涛,曾在匪窝中栖居,后张令涛离去。那盗匪供出,张令涛现已投奔右布政使府衙牟大人处!"

牟钦元闻听此言,脸色突变,声音也变得严厉,对张伯行拱手道:"张元隆一案,牟钦元也知。牟钦元乃朝廷命官,窝藏盗匪之名,我牟钦元可承担不起。"

牟钦元又接着说:"上次张大人曾为张令涛搜查过我的府邸,最后一无所获。那次,我牟钦元并未对张大人有过多责怪。毕竟,大家都是为朝廷效力,为百姓造福。可今日竟再次怀疑牟钦元与盗匪牵连,敢问张大人,我牟钦元到底哪里得罪了大人,让大人一而再再而三地怀疑牟某?若是感觉我牟钦元不能胜任布政使之职,张大人可向朝廷上疏,将我牟钦元罢掉官职也可,却不用屡次三番侮辱于我!"

张伯行见牟钦元声色俱厉,也不禁怒道:"牟大人,我张伯行绝不是无事生非之人。所谓无风不起浪,清者自清,浊者自浊。牟大人若与盗匪没有任何牵连,想来也不会有人故意泼脏水与大人。牟大人如果问心无愧,又何必如此动怒,难道心中有鬼不成?"

牟钦元勃然大怒,说道:"张大人,你位高权重,但我牟钦元也是朝廷命官。若张大人证据确凿,我牟钦元甘愿伏法。但张大人就凭盗匪随口一句供词就怀疑牟钦元,实乃让人不服,我也不是让人捏个啥就是啥的人。张大人,你若想搜查本府,只需向朝廷上疏。若有圣旨,牟钦元无话可说。牟钦元今日尚有公务在身,请张大人自重!"

说完之后,牟钦元拂袖而去。

张伯行身后的大黑脸上变色,就要上前拦住牟钦元。张伯行急忙拦住大黑,轻轻摇了摇头,然后起身,对牟钦元说:"既然牟大人不愿配合,那我张伯行将上奏皇上,此事让朝廷裁决。"

说完以后,张伯行对大黑与大仪道:"我们且先回去。"

一路之上,大黑问张伯行为何不让他带人硬搜牟钦元府邸。

张伯行看着大黑说道:"你看,牟钦元在跟本抚对话之中,可有半分怯馁?"

大黑道:"的确看不出来。我就是见那厮理直气壮的样子,才问大人为何不强搜牟府的啊?"

张伯行道:"那牟钦元必是做好充分准备,才如此有恃无恐。上次我们搜查他的府邸,就被他抓住把柄。这一次,倘若再强行搜查,恐依旧是一无所获。"

大黑道:"大人,那难道就这样任由张令涛逍遥法外,任由牟钦元看我们的笑话不成?"

张伯行道:"我们回去,好好商议,再做打算吧!"

大黑与大仪皆恨恨不已,但也无可奈何,只好说道:"就依大人。"

（三）张鹏翮再次劝说张伯行，要懂得为官之道

牟钦元见张伯行领人离去，遂暗自冷笑几声，心道：张伯行真是欺人太甚。仗着皇上待见他，就飞扬跋扈，从不把江南官员放在眼里。你江苏巡抚又能奈我牟钦元如何？还不是照样灰溜溜离去？

张伯行刚到牟府之时，牟钦元急忙让张令涛躲到密室当中。虽然在密室当中，但是张令涛内心依旧忐忑不已。忽听门外牟钦元的声音传来，张令涛急忙开门走出。

张令涛急忙问道："那张伯行已经被大人支走不成？"

牟钦元笑道："放心，张伯行已经离开。"

说着话，把自己与张伯行在厅堂之中的对话，对张令涛大略讲述一番。张令涛听完之后，献媚地双挑大拇指，对牟钦元道："牟大人果然厉害。没想到那又臭又硬的张伯行，居然也在大人面前吃了家什。"

牟钦元不禁得意地一笑，说道："不是我牟钦元说大话，那张伯行虽然臭硬，但牟钦元也不是软柿子，谁想捏就捏。"

张令涛又恭维一番牟钦元，而后，话锋一转，说道："牟大人，那张伯行虽然今日无奈离去，但依我对他的了解，他绝不会善罢甘休。或者，他会采用其他手段对大人不利。张伯行之所以能够在江南呼风唤雨，主要是因为皇上对他支持。我们若想躲过此劫，必须在朝中找人作为坚强后盾，方能扳倒张伯行。"

牟钦元道："令涛难道有什么计划不成？"

张令涛嘿嘿一阵冷笑，对牟钦元道："大人……"

张令涛趴在牟钦元耳边嘀咕一阵。

听完之后，牟钦元哈哈大笑，说道："放心，我这就修书一封，令人送到京城。"

且说张伯行带领大黑与大仪回到巡抚衙门，先让大黑命众衙役各自回去，而后，就与大黑与大仪商议该如何处置这件事。

大黑对张伯行道："老爷，那日韩冷说与他一起吃饭，除去张令涛，似乎还有张鹏翮大人的亲戚。我们何不从唐公子身上打开缺口？"

张伯行道:"大黑,那天我拦住你,没让你说出唐公子名号,就是因为人多嘴杂,不甚方便。张大人乃我恩公,之前虽偶有间隙,但对于恩公,唯有感激。你的建议,虽然理论上可取,实际上却不可为,张伯行不能主动与恩师为敌啊!"

大黑道:"可是……"

张伯行道:"关于唐公子,我们就暂且稍候。不到万不得已的时候,暂不动他,免得恩公那里不好交代。"

大黑嘴里又嘟囔几句,却也无可奈何。

大仪道:"老爷,既然那唐公子动不得,而我们又认定张令涛就在牟钦元府中,那就像上次那样,每日多派人手,盯住牟钦元府门。我就不相信,那张令涛永远躲在府中不出来。只要那厮出门,我们当场抓获,看那牟钦元还有何话说。"

张伯行道:"为今之计,只有如此。大黑、大仪,这件事就交给你们两人,派十几个衙役,分成班次,轮流守候,且不能让牟钦元发现。"

两人领命而去。

不知不觉中,十余日已过。大黑与大仪带人每天乔装打扮,在牟钦元府门外守候,却始终未见张令涛踪迹。

这一日,张伯行刚刚处理完一些公务,门外忽有人报,说京城张大人书信送到。

张伯行一愣,心道:好久没有和恩公有书信来往,今日为何有书信到来?

张伯行道:"速速呈上!"

衙役将书信呈上,张伯行打开。映入眼帘的是张鹏翮那熟悉的字体。

信中说道:"孝先吾弟,久不通函,至以为念。自别之后,往日情景,若在眼前……"

言语之中,对张伯行的关切之情尽在字里行间流露。张伯行读着,不觉泪目。

信中说完对张伯行的挂念和嘱咐之情后,话锋突然指向江苏政务。张鹏翮在信中问张伯行,是否与布政使牟钦元发生争执?

张伯行暗暗奇怪,心想,自己虽然准备上疏朝廷,但奏折并未发出,奈何京师之中已经有人知道?

再往下读,张伯行更加心惊。

张鹏翮告诉张伯行,京师之中,多位朝廷大员已经知道张伯行与牟钦元的矛盾。更有人说,噶礼刚死,张伯行又欲置牟钦元于死地。甚至有朝廷重臣指出,张伯行此举人神共愤,此乃独夫之行,是欲要揽两江大权于己手,分两江于朝廷之外,是可忍孰不可忍!

只把张伯行气得浑身打战,脸色突变,心想:我张伯行一心为国,从未有一己之私念,奈何却如此说我?

信至中间,张鹏翮再次劝说张伯行,要懂得为官之道,要与同僚和谐相处。前边与噶礼有矛盾,固然以噶礼之死和张伯行复职结束,但绝不可因此而得意忘形。若再次与布政使牟钦元发生争执,甚至在朝堂相对,恐此次皇上不会再站在张伯行一边。

倘若如此,张伯行恐官职不保,且为同僚耻笑!

张鹏翮虽为张伯行恩公,但言语之间,情真意切;关怀之意,字字皆见。

读完书信,张伯行心内气血鼓荡,百感交集。既有对张鹏翮的感激之情,更有对朝廷之中那些大臣妄议之语的愤怒之意。

张伯行心想,恩公之心,我张伯行唯有感激,奈何道不同不相与谋。我张伯行所作所为,天人共鉴,不曾有半点私心。既然如此,又何惧他人议论?

恩公信中说得明白,让我与牟钦元和解,不再与他为难。

可是,若我张伯行明明知道牟钦元与盗匪沆瀣一气,却无动于衷,甚至佯装不知,又如何对得起这头上的顶戴花翎,如何对得起江苏百姓?

恩公啊,不是我张伯行不听良言相劝,实在是不能够违背一颗初心啊!

张伯行又想,我本来不准备上疏朝廷,可看此情形,必须写一折子,让皇上了解实情。况且那牟钦元为人奸诈,若朝廷不允,我又不能找到证据,这牟钦元和张令涛岂不逍遥法外?

(四)我张伯行一日为官,就要一日廉洁守正

呈瑞县衙内,知县唐不语正在批阅案卷。忽然门口一衙役进来禀报:"大人,老中堂前来看您!"

唐不语闻听此言,不免有些暗自吃惊,心想:义父为何突然而至,难道我在江南的作为又传到他的耳中?

但是张鹏翮已到门口,容不得唐不语细想,急忙站起身,疾步出迎。

张鹏翮已从车中走下。

唐不语过去急忙跪倒:"义父在上,孩儿不语给您叩头。义父来此也不提前说一声,好让孩儿好好准备准备,为您接风洗尘。"

张鹏翮看一眼唐不语,轻轻哼了一声,说道:"语儿,起来吧,我们且到里面说话。"

两人走入衙门内室,唐不语再次跪倒,说道:"义父大人,此次前来,是为公务,还是专为看望孩儿?"

张鹏翮凝视着唐不语,轻叹一口气,说道:"语儿啊,义父屡次三番教导于你,为父母官者,须要严于律己,唯有用廉洁约束自己,方能长久。做事要勤奋,内心要时常保持谨慎之意,才能避免祸患。可是,语儿,你为何总不能按义父的教导行事呢?"

唐不语听到义父如此训斥,知道必定事出有因,连忙跪倒于地,说道:"义父明示,何出此言?"

张鹏翮从怀中掏出一封书信递与唐不语。

唐不语伸手接过仔细一看,原来是牟钦元写给张鹏翮的一封书信。信中先描述张伯行要强行搜查布政使府的经过,并请张鹏翮在朝中为牟钦元说话。之后,就在信中述说唐不语在江苏为官的情况,并在信中暗示唐不语与张令涛在一起的事情。

唐不语看完之后,冷汗直流,颤声说道:"义父,孩儿知错。只是孩儿之前有把柄在那张令涛手中,孩儿也曾想与那张令涛等人断绝来往,奈何张令涛那厮威胁孩儿说,要将当初孩儿的所作所为呈报给皇上。义父,若是事情传到皇上耳中,恐怕义父也会受到牵连啊!"

唐不语又向前跪爬半步,接着说道:"孩儿也知义父把孩儿养大成人,实乃不易。每每想起义父为养育孩儿所受之苦,孩儿总是不能自已。孩儿自己前程可毁,命亦可丢,可是义父一生清正廉洁,天下皆知,义父之清誉怎么能被毁弃?故孩儿才不得已而为之,万望义父大人原谅孩儿。"

张鹏翮仰天长叹,说道:"我张鹏翮一生为国,清正廉洁,从不曾有丝毫贪念,更不曾有过一己之私,今日却为何要我做出违背忠义之事?"

张鹏翮叹息完毕,把唐不语扶起来,说道:"起来吧,语儿。明日我去苏州,见见张伯行,希望能够化解他和牟钦元的恩怨,这样才能将此事了结。"

唐不语再次叩首道:"多谢义父大人!"

张鹏翮又道:"只是那张伯行为人执拗,我出面恐怕也未必能够说得动他。"

唐不语道:"义父有恩于他。张伯行能有今天,全仗义父往日提携,那张伯行定会给义父这个面子。"

张鹏翮道:"时过境迁了!如今张伯行深得皇上信任,且行事风格一贯是我行我素。即使他可以顾念往日恩情,却未必肯在这件事上让步。"

张鹏翮当日就在呈瑞县衙里住下。

且说张伯行这天用过早膳之后,急忙去衙门里处理公务。正在批阅公文之时,门外有人通禀,说京师张鹏翮大人来访。

张伯行一愣,急忙对衙役道:"快快请进!"

之后,张伯行忙亲自出门迎接。

来到门外,张伯行急忙施礼道:"恩公啊,早上时候,这门外树枝上几只喜鹊一直鸣叫,我还寻思着怎么回事呢,原来是恩公光临,快快请进!"

张鹏翮上前一步,拉着张伯行道:"孝先,不用多礼。"

说着话,两人手挽着手走进衙门的厅堂。

张伯行请张鹏翮上座,自己坐在次席。张伯行道:"恩公此次来到江南,为公还是为私?"

张鹏翮道:"此次前来一则看望语儿,二则想与孝先一叙。"

张伯行连忙问道:"语儿有何事?"

张鹏翮道:"前几日给我写信,说偶感风寒。我不甚放心,故匆匆赶来。"

张伯行道:"哦,那语儿可好?"

张鹏翮道:"我刚从呈瑞县过来,些许小病,并不妨事。只是,语儿年幼,为官也缺少经验,还望孝先多多照顾并教导语儿。"

张伯行道:"恩公,且请放心,我待语儿视若己出。以后若有事情,恩公无须从京师奔波于此。只需修书一封,张伯行必会效劳。"

张鹏翮笑道:"孝先这样说,让我感动。"

张伯行道:"请恩公放心,些许小事,自当尽力。"

张鹏翮忽道:"孝先,前几日我曾修书一封,令人传给你,你可曾收到?"

张伯行道:"恩公书信,已经拜读!"

张鹏翮道:"孝先,我此次前来,不仅看望语儿,更想与你一叙。"

张伯行道:"恩公有何教导,张伯行洗耳恭听。"

张鹏翮呵呵一笑说道:"孝先,我信中讲得明白,孝先难道还没理解我的苦心不成?如今京师之内,关于孝先的闲话纷纷扬扬,说你刚与噶礼闹翻,如今又剑指牟钦元。说整个江南官场,都不在你孝先眼中。孝先,人言可畏!不管事情是否如传言所讲,但身在官场,则要懂得与身边官员和谐相处。不然,于人于己,皆有不利!"

张伯行一听,内心虽有波澜,脸上却未曾表现,只拱手道:"恩公,江南考场一案,业已查清。噶礼之死,也是咎由自取。张伯行与噶礼不睦,绝非张伯行本意,实乃道不同不相为谋。如今,我与牟钦元发生矛盾,绝非我刻意为之。只因有海盗举报,说牟钦元私藏逃犯张令涛。身为朝廷命官,却窝藏盗匪,让人不可思议,也不能容忍。我之所为,只为报效朝廷,只为江南百姓,绝无半点个人私心。"

张鹏翮闻听,脸上怫然不悦,声调也略略提高,说道:"孝先,我张鹏翮与你所说,皆为肺腑之言,也全为孝先前程考虑。孝先却依旧执拗不听,只恐孝先大祸不远矣!"

张伯行闻言,脸上微微一笑,说道:"若是我张伯行为公,却遭受祸端,我只能说天道不公,人间不公。清者自清,浊者自浊,我张伯行一日为官,就要一日廉洁守正。"

张鹏翮不禁厉声道:"孝先,若我张鹏翮有事,孝先也要与我为敌不成?"

张伯行不禁一愣,而后缓缓站起,拱手施礼道:"恩公,我不信恩公会做出有损天下百姓、不忠于朝廷之事。但若真会如此,张伯行亦要先公而后私!"

张鹏翮听后,忽地站起,对张伯行道:"孝先,京师中有人说你乃是六亲不认、翻脸无情之人,我听后还与之辩论,没想到你果真如此!我尚有要事,就此别过。"

张鹏翮说完,拂袖而去。

（五）此时此刻，张伯行内心深处若被掏空一般

张伯行呆呆坐着，半晌未曾吱声。旁边几位衙役看张大人脸上忽而严肃，忽而悲伤，皆不敢上前问询。

此时此刻，张伯行内心深处若被掏空一般。犹如牙疼，疼得揪心，却说不出口。

张伯行心想，对于恩公我素来敬慕，从未有丝毫忘恩负义的想法，更不敢有落井下石的意图。奈何恩公今日却如此说我？难道真的是我张伯行错了吗？

可是，记得我初入官场时，恩公还曾用他撰写的家规教导我。他曾给我说："居官要守得穷秀才本色，庶无贪念，不然人方荣华，而我寂寞；人方肥马轻裘，而我敝衣羸马；人方享妾之奉，而我伤北之叹。道心不定，未有不丧其所守也。"

这么多年过去，张伯行从来不敢忘记恩公教诲。

自皇上擢我任这江苏巡抚，我就立下《却赠檄文》，明明白白写道，"一丝一粒，我之名节；一厘一毫，民之脂膏"。这与恩公当年教导我那些话语如出一辙啊！

我想用这样的话语告诫江苏官员，更是告诫我自己：为官一任，且不可有丝毫贪念；贪念若起，必忘根本！

那噶礼之所以身败名裂，归根结底，只因贪念太重。

恩公也曾被皇上赞誉乃一代之廉吏，可为何恩公就忘记他自己说过的话了呢？难道官场的潜规则就是违背自己原则，违背自己良知，违背天理公道，违背祖宗教导吗？我张伯行难道要随波逐流、忘记自己初心不成？

张伯行越想越激愤，不禁拍案而起，大声喊道："不，我张伯行绝不屈服！"

张伯行喊声极大，声震梁尘，把门外几位衙役吓了一跳。他们急忙跑进来，向张伯行施礼问道："大人，有何吩咐？"

张伯行方才知道自己激愤之下，竟有些失态，遂平复一下自己的情绪，略略思索，然后说道："备笔墨纸砚。"

几位衙役将笔墨纸砚备好，张伯行摊开纸张，略一沉思，开始落笔。

原来张伯行思前想后,决定将此事奏与皇上。

张鹏翮的出现,让张伯行意识到,此案关系重大,牵涉人太多,自己恐不能独立解决,唯有请康熙帝裁决。

张伯行将张元隆、张令涛一案的前后始末及自己查案过程原原本本地在给康熙帝的奏折中写明。

张伯行在奏折中写道:

噶礼、元隆虽去,其余党尚在。尤其张元隆之弟张令涛,与近海盗贼来往甚密。盗贼猖獗,扰乱社会,若不平定,百姓不安。为保江苏百姓生活之平稳,臣张伯行亲往上海县查访。在上海县衙内,臣偶见一案卷,乃上海县百姓顾协一状告张令涛霸占其房产。臣又亲自审问顾协一,并顺藤摸瓜,知张令涛与海盗私通。臣令巡抚捕头大黑带人剿灭近海海盗,搜遍匪窝,不见令涛踪影。盗贼之首名曰韩冷,据韩冷交代,张令涛业已离开匪窝,具体何往,韩冷不知。但韩冷供出,令涛离匪窝之前,曾与他言曰,欲要投奔江苏布政使牟钦元。

臣为肃清盗匪,抓获令涛,故亲往布政使府衙,请牟钦元大人配合。而牟大人拒不配合,并与微臣发生争执。牟大人言辞之间,责难微臣诬陷朝廷命官。近日臣又闻朝廷内外,议论纷纷,皆言臣心胸狭窄,故不能容人。江南上下官员,皆与臣不睦。臣抚心自问,实无丝毫私心,一片冰心,天日可鉴。

张元隆通贼,虽然上报已死,然而他财产丰厚,党徒也多。张令涛是顾协一首先告发的,如果顾协一举报不实,照例应以诬陷治罪。而牟钦元庇护令涛,迄今为止,张令涛亦不见踪影,致使此案久悬未决。张伯行身为地方长官,却不能还江苏百姓以清白,不能保百姓之安危,思之虑之,常惶恐不安。

此案关键,依旧在于张令涛。若牟大人能够顾念朝廷之恩,并为江苏百姓考虑,则应交出张令涛,或告诉微臣张令涛之下落。奈何牟大人不知何故,迟迟不语。臣将此情诉与皇上,实属无奈之举。臣亦不愿遭人非议,臣更不愿万岁因为此事惹人妄议,倘若如此,臣罪莫大焉!

臣承蒙万岁垂青,供职于此,实不愿与牟大人交恶。若得万岁之命,牟大人交出令涛,实乃江苏百姓之幸也!

臣张伯行拜表以闻!

写完之后,张伯行令衙役备好信封,将奏折装好封存,而后将大黑与大仪唤来。

张伯行将自己给皇上上疏之事告诉两人,而后道:"此疏要呈皇上,须你二人去一趟京城,其他人等,我不甚放心。"

大黑道:"那监视牟钦元府门之事,谁来负责?"

大仪道:"大人,要不这样,大黑哥哥在此监视牟钦元府门并保护大人周全,我跑一趟京城,如何?"

张伯行道:"你一人前往,我只怕有什么意外。"

大仪笑道:"大人,大仪跟随你也不是一日两日,可曾出过纰漏?大人且放宽心,此折子必会送到皇上手中。"

张伯行沉吟片刻,说道:"好吧,就依大仪之言。"

大仪收拾妥当,将奏折在袍内封好,快马往京城疾驰而去。

三
赫寿审案

（一）李光地曰：张伯行若碌碌无为，大清王朝就更不会省心

春节刚过去不久，整个北京城尚存着喜庆之气。胡同小巷里，偶尔有鞭炮之声传出。一些店铺已经开张，掌柜时不时跟来往客人打着招呼。红灯笼与大门两旁的红对联交相辉映，别有一番喜庆气氛。

太阳虽已升起，但空气中依旧弥漫着萧瑟的寒气。几只鸟从干枯的枝头飞起，发出几声孤独的鸟鸣，仿佛远在天际，又好似近在耳边。

紫禁城乾清宫内，康熙帝坐在龙书案前闭目养神。龙书案一侧，香炉之内，袅袅青烟升起，康熙帝面前龙书案中间放着一纸奏折。康熙帝微微侧躺在龙椅之上，眉头紧蹙，不时用手指轻轻揉一下太阳穴。

可以看出，康熙帝内心甚不平静，甚至有些许烦躁。

忽然，康熙帝眼睛睁开，对身旁一位太监说道："传朕旨意，宣李光地速来议事。"

半个时辰后，大学士李光地来到乾清宫。

李光地看到康熙帝，急忙跪倒："万岁，不知宣臣进殿，所为何事？"

康熙帝摆手道："不用多礼，起来说话吧！"

李光地起身，立于一侧。

康熙帝把龙书案上的那份奏折递与李光地，说道："李爱卿，你看一下，这是江苏巡抚张伯行给朕的奏折，张伯行弹劾牟钦元窝藏盗匪张令涛，你看该当如何处理？"

李光地接过奏折，仔细阅读一遍。而后，拱手施礼道："万岁，您的意思呢？"

康熙帝曰:"这个张伯行为官倒是清廉,只是事情太多,有时候的确不太懂得人情。初到江苏,即与噶礼交恶。如今噶礼已死,张伯行又弹劾右布政使牟钦元,真是不让朕省一点心。"

李光地笑道:"万岁,张伯行是您一手拔擢的。他若碌碌无为,您不省心,大清王朝就更不省心了!"

康熙帝笑道:"李爱卿,你这是在夸张伯行呢,还是在给朕戴高帽子?朕问你该当如何处理此事,可没有让你在这与朕瞎扯。"

李光地急忙道:"微臣不敢。依微臣之见,此事还需派一得力之人前往调查审理。张伯行固然清廉,但仅凭他一面之词,尚不能断定牟钦元通匪之事。故另择一人前往审理方为稳妥之策。"

康熙帝颔首道:"朕也是这个意思。若贸然定牟钦元通匪之罪,必会引起诸大臣非议。那李爱卿可有审理此案的人选?"

李光地略加思考,说道:"万岁,依微臣之见,不如就让两江总督赫寿赫大人先行审理此案。毕竟,张伯行与牟钦元皆为江南之地方官员。赫寿身为两江总督,对此二人皆有了解,对当地事务也甚熟稔。若赫大人能够秉公审理,合了圣意,自然极好。若有差池,万岁再派钦差大臣前往也未尝不可。"

康熙帝沉吟一下,说道:"好吧,就依爱卿之见。"

其时,江南已是草木蔓发,春山可望,空气中溢满春的气息。风过处,让人有身心俱爽之感。"吹面不寒杨柳风",前人诗句,描绘的极是恰当。

"二月二,龙抬头。大囤满,小囤流。"

这二月二的天气格外明媚,艳阳高照。秦淮河畔的垂柳,在春风中婀娜多姿,撩人醉心。江宁城内,总督府衙,两江总督赫寿从地窖里取出储存的杭州虎跑泉泉水,拿出珍藏的明前龙井,用景德镇青花玲珑瓷的茶具,刚泡上一壶茶,准备细细品味"茶舞"之乐趣。

自赫寿任职两江总督以来,江南倒也风平浪静。当然,赫寿也听闻过张伯行与牟钦元发生争执之事。但此事张伯行和牟钦元均未告知自己,赫寿更是懒得去问,索性装作什么都不知道,倒也乐得个清闲。

谁知还没等品味茶香,门外一衙役匆忙跑进,跪倒于地高声喊道:"大人,门外京城来人,说是皇帝有旨!"

赫寿闻听,急忙站起来,整了整衣冠,出门迎旨。

只见几人立于门外,为首乃皇帝身边一亲信太监,赫寿认得此人,皆唤王公公。王公公展开圣旨高声喊道:"两江总督赫寿接旨!"

赫寿急忙跪倒:"奴才两江总督赫寿接旨!"

王公公展开圣旨高声宣读道:

奉天承运,皇帝诏曰:江苏巡抚张伯行剿匪期间,听闻张元隆一案另一主犯张令涛藏匿于江苏右布政使牟钦元府邸。张伯行上疏圣上,弹劾牟钦元私通海盗。故命两江总督赫寿亲往调查审理,务必查出实情,秉公处理! 钦此!

赫寿接过圣旨,高声道:"奴才赫寿定会查清此案,不敢辜负皇上圣恩。"

接旨之后,就是私人之交。

这赫寿与王公公原本就熟,也不拘礼,一边拉着王公公的手一边说:"来得早不如来得巧。我刚泡好一壶极品龙井,还未品尝,就迎来公公您。看来,这茶就是为您老专门准备的。"

遂请王公公等京城来人进府衙喝茶休息。

几人寒暄几句后,赫寿说道:"王公公,张伯行大人与牟钦元大人略有嫌隙,这个我也曾听说。没想到张伯行竟上疏皇上,赫寿斗胆问一句,皇上的意思是……"

王公公笑道:"今日京城公务甚多,皇上实不能分身审理此案。皇上念着赫大人身在江南,对江南事务极是熟稔,跟张伯行大人与牟钦元大人皆有往来,故下旨让赫大人审理此案。临行之时,皇上也托奴才带给大人几句话,皇上命大人务必秉公审理,无须顾念张伯行乃皇上亲自擢升之事。如此,方能还江南百姓一个公道,并令朝中文武官员信服。"

赫寿忙道:"烦请王公公回去禀告皇上,赫寿定当亲力亲为,调查清楚此案的来龙去脉,秉公处理,不徇私情。"

王公公道:"赫大人,若无其他事情,小的这就回去复命。"

赫寿道:"恭送王公公回京。"

王公公出府回京,暂且不提。

赫寿接过圣旨,心中想到,这个张伯行就不能消停几日啊,真是阎王爷不嫌鬼瘦。江南科考一案令噶礼身败名裂,处以极刑。这还没好过两天,又与牟钦元产生纠葛。审理此案务必要慎重,莫要将我也牵连进去。

想到此处,急忙令衙役把自己的亲信及府中师爷胡大成喊来商议此案。

(二)赫寿拿起这幅画作,细细鉴赏,竟爱不释手

两江总督府衙议事厅内,一片昏暗。阳光透过窗格子,斜斜地映照在八砖铺就的地面上,折射出春天的气息。

赫寿看看几人,没有吭声。

师爷胡大成捋一下山羊胡子,干咳两声,开口道:"大人,把我等全部唤来,可有要事?"

赫寿将康熙帝下旨令自己主持审案之事粗叙一遍,而后说道:"诸位皆是我信任之人,此事该当如何处理?"

胡师爷开言道:"大人,皇上虽说让您秉公办理,不徇私情,可此案恐很难如皇上所愿。"

赫寿听过,转向胡师爷道:"胡师爷,为何如此说?"

胡师爷道:"据老朽所知,这张伯行深得皇上喜爱。皇上上次南巡之时,屡次在众人面前奖掖张伯行,并亲自推荐并拔擢。可张伯行却不懂官场规则,不喜与同僚和谐共处,朝中文武及两江官员大多不看好张伯行。而牟钦元大人也是深得皇上信任之人。抛开此案内情不说,只说这人情世故,大人就很不好处理。"

赫寿轻轻点头道:"师爷到底是见多识广,说的有理,这也是我比较忧虑之处。若处理不好,几方都不会讨好。"

正在大家商议之时,门外一衙役进来通报,说京城张鹏翮大人送来书信。

赫寿听报,苦笑一声,对胡师爷道:"果然如师爷所说,张大人来信,恐与此事有关。"

张鹏翮之信果然提到张伯行。

信中说,张伯行不懂人情世故,朝中大臣皆对其不满。张鹏翮虽对张伯行有恩,且私交甚密,但请赫大人勿以此为念,一切秉公执法。而后,张鹏翮在信中提到其子张懋诚,在安徽怀宁县为官清廉,爱民如子,政声颇佳。只是

义子唐不语,在江苏呈瑞县任知县,因其年纪尚轻,经验不足,且不懂变通,请赫寿大人多加看顾,若有错处,定要严责。

赫寿读完之后,将书信放下。而后,他将信中内容与大家略讲了讲。

胡师爷道:"大人,我听人说,那张懋诚在安徽自是清廉,也很责己,颇有其父之风。只是那唐不语却是不敢恭维,之前与噶礼、张元隆等人素有往来。张大人此信在告诉大人,若其义子牵涉到张令涛案件之中,请大人多加通融。"

赫寿不禁叹息道:"此案尚未开审,却大有山雨欲来风满楼之感。若真的开始审理,不知又会发生什么事。"

赫寿接着又说道:"此案的关键有三。其一,顾协一状告张令涛霸占其房产是否属实;其二,张令涛其人通匪一事是否属实;其三,牟钦元私藏张令涛是否属实。"

胡师爷道:"既然如此,大人准备从何处入手此案?"

赫寿道:"明日派人去上海县将顾协一传来,本督将亲自审理此人。"

胡师爷道:"如此方好。一步一步慢慢来吧,此事万万急不得。"

赫寿道:"今日暂且如此,明天我们再着手调查。"

第二天早上,赫寿到衙门里,先让铁捕头过来,令他带人前往上海县,将顾协一案案卷并顾协一本人一并带来。

铁捕头离去之后,赫寿坐在案前思考,下一步该当如何。正在此时,有人进来通禀,说右布政使牟钦元大人求见。赫寿心道,来的好巧,我正想派人去找牟钦元。

赫寿说道:"有请牟大人!"

不一会儿,牟钦元走进,赫寿起身道:"牟大人好有闲心,如何到我这里来了啊?"

牟钦元急忙上前施礼道:"江苏右布政使牟钦元见过总督大人。"

赫寿上前一步笑道:"牟大人不要多礼,快快请坐。"

早有人搬来椅子在旁边放下。

牟钦元坐下拱手道:"自总督大人您上任时庆贺一番,好久未曾拜见大人,还望总督大人恕罪!"

赫寿笑道:"牟大人的勤政,江苏百姓人人皆知,不能到访,可以理解,牟大人无须自责。"

赫寿令人上茶,两人一边喝茶一边闲聊。赫寿故意一直不提张伯行弹劾牟钦元一事,而牟钦元也是装聋作哑。

牟钦元说道:"总督大人,听闻制台长于辨别字画,牟钦元前日得黄公望《天池石壁图》,未知真假。今日带来,请大人仔细辨别。"

赫寿听过,眼前不禁一亮,说道:"果真有黄公望之画作不成?"

牟钦元微微一笑,从袖中拿出一幅卷轴,递与赫寿。

赫寿接过,展开仔细端详,边看边说道:"此画笔势雄伟且又清新挺拔,确有黄公望之风。但是否黄公望真品,尚须细细研究。"

牟钦元道:"既然如此,此画就留在总督大人府中,待总督大人鉴别真伪之后,再作处理。牟钦元府中尚有其他事情,就此告别。"

赫寿道:"不可,不可。此画若是真作,必是珍品,怎能留在这里?"

牟钦元微微一笑,说道:"总督大人,是否怀疑牟钦元欲要行贿不成?大人放心,牟钦元只是听闻大人善于鉴赏字画,故与大人一看。"

说完之后,牟钦元拱手告别。

赫寿又拿起这幅画作,细细鉴赏,竟爱不释手。

(三)顾协一翻供,韩冷暴毙,公堂之上,瞬间天翻地覆

赫寿一脸肃穆端坐在衙门内,两旁分别坐着张伯行与牟钦元。

赫寿对张伯行与牟钦元道:"张大人,牟大人,赫寿奉旨审理此案,言语中若有得罪之处,望两位大人见谅。"

张伯行道:"总督大人奉圣旨审案,只要秉公执法,张伯行定会全力支持。"

牟钦元同样施礼,说道:"总督大人,尽管放心审理,不管结果如何,牟钦元都不会说什么。"

赫寿看着张伯行道:"张大人,你且先将此案经过详细讲述一番。"

张伯行也没有推辞,面向赫寿及众人,一五一十将自己办案经过讲述一遍。最后,张伯行说道:"因张元隆已死,此案本可以结案。但下官以为,余孽不除,必将对两江及福建百姓不公,也与我大清沿海之商人不利。故张伯行

不辞辛苦,前往上海县捉拿余孽张令涛,恰逢顾协一状告张令涛霸占其房产,这更坚定张伯行将此案彻查到底的决心。还请总督大人明察。"

赫寿又看着牟钦元道:"牟大人,你可有话讲?"

牟钦元看着张伯行,从鼻孔里轻轻哼了一声,而后转身面向赫寿施礼道:"总督大人,据微臣所知,那张令涛固然与张元隆一母同胞,但张令涛为人朴实,也素未做过违法之事。自从张元隆死后,微臣也再没有见过张令涛其人。至于张大人所说,皆为捕风捉影之事。而张大人仅凭一面之词就想私自强行搜查本官的府邸,本官并没有因此而状告张大人。没想到张大人倒是先行一步,给皇上上疏弹劾本官,本官实在冤枉。望大人明察,还本官一个清白。"

赫寿看着两人在公堂之上唇枪舌剑,互不相让,连忙道:"两位大人,莫要争吵。事不说不清,案不审不明。我们将此案有关人员一一传到公堂,慢慢审理,总会大白于天下。"

说着话,赫寿对身旁的铁捕头问道:"铁捕头,那顾协一可曾带到?"

铁捕头躬身施礼道:"已经带到,被小的安排在衙门不远处馆驿之内,着专人看管。无大人之命,任何人不得私自约见。"

赫寿道:"甚好,铁捕头,你亲自过去,将那顾协一带到公堂。"

铁捕头领命而去。

片刻之后,铁捕头带顾协一来到公堂。

赫寿看着顾协一,问道:"下跪之人,可是上海县顾协一?"

顾协一跪爬半步道:"小人正是顾协一。"

赫寿道:"我听闻你曾状告张令涛通匪,并带人将你房产霸占,可有此事?"

顾协一抬眼看看赫寿,又往旁边看看张伯行。

张伯行的眼睛看着顾协一,轻轻对他点了点头。

顾协一突然之间又向前跪爬半步,不停地叩头,且语带哭腔说道:"大人,小的有罪。前些时日,那张令涛看中小人的房屋,托人带话要买小人的房子。小人初始不卖,后来架不住张令涛屡次找人讲情,而且小人也的确不太愿意在上海县居住,最终同意。后来因为价钱没有谈拢,小人与张令涛发生争执,争执过程中,发生殴打。小人一怒之下,就把张令涛告上公堂。在状词中,小人说张令涛通匪,只是听闻邻居之言,并无实据。后来张令涛又找到小人并与小人和解。大人,小人愿意收回之前状词,万望大人恕罪!"

　　一番话说完,张伯行瞪大双眼,不可思议地看着顾协一。张伯行上前一步,说:"顾协一,你说的可是实情? 若有人威胁于你,你只管与我张伯行讲,我张伯行为你做主!"

　　顾协一对张伯行道:"张大人,小人所说句句属实。"

　　张伯行颓然坐于椅子上。

　　赫寿命人将顾协一证词录下并签字画押。

　　赫寿看着张伯行道:"张大人,你说张令涛通匪,看来也只是道听途说之词。刚才顾协一所说,你全部听到了吧?"

　　张伯行依旧不能相信,关键时刻顾协一竟然改变之前状词。这几天到底发生了什么呢?

　　张伯行正在思索时,听到赫寿发问,急忙道:"总督大人,张伯行俱已听到。"

　　赫寿问道:"那张大人还有何话可讲?"

　　张伯行道:"顾协一乃一普通百姓,与张令涛之前素不相识,故他说张令涛通匪只是听说,原本如此。张伯行在上海县查访之时,曾剿灭上海县附近一处匪窝,为首之人名叫韩冷。那韩冷曾亲口告诉张伯行,张令涛曾在匪窝中与盗匪一起。也正是韩冷告诉张伯行,张令涛欲要寻求江苏布政使牟钦元大人庇护。故此,张伯行才去问询牟大人,奈何牟大人却拒不承认。总督大人,只须派人前往上海县大牢中,将那韩冷带来,一问便知。"

　　赫寿回头对身旁的铁捕头道:"铁捕头,你再带几人,速去上海县衙带回韩冷。"

　　铁捕头领命,带人刚要出去。门口一衙役急匆匆上来,高声道:"报总督大人,门外上海县朗捕快求见,说有要事通禀。"

　　赫寿对铁捕头道:"恰好上海县捕快前来,且先问问他情况再做定夺。"

　　铁捕头闪在一旁。

　　赫寿对那衙役道:"速让上海县郎捕快上堂!"

　　那衙役对门外高声喊道:"总督大人有令,命郎捕快速速上堂!"

　　上海县捕快郎越急匆匆来到公堂之上。看到赫寿,急忙跪倒,说道:"上海县捕快郎越见过总督大人,见过诸位大人。"

赫寿道："朗捕快，免礼。你说有要事求见，到底何事，速速讲来。"

郎捕快道："总督大人，昨日晚间，上海县大牢内关押罪犯韩冷自杀身亡。因我们李捕头知道韩冷乃是重犯，并且大人奉皇上旨意审理此案，韩冷乃其中重要证人。故我们捕头知道韩冷自杀一事后，急命小人前来告知并请罪。"

这一番话讲完，张伯行再次震惊。本来如果韩冷到来，讲出实情，一切都可以真相大白。可万万没想到，又一个意外出现了。

张伯行急忙问郎捕快道："我且问你，可曾让仵作查验过尸体，那韩冷真的是自杀吗？"

郎捕快道："回大人，已经查验完毕，韩冷自杀千真万确。"

张伯行又道："此事可曾禀报与上海知县许士贞，他可知晓？"

"我随捕头李则长一起去县衙拜见我们大人许士贞，怎奈许大人一早出海缉拿海盗，至今未归。"郎捕快看看赫寿，又看看张伯行，说道，"李捕头怕误事，让我先行来此禀报，他在县衙等候我们许大人。"

赫寿对郎捕快道："本督已经知道，你速回禀你们大人许士贞和捕头李则长，仔细调查韩冷之死，务必查个水落石出，然后再报本督。因本督正在奉旨审理案件，暂不追究你家大人和捕头之过。"

郎捕快跪倒磕头说道："多谢总督大人，小人这就回去复命。"

公堂之上，天翻地覆。

（四）两个当事人，一个突然翻供，一个突然死亡

张伯行本来以为，只要顾协一与韩冷讲出实情，自己定会掌握主动权。而后再上疏皇上，将牟钦元查办，张令涛也自然会落入法网。但没想到两个当事人，一个突然翻供，一个突然死亡。意想不到的变化，让张伯行知道自己想得过于简单。

事情回到三天之前。

当总督衙门铁捕头正在前往上海县的路途之上时，顾协一家中来了几位不速之客。

为首一人，身高八尺开外，生得横眉立目，长得凶神恶煞。

顾协一看到之后，内心先有胆怯之意。

但出乎意料的是,那人来到顾协一面前,却满脸堆笑,并拿出一个包裹放在顾协一面前,说道:"顾兄弟,这里是纹银五百两,足可以买下两倍于你家的房产。"

顾协一不解地看着来人。

那人哈哈笑道:"你不要害怕,也不用奇怪。我等奉张令涛大哥之命,只为解决之前所产生的误会。这五百两纹银算是给顾兄弟赔礼所用。"

顾协一道:"我可不相信你们张大哥会有这么好心。此前强抢我房屋的时候,却不见他如此通达情理。"

那人又笑道:"顾兄弟,刚才已经说过,之前皆是误会。顾兄弟今天把这五百两纹银收下,兄弟我还有话说。"

那人接着道:"今日定会有人前来接顾兄弟前往江宁,皇上命两江总督赫大人审理张大哥一案。到公堂之上,张大哥希望顾兄弟收回状词。"

顾协一闻听此言,一股怒火"腾"地升起,厉声喝道:"不要说纹银五百两,就是一千两,也休想让我改口。"

那人冷笑道:"顾兄弟,莫要如此倔强,更莫要敬酒不吃吃罚酒。"

顾协一高声道:"敬酒如何,罚酒又怎样?"

那人嘿嘿冷笑道:"敬酒就是顾兄弟把这五百两纹银收下。罚酒呢,顾兄弟若不收,那我今日还将这些银子带走。当然,带走的不仅是银子,我听说顾兄弟膝下有一三岁女儿,甚是可爱……"

顾协一闻听,一股凉气从心底升起,怒声喝道:"你想怎样?"

那人道:"不是我想怎样,是顾兄弟想怎样!银子放在这里,一切都看顾兄弟怎么做了。至于顾兄弟的女儿,哈哈,我们且暂代你照顾几日。"

说完之后,几人理也不理顾协一,径自离去。

顾协一回身向妻子颤声问道:"我们的女儿呢?"

里屋空空如也……

这日晚间,天色阴沉,树梢一动不动。上海县城一片漆黑,大街小巷死一样沉寂。偶尔有几声犬吠,更衬托出夜的寂静。

上海县衙大牢内,韩冷半躺在牢房内稻草上,看着屋顶上的蜘蛛,在不停地来回织网。稍一侧身,手上和脚上的镣铐便叮当作响。

突然,牢门被打开。看押韩冷的狱卒喊道:"韩冷,有人来看你。"

韩冷顿时有些奇怪，什么人这么晚来看我。

还没等韩冷回过神，从牢门进来两个彪形大汉。

那二人进来后，对身后狱卒说道："我与韩兄弟说些话，给哥几个添麻烦了，希望行个方便。"

说着话，为首一人从袖内拿出一锭银子递与狱卒。

那狱卒眉开眼笑地说道："上差吩咐，弟兄们焉能不给这个面子，这银子兄弟如何敢收？"

其中一人道："兄弟们平日里甚是辛苦，拿去打点酒喝，不妨事。"

狱卒接过银子，满脸堆笑，离开牢房。

为首那人转身对韩冷道："韩兄，素闻你是一条好汉，今日一见，果然传言不假。"

韩冷一脸疑惑，看着来人，说道："你们到底是谁，为何前来看我韩冷？"

其中一人笑道："韩兄只须认识张令涛张大哥就行。我等皆是奉张大哥之命，过来看望韩兄。"

说着话，那二人变戏法一般从门外拿进来一个篮子，打开篮子，里面酒菜齐备，香气逼人。

两人将酒菜拿出，摆在韩冷面前，说道："韩兄，你是我家大哥的患难弟兄，情同手足。我家大哥有难之际，还多亏韩兄收留几日，我家大哥一直念念不忘。大哥知道韩兄在牢里日子清苦，特地备些酒菜，让我等前来看望韩兄，我们边吃边聊。"

韩冷初始也有些戒备，但牢里生活的确清苦，他已经多日未曾闻见过酒味。他落草为寇，平日在寨子里过惯大鱼大肉的日子，何曾受过这样的委屈？

于是，韩冷便不再客气，与那二人边吃边聊。

三人在牢里喝了约一个时辰，那两人起身道："韩兄，时间已经不早，我等先行回去，过几日再来看你。你且耐心在牢里待着，我家大哥定会想办法救你出去。"

韩冷听闻此言，内心竟有些惭愧。

前几日，张伯行带着大哥过来，我竟将张令涛的消息全部告诉张大人，却没想到这张令涛还是个重情重义之人。他只在我的寨子里待几日，竟还想着救我。

韩冷又如何知道,那人已经在酒菜里下了毒。

给韩冷下毒之人,来时即重金贿赂了上海县捕头李则长。那两人只说来看韩冷,李则长却没有想到韩冷竟然死在狱中。

李则长知道,如若张伯行和许士贞知道此事,定不会放过自己。故命仵作验尸时,只说是韩冷自杀。

而这一切,张伯行和许士贞又焉能知晓?

公堂之上,顾协一翻案,韩冷突然死去。张伯行所言一切皆无证据。

赫寿看着张伯行说道:"张大人之前所说,皆不能证明属实。张大人,你还有何话说?"

张伯行内心突然想到一人,张伯行道:"总督大人,张伯行……"

赫寿道:"张大人,想要说什么,但讲无妨!"

张伯行本欲说那呈瑞县知县唐不语也曾参与其间,但张鹏翮的身影出现在眼前。

张伯行内心翻江倒海一般,最终说道:"张伯行无话可说,唯有一颗忠心天日可鉴。"

赫寿听完之后,回身对公堂之上所有人说道:"经过本督调查审理,本督宣布,张令涛通匪查无实证,而江苏布政使牟钦元窝藏盗匪更无从谈起。"

赫寿说完,回身又对牟钦元道:"牟大人,可还有话说?"

牟钦元道:"总督大人审案,有理有据,且井井有条,丝丝入扣,牟钦元极是佩服。不过,牟钦元有一人证,还想请总督大人也审问一番。"

赫寿一听,哈哈大笑道:"本督适才已经宣布结案,牟大人却说还有一人证,是不是有些画蛇添足?"

牟钦元道:"先不论那张令涛是否通匪,张大人一直说牟钦元窝藏张令涛,我牟钦元百口莫辩。为证清白,牟钦元找到张令涛之子张二,现在在大堂之外等候。还请总督大人审问张二,看那张令涛到底在何处?"

赫寿道:"既如此,那就让那张二进来。"

不一会儿,张二来到公堂。众人看去,那张二不到二十,生得倒是英俊。

张二来到公堂之上,急忙跪倒,说道:"草民张二见过诸位大人。"

赫寿道:"张二,站起来说话。"

张二起身,立于堂下。

赫寿问道:"张二,我且问你,你父亲可是张令涛?"

张二道:"正是。"

赫寿又问道:"那本督问你,你父亲现在何处?"

张二道:"回大人,父亲上个月前往福建经商,一直未归。前几日父亲来信,说下个月他老人家才有可能回来。"

赫寿看了一眼张伯行,张伯行一语不发。

赫寿令人记下张二口供,并让张二签字画押。而后,张二离开公堂。

(五)如果世上必须有人化作莲花,那就让我张伯行来成全吧

赫寿令旁边书办将所有人的供词及相关记录整理出来,而后又面向张伯行说道:"张大人,整个审理过程,你皆听到。根据各方证词可以得知,第一,张令涛通匪一说证据不足;第二,江苏布政使牟钦元大人私藏张令涛一说实无其事。张大人可还有话说,抑或张大人可还有其他证人、证据?"

张伯行已经呆坐了半日,听闻赫寿问自己,神情之间略显委顿,而后悲愤且又无奈地说道:"张伯行无话可讲。"

赫寿道:"既然如此,那就依据今日审理的结果呈给皇上了。"

赫寿回府之后,亲自将审理结果写成奏折,命亲信送往京城。

> 江南江西总督赫寿疏言:江苏巡抚张伯行参布政使牟钦元藏匿海盗党羽张令涛一案,查上海县民顾协一因赎房控告张令涛,及审问顾协一,并无证据。又搜查牟钦元署内,亦并无张令涛。讯张令涛子张二,称伊父往湖广、福建,应行文两省巡抚,拿解送审。

且说这一日,康熙帝正在大殿之上与众大臣议事。忽然,有人上报,说两江总督赫寿有折子呈上。

康熙帝命人拿了上来,仔细一看,却是审理张令涛一案的结果。

康熙帝看过之后,眉头紧皱,半晌无语。

大殿之上,诸位大臣看到康熙帝脸色突变,且一声不响,皆不敢上前询问。

又过一会儿,李光地小心翼翼地走出班列,说道:"万岁,赫大人的折子,

可是审理张令涛一案的结果？"

康熙帝曰："正是，结果已出。赫寿折子说，张令涛通匪一事子虚乌有，牟钦元窝藏逃犯一事更是无稽之谈。"

说完之后，康熙帝曰："诸位，对此结果，可有什么看法？"

郎世宁出班道："万岁，微臣也曾说过，张伯行此人性格执拗，素不容人，江南官员皆对其不满。若不加以约束，恐影响江南稳定。"

康熙帝面向李光地问道："李爱卿以为呢？"

李光地上前施礼道："万岁，微臣以为，此事尚不能轻易论断孰是孰非。张伯行性格固然执拗，但其为官清廉，一心为百姓着想，效忠朝廷，人人皆知，这也是张伯行不能容于江南诸官之故。而牟钦元素有雅望，书画俱绝，说其通匪，似乎也难以让人相信。微臣建议，再派朝中官员前往江南，细细查访，对张伯行与牟钦元两位大人方显公允。"

康熙帝微微点头，说道："李爱卿所言有理，此议也是甚为周全。只是不知朝中何人能够担此重任，李爱卿可有合适人选？"

李光地尚未答言，一人越班而出，上前一步道："万岁，臣愿意前往江南调查此案！"

康熙帝定睛一看，却是礼部尚书张鹏翮。

张鹏翮又道："万岁，张伯行乃微臣推荐，方始为国效力，故臣对张伯行了解甚深，臣与赫寿、牟钦元之前也有共事。且臣曾屡次前往江南，对江南风土人情也了然于胸。"

康熙帝看看李光地，李光地施礼道："既然张大人主动请缨，臣自然赞同。"

康熙帝曰："既然如此，那就劳烦张爱卿再下江南。望张爱卿详细调查，做出公允之断。"

且说张伯行从两江总督衙门回到府中，把自己一人关在书房，闭门不出。

手下人看张伯行一脸铁青，眉头紧锁，进到书房后就紧闭房门，皆不敢上前询问。

张伯行在书房内来回踱步，走了半天。又从书架上取出《周元公集》，铺开纸张，开始抄录。这是张伯行排遣郁闷的一贯方法。

当张伯行抄录到《爱莲说》中"予独爱莲之出淤泥而不染，濯清涟而不妖，中通外直,不蔓不枝,香远益清,亭亭净植,可远观而不可亵玩焉",瞬间停了下来。

张伯行心想:我张伯行该不就是一朵莲花吧!

诸人皆醉,独我清醒。抑或者我本不该做这朵莲花,这样是不是就可以少很多烦恼?也许做一朵富丽堂皇的牡丹更让人喜欢吧!

可是做这样一朵牡丹被人供奉,自己就会开心吗?不,绝不会,这不是我张伯行的理想。

如果世上必须有人化作一朵莲花,那就让我张伯行来成全吧!即使这朵莲花不能被这个世界认可,不能被众人理解,甚至最终会被折断扔掉,我张伯行依然只愿意做这样的莲花。

想着,想着,张伯行不禁释然。

张伯行推开窗户,望着窗外的天。

天空依旧阴沉,但微风吹过,却也有些温暖。远处的天空泛起光亮,阳光倔强地从乌云中透出,一点,两点……慢慢地溢满整个天空。

四
奉旨出京

（一）康熙帝对李光地说：朕的内心尚有疑虑

三月的北京春寒料峭，一到夜幕降临，寒意就从四面八方涌了出来，伴着浓浓的夜色，弥漫了整个北京城，喧哗热闹的前门大街也渐次平静下来。

此刻，一轮明月从女墙上冉冉升起，皎洁的月光笼罩着紫禁城，笼罩着乾清宫，笼罩着大气端庄的乾清门。乾清门门檐下施单昂三踩斗栱，绘金龙和玺彩画。门两侧琉璃影壁，壁心及岔角以琉璃花装饰，花形自然逼真，色彩绚烂艳丽。

月光从错落的屋檐之间穿过，落在大殿之前的空地上。地面之上，银色的月光将大殿的影子拉得很长很长。远远望去，肃穆庄严，宛若一部雄壮的史诗，直让人心潮澎湃。

乾清宫的名字出自《道德经》："昔之得一者，天得一以清，地得一以宁，神得一以灵，谷得一以盈，万物得一以生，侯王得一以为天下正。"

清气上升谓之天，浊气下降谓之地，是故乾即为天，即为清。而《道德经》里面又有天得一以清之说，帝王为天地之唯一，其居所故名乾清宫。

正是在这座宫殿内，十六岁的康熙与十几个训练有素的孩子擒住气焰嚣张的鳌拜，并在会审之后，将鳌拜处死。

从那时起，天下才是康熙帝的天下；从那时起，康熙帝才真正开始亲政；从那时起，康熙帝的大清王朝才正式步入正轨，一步步强大，一步步辉煌。

转眼之间，几十年过去了。这几十年中，康熙帝平定三藩，血战沙俄；收复东南台湾岛，征战西北噶尔丹。如今的康熙帝已是白发苍苍，白发苍苍的康熙帝背着双手在乾清宫大殿之前来回踱步。

康熙帝转身抬头,只见大殿正门之上悬挂着一块牌匾,上书四个大字:正大光明! 这四个字乃是康熙之父顺治帝亲笔书写。顺治皇帝希望用这四个字昭示他的子孙,要用自己的努力与付出,还给天下一份光明。

康熙帝看着这四个大字,眉头紧锁。到底该如何还给江南百姓一个光明的世界? 事情真相到底是什么? 是张伯行说谎,还是牟钦元骗朕?

白天金殿之上发生的事情再次萦绕在康熙帝脑海。张鹏翮主动请缨,愿意二审牟钦元窝藏逃犯一事,可康熙帝却总觉得有点不放心。

想起上次江南科考作弊一案,也是张鹏翮前去审理。但张鹏翮在江南调查一月之久,最终却不了了之。弄到最后,还要他御审此案,方有结论。如今,张鹏翮再次前去江南,能否审好此案?

想到此处,康熙帝对身旁太监说道:“传朕口谕,召李光地前来见我!”

不到半个时辰,李光地匆匆赶来。见到康熙帝,李光地急忙跪倒说道:“臣李光地见过万岁。”

康熙帝曰:“起来吧,此时也无旁人,不须多礼!”

李光地站起,侧立于旁。

康熙帝曰:“今天张鹏翮主动请缨,愿意前往江南,再审牟钦元一案,李爱卿以为如何?”

李光地道:“万岁,张大人为官清正,万岁您也曾亲自赞誉过张大人,而今又任礼部尚书之职。按说张大人前去审理此案,并无不妥。”

康熙帝曰:“张鹏翮主动请缨,以张鹏翮的能力和为人,应该是无可挑剔。只是我回来之后,一直有些担心。想起上次张鹏翮审理江南科考舞弊一案,却是有些虎头蛇尾。开始时进展甚快,奈何最后却不了了之。以至于让朕亲自审理此案,方有结果。故朕内心深处尚有疑虑,召你前来,商议一下,是否还有万全之策。”

李光地拱手道:“万岁所虑甚是。据微臣所知,张大人的公子和义子一直在江南任职。此去江南查案,有可能会因二公子存在而掣肘。万岁若是有所顾虑,不妨再派一人协助张大人审理此案。”

康熙帝微微一笑,说道:“朕也是此意。依李爱卿之见,派谁去合适?”

李光地也笑道:“万岁既有此意,想必也已有人选,微臣不敢妄加揣测。”

两人相视,哈哈大笑!

次日早朝,康熙帝向张鹏翮道:"张爱卿打算何时动身?"

张鹏翮道:"今日早朝本欲跟万岁辞行,微臣随行人员及物品已经安排妥当。"

康熙帝曰:"如此甚好。朕有一事,还要与张爱卿说一下。"

张鹏翮急忙施礼道:"万岁,还有什么嘱咐,臣定当铭记于心。"

康熙帝摆手道:"朕考虑着,此行路途遥远,此案又极其复杂,牵涉朝廷命官甚多,唯恐张爱卿为此劳累。故朕欲委派一人随张爱卿同行,以便为张爱卿分担一二,张爱卿意下如何?"

张鹏翮一愣,心想,这是万岁对我不甚相信啊? 可是我也不能拒绝万岁的动议!

张鹏翮急忙道:"万岁思虑得极为周全,不知何人与臣同行?"

康熙帝往两旁文武官员看了一眼,最后眼光落在左副都御史阿锡鼐身上。

康熙帝对阿锡鼐道:"阿锡鼐,你随张大人前往江南一趟。"

阿锡鼐听到康熙帝喊出自己的名字,急忙出列,躬身施礼道:"万岁,奴才年纪尚轻,资历甚浅,恐不能担此重任,辜负皇上厚爱。"

康熙帝曰:"朕正是看你年轻,才让你随张爱卿一同前往。一则,你可以照看张爱卿;二则,可以跟随张爱卿学习为官之道。"

阿锡鼐虽面有难色,但听到康熙帝这样说,只好跪倒磕头道:"谢万岁的厚爱与信任,奴才领旨。"

(二)若站在张伯行一方,则必然得罪朝中诸多官员

且说阿锡鼐领过圣旨之后,回到家中,他的夫人忙迎出来。

夫人看到阿锡鼐今日回家与往日不同,脸上闷闷不乐,就急忙问道:"老爷,可有什么烦心事不成,为何闷闷不乐?"

阿锡鼐将官服脱下,换上便装,对其夫人说道:"夫人,今日在金殿之上,皇上点名要我随同礼部尚书张鹏翮张大人前往江南,审理江苏巡抚张伯行弹劾江苏右布政使牟钦元一案,因此事而不快。"

夫人不禁莞尔一笑,说道:"我当什么事让相公不乐,原来如此。皇上满朝文武都没有点,就点了你,说明皇上对老爷器重。这是好事,老爷却为何还

不高兴呢?"

阿锡鼐头一拧,不耐烦地说道:"妇道人家,果然什么都不懂。"

夫人白一眼阿锡鼐,说道:"老爷,何出此言,难道我说的哪里错了不成?"

阿锡鼐道:"夫人,我且问你,满朝文武,为何只有张鹏翮请缨前往江南审理此案?"

夫人又斜一眼阿锡鼐,说道:"你刚刚还说,我是妇道人家。我也不在朝中为官,更不知朝中之事,我哪里会知道?"

阿锡鼐道:"据我所知,那张鹏翮之所以请缨审理此案,让人生疑。张鹏翮的儿子张懋诚在安徽为官倒是政声颇佳,只是其义子唐不语也在江南为官。上次江南科考舞弊一案,风闻唐不语已被噶礼控制。今日此案,恐那唐不语也脱不了干系。故张鹏翮主动愿意审理此案,该不是这些缘故吧!"

阿锡鼐的夫人听完之后,再次咯咯笑了起来,说道:"老爷,那你就随着张鹏翮一起前往。审理此案的时候,顺着张鹏翮,卖给张鹏翮一个人情,不就得了吗? 那张鹏翮乃礼部尚书,深受皇上信任,日后还会忘你的人情不成?"

"这其中利害关系,你又哪里知道啊!"阿锡鼐轻轻摇摇头,叹口气说道,"因那张伯行为官清廉,故深得皇上信任。据说上次皇上南巡的时候,当着众阿哥和随行文武的面,夸奖张伯行乃'天下第一清官',并且亲自举荐张伯行。噶礼贵为开国五大臣之后,又立有战功,官居两江总督,最后也被张伯行弹劾参本,罢官丢命。"

"可是,张伯行虽得皇上的信任,却不得江南官场和朝中文武喜爱。因那张伯行为人执拗,满朝文武多不喜与他交往,江南官员更视他为眼中钉、肉中刺。我若站在牟钦元一方,则会让皇上不高兴,甚至违背自己良知。但我若站在张伯行一方,则必然得罪朝中诸多官员。"

说到这里,阿锡鼐看着夫人,夫人的脸上也不再有刚才的笑容。

阿锡鼐说道:"夫人,你说,我到江南该如何审理此案,是装聋作哑还是主持正义?"

夫人张张嘴,却说不出话来。

正在此时,家人胡成走进来,对阿锡鼐道:"老爷,外边穆和伦大人前来拜见。"

阿锡鼐闻听,对夫人说道:"穆和伦此来,肯定与牟钦元一案有关。夫人,暂且回避一下吧!"

夫人急忙退回内室。

阿锡鼐深吸一口气,整理整理衣冠,迈着八字步,走出门外迎接穆和伦。

说起来阿锡鼐与穆和伦还沾亲带故,其祖上都是最早跟着努尔哈赤十三副甲胄起兵的嫡系,之后从龙入关,屡立战功。

阿锡鼐急步来到门外,见到穆和伦,急忙拱手道:"哪阵风把穆大人吹到我的府上了,阿锡鼐迎接来迟,恕罪,恕罪!"

穆和伦一副熟不拘礼的样子,说话也格外随意:"哈哈,大人客气。多日没有与大人一起饮酒,特来向大人讨杯酒吃。"

听得出来,他们之间也是常来常往。

阿锡鼐哈哈大笑道:"穆大人不嫌弃我府中酒浊,随时可来。快快请进,快快请进!"

说着话,阿锡鼐与穆和伦走进会客厅。

会客厅内,一张红木条案摆在正中。条案之前,有一张红木八仙桌,两旁各放四把椅子。条案后面的墙壁之上悬挂着一幅烟雨图,烟雨图两边一副对联。上联是:竹雨松风琴韵;下联是:茶烟梧月书声。

穆和伦称赞道:"到底是文人雅士,不同一般,阿锡鼐大人好雅兴。这烟雨图极有气势,这副对联好有内涵。"

阿锡鼐道:"穆大人见笑了,这幅烟雨图是阿锡鼐闲来无事时所作,对联也是我亲自书写。"

穆和伦听过之后,脸上顿显赞许之色,再次拱手道:"素闻兄长书画俱佳,今日一见,果不其然。他日若得空闲,必要向兄长索书一幅,大人千万不要推辞。"

阿锡鼐笑道:"若穆兄不嫌弃,阿锡鼐自当效劳!"

两人分宾主落座后,阿锡鼐令家人取出武夷山桐木关的小种红茶,轻轻洗过,又在宜兴紫砂壶里面闷一会儿,才徐徐倒出。顿时,客厅内弥漫着淳厚的茶香。

两人边喝边聊,几杯茶后,阿锡鼐对穆和伦道:"穆大人,今日前来,不是专为讨酒要字的吧?"

穆和伦哈哈大笑,说道:"金殿之上,万岁爷钦点兄长协助张鹏翮大人,前往江南审理张伯行一案,穆和伦是特来送行的。"

阿锡鼐笑道:"穆大人有话不妨直说,莫要兜圈子,穆大人也知道,阿锡鼐最不会猜人心思。"

穆和伦笑道:"既如此,穆和伦也就直言。江苏右布政使牟钦元为官清正,在江南素有文雅之名,想来大人也是知道的。可那张伯行却非要诬陷牟钦元窝藏逃犯,私通海盗,满朝文武皆对张伯行不满。我今日前来只为提醒兄长,到江南之后,切勿中张伯行的圈套。若是中张伯行的圈套,恐在朝中不得人心。你我兄弟多年,祖上又一起从龙入关,穆和伦此言,是把你当成亲兄弟才一吐为快,万望兄长三思!"

阿锡鼐拱手道:"多谢穆大人提醒,阿锡鼐感激不尽。阿锡鼐也知此案审理极为棘手,不承想皇上会让我去。此去江南,祸福难料,但穆大人所言,阿锡鼐定会铭记心头。"

穆和伦哈哈大笑道:"大人聪明绝顶,肯定知道该当如何审理此案。穆和伦只是把朝中诸多大臣的心思透露给你,想必大人不会引火烧身吧?"

阿锡鼐道:"多谢穆大人提醒。"

穆和伦又笑道:"时候不早,今日就不打扰大人。穆和伦告辞。"

阿锡鼐站起来正要送行,那穆和伦忽又回身,对阿锡鼐道:"你看看,差点忘件小事。"

说着话,穆和伦从衣袖之内取出一卷轴,说道:"阿锡鼐阿大人,江苏右布政使牟钦元素闻大人喜欢字画,故令人专程带来一幅山水画作,兄长万不可推辞。"

阿锡鼐道:"无功不受禄,这个万万不可。"

穆和伦笑道:"怎么,兄长是不是害怕担个受贿的罪名? 大人放心,只是一幅字画而已。牟钦元乃一文雅之人,素喜书画,而大人也是此道中人,切勿推辞。"

说话间,穆和伦将那幅卷轴放在桌案之上。

阿锡鼐道:"既然如此,暂且放于此,多谢穆大人!"

话音未落,穆和伦已经跨出门外。

阿锡鼐拿起那幅卷轴打开,果然只是一幅山水图画。但看那落款,阿锡鼐不禁大吃一惊,原来是明朝董其昌的《关山雪霁图》全卷。此图以平远和深远相结合的构图,在一小卷内画出连绵无际的山峦林壑。用笔苍劲生拙,物象历历分明,达到密而不塞的艺术效果。作品笔墨苍浑深厚,又有饶富疏秀之致,兼具绚烂与平淡旨趣。董其昌也自诩这幅作品为"永日无俗子面目"。

《关山雪霁图》全卷曾在开封京古斋展出。由此缘故,董其昌的弟子王时敏被聘为京古斋名誉大掌柜,之后又引出张伯行与王原祁相遇开封京古斋的一段佳话。

看到如此名家名作,阿锡鼐心道:素闻牟钦元痴迷书画,家中藏品甚多,果不其然!

(三)康熙五十三年(1714年),张鹏翮、阿锡鼐奉旨前往江南

阿锡鼐将董其昌那幅画作收起,心中不禁开始挣扎。

其夫人从内室走出,阿锡鼐对夫人苦笑道:"夫人,怎么样,一切果不出我所料。还没有出发,就已经开始遇到难题。这穆和伦与牟钦元素来过往甚密,今日前来,虽说是替牟钦元说情,但其所言也甚是有理。若稍有不慎,我这一世英名就会毁于一旦。"

他的夫人看着阿锡鼐突然说道:"老爷,我有一计,不知可否?"

阿锡鼐闻听,疑惑地看看夫人,脸上一副不相信的表情,说道:"夫人,真的有办法助我脱此困境?"

夫人看着阿锡鼐的脸庞,说道:"老爷既然不相信我,那就算了,我还是让人给老爷收拾东西吧!"

说着话,夫人抬脚就要走。

阿锡鼐急忙拉住夫人道:"哎呀,夫人,就不要再卖关子了。若有良策,赶紧讲来。"

夫人笑道:"怎么,着急不成? 刚才你不是说我乃妇道人家,什么都不懂吗?"

阿锡鼐道:"夫人乃女中豪杰。如有办法,速速讲来,也好让我宽心。"

夫人看着阿锡鼐道:"刚才老爷已经说过,那张鹏翮前去江南,实乃是为其子。而夫君此去,若装聋作哑,恐惹皇上不喜;若秉公处理,又恐与张鹏翮

意见相左,并得罪朝中大臣。故老爷此去江南,左右都不能落好。以为妻之见呢,老爷想要脱此困境,只能不去江南,这样就谁也不得罪。"

阿锡鼐道:"哎呀,夫人,我焉能不知。可是去江南审案,乃皇上钦点。我若不去,就是抗旨不遵。"

夫人哈哈大笑道:"老爷,皇上的旨意肯定要听的。可是,如果老爷身体不适,半路而返,皇上想来也不会怪一个病人吧!"

阿锡鼐闻听,又看一眼夫人,说道:"夫人所言甚是。可是我身体无病,难道让我装病不成? 若被皇上知道,那也是欺君之罪。"

夫人脸上露出一丝神秘的笑容,对阿锡鼐道:"老爷……"

夫人将嘴巴贴在阿锡鼐耳旁轻声低语几句。

阿锡鼐听完之后,哈哈大笑,而后对夫人深施一礼道:"多谢夫人。夫人解我困境,实乃贤内助啊!"

康熙五十三年(1714 年)甲午冬十一月,钦差审事大臣张鹏翮、阿锡鼐辞别京师送行的众人,奉旨前往江南。

一路无话。

这一日行至济南境内,天色已晚,张鹏翮命人在当地驿馆歇息。

众人到了驿馆,刚刚收拾完毕,阿锡鼐忽觉头晕目眩,竟瘫软于地。

早有人将此消息禀报给张鹏翮。张鹏翮大吃一惊,急忙赶到阿锡鼐房间,见众人已将阿锡鼐扶至床上。

张鹏翮疾步上前,只见阿锡鼐躺在床上,脸色苍白,脸颊之上,冷汗直冒。

张鹏翮弯下腰,低声问道:"阿大人,感觉如何?"

阿锡鼐缓缓睁开眼,看到张鹏翮,欠身道:"如何惊动张大人。适才只觉头晕目眩,竟然晕倒于地。"

张鹏翮喊道:"快找郎中前来诊脉。"

郎中仔细把脉以后,说道:"大人脉象有些错乱,气血也似有些亏损。我且开个方子,服药之后,看明日如何?"

那郎中开过方子,张鹏翮急忙命人去附近药房抓药。

第二日早上,张鹏翮前去看望阿锡鼐。阿锡鼐比昨日看似好了一些,但依旧不能起床。

张鹏翮有些着急。

阿锡鼐看出张鹏翮心急如焚，就说道："张大人，阿锡鼐忽患重病，恐一时之间不能痊愈。此行事情紧急，张大人莫如先行前往，我暂在此养病。麻烦张大人修书一封，奏与圣上，阿锡鼐辜负圣恩，实乃重罪啊！"

张鹏翮看阿锡鼐精神委顿，似乎三两日也不能康复，只好说道："就依阿大人所言，张鹏翮只能先行前往，阿大人安心养病。"

阿锡鼐欠身施礼道："有劳张大人。"

且说张鹏翮与阿锡鼐告别，带领随行众人前往江苏。

一路之上，晓行夜宿，不几日来到江宁，两江总督赫寿带领众官员早已在城外迎候。

双方见面，免不了一番寒暄客套。赫寿带众官员将张鹏翮等人迎接到驿馆，而后又请张鹏翮至江宁"皇茶苑"用膳。

酒过三巡之后，张鹏翮举起酒杯对众人道："多谢诸位盛情。今日酒宴之上，我们只谈私情，莫论公事。明日张某再与诸位讨论案情，实时张某定会秉公办事。若有得罪之处，莫怪张某无情！"

说完，张鹏翮将杯中之酒一饮而尽。

两江官员皆为张鹏翮喝彩。

张伯行听张鹏翮一番话说得慷慨激昂，也不禁感动，心想：但愿恩公的确能够如他所说，秉公办理，绝不徇私。我今日晚间须再拜访恩公，与他探讨此案。

窗外，晚风习习，让人沉醉，夜色弥漫江宁城。天空之中，星光璀璨，遥视人间。大街小巷之中，一些闲暇之人聚在门口，谈天说地。

江宁"皇茶苑"内，张鹏翮再次举杯，对众人道："张某不胜酒力，今日且到此为止，如何？"

赫寿忙举杯对众人道："我等一起敬钦差大人。大人一路劳顿，此杯饮过，且让张大人回驿馆休息。"

众人皆一饮而尽。而后，赫寿将张鹏翮送回驿馆。

张鹏翮微醺，想起在此为官的儿子张懋诚和义子唐不语。对于儿子张懋诚，张鹏翮一百个放心。可对于义子唐不语，张鹏翮还真是心里面没底儿。自己又该如何审理此案，越想内心越乱，竟无丝毫睡意。

正在此时，门外一随从进来通禀道："大人，江苏巡抚张伯行求见。"

张鹏翮一听，心想：这张伯行倒是来得好快啊！

张鹏翮对那人道："有请。"

张伯行来到会客厅，急忙对张鹏翮施礼道："张伯行见过恩公！"

张鹏翮上前一步，拉起张伯行的手道："孝先，天这么晚，竟还前来，不知所为何事？明日就要审理你弹劾牟钦元一案，孝先就不怕别人说你闲话不成？"

张伯行道："恩公，您知道张伯行是何等样人即可。张伯行但求无愧于天地，何惧旁人说三道四！"

张鹏翮道："孝先啊，我已经屡次奉劝过你，你却为何一直置若罔闻呢？你我既然在朝中为官，必然要思虑同僚之言语，更要懂得与同僚相处之道，方能保得自身周全。唯有自身周全，方能为百姓做更多善事。孝先却总是如此执拗，早晚会引火烧身。"

张伯行道："记得恩公在我初入官场之时，曾用您的家规教导于我，您说：'忠臣必廉而廉者必忠，奸臣必贪而贪者必奸。故孔明忠于季汉，而成都止有桑八百株；元载为奸于唐，而胡椒至八百石。由是观之可以识忠臣奸臣之分矣！'可是自我到江苏之后，恩公却屡次三番劝我要适可而止。恩公，到底是我不识时务，还是恩公做官原则无端变化呢？"

张鹏翮道："孝先，我所言俱为你好。所谓识时务者为俊杰，孝先也要懂得原则性与灵活性的统一。"

张伯行慨然道："恩公，张伯行自幼读的是圣人书，做的是圣人事。若不能忠于国家、忠于百姓，我半生所读圣贤之书岂不白费？要是那样，我既对不起国家朝廷，又对不起列祖列宗，更对不起黎民百姓。恩公，且请三思！"

张鹏翮不禁叹道："孝先既然这样说，张鹏翮也无话可讲。明日，我们公堂上见即可，恕张鹏翮不能远送。"

张伯行眼见话不投机，只好拱手道："恩公，那张伯行就不打扰恩公休息了。但还望明日公堂之上，恩公能如今日宴会所言，秉公办理。"

说完之后，张伯行退出回府。

（四）只见她脸色陡变，从袍袖之中"嗖"地掏出一把剪刀

夜色已深。

街巷之中，那些闲聊的百姓俱已回到各自家中，整个江宁城万籁俱寂。夜空之中，偶尔几朵乌云飘过，星星变得黯淡无光。

张鹏翮看着张伯行离去后，不禁轻叹一口气。

正在张鹏翮思索之时，家人又进来通禀道："大人，门外江苏右布政使牟钦元求见！"

张鹏翮不禁苦笑道："看来明日主角，今晚都要来拜访我了。"

张鹏翮道："有请。"

牟钦元见到张鹏翮，急忙施礼，说道："见过钦差大人。"

张鹏翮道："牟大人，免礼。"

说完后，两人分宾主落座。

张鹏翮道："牟大人，这么晚前来，难道是为明日案情不成？"

牟钦元微微一笑说道："张大人今日在酒席宴间说得明白。您说，明日必会秉公审理，牟钦元并不曾通匪，自是问心无愧。"

张鹏翮也笑道："在京城中已听人说过，江苏布政使牟钦元为官清正，且才华横溢，书画俱绝。今日一见，果然所言非虚。"

牟钦元道："多谢钦差大人夸奖，牟钦元不敢当。说到书画，贵公子不语最近也是进展飞速，颇有小成。"

张鹏翮闻听牟钦元说到唐不语，心中不禁一惊，但却不露声色，微微一笑道："牟大人如何知道不语的书画水准？"

牟钦元道："难道不语未曾与钦差大人说过？近些时日，不语时常与我探讨书画，且非要拜我为师。可钦差大人您的书画也是极佳，我如何敢收贵公子为徒？我们俩不过是相互切磋而已。"

那牟钦元说得云淡风轻，但却话里有话。他分明是在暗示张鹏翮，不语最近与牟钦元来往甚密。若牟钦元通匪，恐唐不语也脱不了干系吧！

张鹏翮心中波澜起伏，表面却依旧不动声色，遂站起身来对牟钦元拱手道："不语读书时，的确喜欢书画。牟大人乃当世名家，不语在此地为官，还要

牟大人多多指点。"

牟钦元拱手道："为张大人效劳,乃牟钦元之幸,大人但请放心。"

两人又闲聊几句,牟钦元告辞而去。

张鹏翮回到内室。看着窗外,夜色愈发浓郁。此时已经夜深人静,江宁一片沉寂,天空中的乌云也愈发浓重。隔着窗户向外遥望,竟一颗星星也没有看到。

张鹏翮在房间里来回踱步,竟无丝毫睡意。

张伯行的肺腑之言,牟钦元的旁敲侧击,不停地在自己耳边回荡。张鹏翮的脸色越来越沉重,内心更是波涛汹涌。

平心而论,张鹏翮为官其实一直清正廉洁,康熙帝也曾亲口赞他"天下廉吏,无出其右"。奈何今日之事关乎自己义子,进而牵涉自己,张鹏翮脸上忽而阴郁,忽而沉思。

正在张鹏翮来回踱步不能入眠之际,门外传来女人的声音："老爷,为何还不入睡?"

张鹏翮回头一看,乃是其夫人和陪嫁丫头唐小雪二人。

张鹏翮结婚四十年,唐小雪作为陪嫁丫头来到张家四十年。从少女到如今,她一生未嫁,全身心融入张家。张鹏翮的夫人身体不好,他的两子两女都是唐小雪一手带大。尤其是把娘家侄子唐不语领进张家之后,唐小雪更是死心塌地,别无他求。张家上下也都把唐小雪当成家中亲人,孩子们也都把她尊为长者,从来不分彼此。

本来,张鹏翮作为钦差大臣下江南审理此案,其余人等不能随行。但唐小雪思念侄儿心切,再加上夫人一再劝说,故一起而至。

张鹏翮看见是夫人和丫鬟唐小雪,就随口问道："天这么晚,你们二人有何事情?"

夫人轻轻叹口气说道："老爷,刚到江宁,语儿就写来家书。看过之后,让人忧思不已。可老爷一直忙碌,未曾与您说起此事。方才看到人等离去,我们二人才敢过来。见老爷脸色不好,也不敢相扰!"

张鹏翮急忙问道："语儿来信了吗?信中说些什么?"

丫鬟唐小雪嗫嚅一会儿,竟没有说出什么话。

张鹏翮语气更加着急,上前一步追问道："快点说啊,语儿到底说什么?"

夫人说道:"老爷,说了您可莫要生气!"

张鹏翮一跺脚,道:"你们快说就是。"

夫人只好道:"老爷,你且听我慢慢道来。"

原来,唐不语在信中将自己与张令涛的来往一五一十地告诉了姑母唐小雪,并哀求姑母一定要让义父、义母想办法救救自己。

张鹏翮听完之后,仰天长叹道:"在京城我请缨审理此案时,就隐隐有一种不好之感,唯恐不语再次惹下祸端,现如今果不出我所料。我张鹏翮一世英名,难道要毁于此不成?"

"老爷,当初我一直不能生育,是语儿来到张家之后,我们才有两子两女。怀长子懋诚之时,我重病一场,差一点母子二人同时命丧黄泉。后来老天有眼,竟让我挺过一劫。"夫人看到张鹏翮神情悲切并且无奈,上前拉住张鹏翮的袍袖,哭诉道,"但生过懋诚之后,我身子一直不好,是小雪她一把屎一把尿把懋诚拉扯成人的。"

"我跟着小姐来到张家四十年,从来没敢求老爷开恩办过任何事情,只是这次实在是没办法。都说宁舍怀中亲生子,不舍娘家一条根。老爷,我也没有亲生子,只有语儿这条根啊!"唐小雪也泣不成声道,"记得那年,老爷去河南治理黄河,常年不在家中。我一边侍候小姐,一边照顾少爷,语儿扔到外面没人管,差点儿被狗咬死。"

夫人又哭着说道:"老爷,语儿长这么大不容易,我们这个家走到今天也不容易。老爷,你若不想办法救救语儿,那我也不活着回去了。"

张鹏翮再次长叹,说道:"夫人,小雪,我心中之痛绝不少于你们二人。奈何国法无情,你们如何让我瞒天过海欺君罔上啊?!"

丫鬟唐小雪闻听,脸色陡变,从袍袖之中"嗖"的一声掏出一把剪刀,放在自己脖子上,对张鹏翮和夫人说道:"老爷,小姐,你们今日若不答应救救语儿,那我唯有血溅当场。"

一下唬得夫人急忙上前拉住唐小雪的手,说道:"小雪,莫要冲动,我自会尽力搭救语儿。"

唐小雪闻听,放下剪刀,竟"扑通"一声跪倒于地,大放悲声,说道:"老爷啊!小姐啊!语儿啊!"

"夫人,小雪,语儿虽非我们亲生,但是我们所养,我焉能眼睁睁看着语儿被打入大牢?"张鹏翮急忙扶起夫人,说道,"看看情况再说吧! 只要不是太出格,我会尽力而为的。"

(五)张伯行和牟钦元唇枪舌剑,针锋相对

江宁街头,大家三五成群地聚在一起,都在讨论钦差大臣审案一事。

一人道:"这次张大人一定能够打赢这场官司。听说新来的钦差大臣乃是张大人的恩师张鹏翮大人。"

另一人附和道:"我想也是。听说上次是总督赫大人审理,结果张大人输了官司。皇上不满,又派礼部尚书张鹏翮大人前来。这次我们张大人应该板上钉钉,赢定了。"

旁边一年长之人接口道:"诸位,切莫过于乐观。官场上的事,我们老百姓又能知道多少? 还是等等,看看结果再说吧!"

众人皆指着那老者道:"老李头,年纪这般大,却为何狗嘴里吐不出象牙,乱说一些什么啊? 若那京城来的钦差大人不能秉公审理,百姓绝不会答应。我们巡抚张大人一定能赢的。"

……

众人在谈天说地之时,并无人知道,张鹏翮的轿子正从旁边经过。听着众人议论,张鹏翮脸色木然,毫无表情。

公堂之上,赫寿带领两江重要官员俱已在场。张伯行与牟钦元分立两旁。

张鹏翮来到公堂之上,端坐于书案后边,端详一下两旁众人,开口说道:"诸位大人,张鹏翮奉皇上旨意,审理江苏巡抚张伯行弹劾江苏布政使牟钦元通匪一案。之前,两江总督赫大人已经审过此案,奈何皇上不满,命重新审理。今日,希望两位大人务要如实陈述。列位大人如有其他证据,也可一并呈上。"

说完之后,便向张伯行说道:"张大人,你且先行陈述。"

张伯行上前一步,躬身施礼道:"江苏巡抚张伯行见过钦差大人! 张伯行受皇上恩典,接任江苏巡抚。自来到此地,兢兢业业,唯恐辜负皇恩,从不敢有丝毫懈怠。前些时日,张伯行去上海县查案,上海县百姓顾协一状告张令涛霸占其房产。张伯行顺藤摸瓜,捣毁上海县一处匪巢。匪首名曰韩冷,人

称'滚刀龙'。据韩冷招供,那张令涛一直与海盗往来,只因其兄张元隆已亡,且海盗老巢被剿,张令涛无处躲藏。韩冷说,张令涛意欲投奔江苏右布政使牟钦元府上。张伯行知道后,前往牟钦元大人府邸,但牟大人拒不配合查访。无奈之下,张伯行只好上疏朝廷,奏明此事。皇上先令赫大人审理此案,不成想,那张令涛竟然派人暗下毒手,杀死上海县匪首韩冷,致使此案死无对证。赫大人上疏皇上,说张伯行诬陷朝廷命官,请钦差大人明察。张伯行自从为朝廷效力以来,从不曾谋一己之私,更不敢做违背朝廷诬陷同僚之事。张伯行一片忠心,天日可鉴!"

张伯行说到此处,语气哽咽。

张鹏翮看着张伯行,心想:这张孝先一片忠心,着实让人赞佩,只是张孝先太不懂得变通之理了!

张鹏翮又对牟钦元说道:"牟大人,张大人刚才所说,你有何想法?"

牟钦元向张鹏翮深施一礼,根本不看张伯行,厉声说道:"张伯行完全是一派胡言。欲加之罪,何患无辞?钦差大人,张伯行无根无据诬陷良民张令涛通匪,已经让人忍无可忍。又仅凭自己无端臆想,说本官通匪,更是天大的冤案。上次赫大人审理时,那张伯行所说顾协一状告张令涛一案,顾协一讲明,乃是两人之间因房屋价格没有谈拢,发生争执。顾协一也已撤诉,两人达成协议。目前已经案结事了,息诉罢访。至于张伯行说张令涛通匪,更是查无实证。大人不信,可让张伯行找到证据再说。退一万步,即使张令涛为匪,可那张令涛最近一个月并不在江苏,这一点其儿子可以做证。既然张令涛不在江苏,又何谈牟钦元私藏张令涛?而张大人到本官府上之后,口口声声说本官通匪,并欲强搜本官府邸。牟钦元虽官职低微,而张大人却只凭武断揣测之心,就要搜查朝廷命官的府邸,敢问张大人眼里可有同僚?可有皇上?这江苏难道是张大人一人的江苏?这天下难道是张大人一人的天下?难道张大人可以在江苏一手遮天不成?"

听牟钦元说得声色俱厉,似乎要吃掉张伯行一般,张鹏翮就说道:"牟大人,不要着急。"

张鹏翮回头对张伯行说道:"张大人,适才牟大人所说,张大人可有反驳之语?你说牟大人私藏盗匪,可有证据?"

张伯行道:"适才我已经说过,那韩冷已死,死无对证!"

张鹏翮说道:"那是否还有其他证人?"

张伯行沉吟一下,抬头看一眼张鹏翮,内心陷入犹豫之中。张伯行心想,到底该不该说出张鹏翮的义子唐不语呢?

五
灵魂博弈

（一）这笑，有无奈、有无助，更多的却是无惧、无畏

公堂之上，一番唇枪舌剑以后，张伯行依旧不能拿出证据证明牟钦元私藏逃犯。张伯行内心一直在挣扎，到底该不该说出唐不语。

如果不说出唐不语，自己就会处于极其被动的境地。但如果说出来，自己将可能与张鹏翮彻底反目成仇。

张伯行的内心不断挣扎着。

看着张伯行脸色忽阴忽晴，半晌无言，张鹏翮高声说道："张大人，张大人……"

张伯行急忙将自己的思绪拉回，拱手说道："钦差大人。"

张鹏翮道："不知张大人还有何话讲？若不再申辩，本钦差就要结案。"

张伯行心想，也罢，今日之事必要拼个鱼死网破。我张伯行只要问心无愧，对朝廷无愧，对江苏百姓无愧就行！

张伯行道："钦差大人，张伯行尚有一事，需要向大人明讲。"

张鹏翮道："哦，张大人还有何话说，但讲无妨。"

张伯行道："当日在上海县，张伯行审问韩冷之时，那韩冷指认张令涛投奔牟大人处。只是如今韩冷已死，故死无对证。韩冷虽死，但韩冷当时还曾提到一人。"

张鹏翮心头不禁有些紧张，但表面上却不动声色，慢条斯理地问道："敢问张大人，那韩冷还提谁呢？"

张伯行略微沉吟一下，最后高声说道："钦差大人，当日韩冷招认，说在上海县酒楼与他一起吃饭的人，除张令涛以外，还有一人。那韩冷说他并不认

识此人，但听闻张令涛介绍，此人姓唐名不语。张伯行想请钦差大人找到此人，一问便知。而且，那张令涛口口声声喊那唐不语为唐大人，想来此人也定是为朝廷效力。故张伯行推断，此人乃钦差大人的义子唐不语，目前在呈瑞县为官。"

此言一出，公堂之上一片哗然。

赫寿厉声道："张伯行，你好大胆子，竟然随便诬陷钦差大人的义子。"

牟钦元偷窥一眼张鹏翮，又瞟一眼张伯行，嘴角露出不可捉摸的笑容。

听完这番话，张鹏翮脸色也是突变，但语气却依旧镇定。张鹏翮对赫寿道："赫大人，勿要急躁。"

张鹏翮面向张伯行说道："张大人，既然你说那韩冷曾供认与张令涛、唐不语一起吃酒，敢问张大人，上次赫大人审案之时，你为何不说？"

张伯行道："钦差大人，张伯行因为只是听闻韩冷所说，却不能真正判断此人就是呈瑞县知县唐不语，故上次未曾说出。可今日之事……"

张伯行说着话抬眼看看张鹏翮，接着说道："钦差大人今日审案，似乎也必欲判张伯行诬陷同僚。张伯行无奈，只好说出。"

张鹏翮内心明镜一样，知道张伯行上次之所以不说，乃是看自己面子，害怕与自己反目成仇。今日之所以说出，也是被逼无奈。可是自己若要秉公处理，那牟钦元等人又如何能够放过语儿？到那时，不但语儿前途不保，自己恐怕也要身败名裂。

张鹏翮看着张伯行，张伯行的脸上一片坚毅，大有破釜沉舟之意。张鹏翮内心不禁叹息，心想：孝先啊，你为何如此执拗啊？今日之事，若我秉持公心，必然要危及不语。也罢，孝先，只能对不住你了。

想到此处，张鹏翮说道："张大人既然认定那韩冷所言就是唐不语，那我所说也是无益，只须将那唐不语喊来对质即可。"

说完之后，张鹏翮令总督衙门铁捕头速去呈瑞县衙传唤唐不语。

铁捕头离去，张鹏翮对众人道："今日暂且如此，等呈瑞县知县唐不语来后，再继续审理。"

说完之后，张鹏翮一甩袍袖离开公堂。

走出公堂，大黑与大仪急忙过来询问案情，张伯行给两人简单地说了几句。

大仪道:"老爷,你今日说出唐不语,恐于事无补。"

张伯行道:"这点,我也知道,但实在是无奈之举。况且,若今日不说,以后恐怕再无机会,张令涛等人会更加有恃无恐。"

大仪道:"老爷,那唐不语是钦差大人的义子,钦差大人定会偏袒。且当日韩冷所言,也只能推测此人乃唐不语。若唐不语矢口否认,只怕老爷依旧难以赢得这场官司。"

张伯行默然无语,心中暗想:有些事,不知不可为而为之,愚人也;知其不可为而不为之,贤人也;知其不可为而为之,圣人也。吾虽非圣人,也见贤思齐、见不贤而自省焉!遂带着大黑与大仪,走进街头一家开封拉面馆,先填饱肚子再说。

大黑点一盘酱红萝卜,一盘拌耳丝,又要三碗冬瓜卤的开封拉面。三个人都没有说话,闷头看着老家风味的家常菜,不禁想起千里之外的故乡,想起夫子过化的仪封,想起风沙弥漫盐碱遍地的黄河滩,此时此刻,也该是炊烟袅袅倦鸟归林!

窗外,江宁街头,人来人往。阳光依旧很暖,透过家家户户的屋檐,在街头洒下斑驳的影子。张伯行看着这繁华的景象,内心略略有些惆怅。或许,不久之后,自己就要离开此地,再也不会回来了。

大黑看张伯行发愣,说道:"老爷,还是先用饭吧!放心,天不会塌下来,即使天塌,有大黑替大人顶着,砸不着老爷。"

说着话,大黑嘿嘿大笑起来。

张伯行也不禁大笑起来。这笑,有无奈、有无助,更多的却是无惧、无畏。

几日后,众人再次来到公堂,唐不语果然已经被传到。

张鹏翮看见唐不语,气不打一处生,心里面骂道:悔不该当初收养这个逆子,让我张鹏翮左右为难!

张鹏翮对赫寿说道:"赫大人,唐不语虽不是犬子,但多多少少也与我有关。我若审理,恐不甚妥。赫大人且替我问话如何?"

赫寿拱手道:"既然如此,那赫寿就僭越一回。"

赫寿一拍惊堂木,向下问道:"下面可是呈瑞县知县唐不语?"

唐不语急忙施礼道:"正是。下官见过钦差大人,见过总督大人,见过巡抚大人。"

赫寿道："不须多礼。唐不语,我且问你,巡抚张大人说,你曾与匪首韩冷并张令涛一起,在上海县吃过饭,且怂恿张令涛投奔江苏右布政使牟钦元大人处。可有此事?"

张伯行看着唐不语,张鹏翮也看着唐不语。

唐不语环顾四周,不疾不徐地说道："总督大人,呈瑞县最近催粮派款,公务繁忙。下官每日都忙于公务,不敢有丝毫懈怠,唯恐辜负皇恩,更不敢辜负义父往日教导。故下官已经很久不曾离开过呈瑞县衙。这点,县衙上上下下,人人皆知。不知张大人从何处听说我跟匪首喝酒,难道是下官有分身之术不成?"

张伯行看着唐不语,不禁轻轻摇摇头。

赫寿听完之后,转向张伯行,说道："张大人,适才唐不语所言,你也听到。你还有何话可讲?"

张伯行半晌无语,最后只是喟然长叹,说道："张伯行无话可讲。"

赫寿转向张鹏翮说道："钦差大人,下官已经问完,请您接着审理。"

张鹏翮环视一周,最后眼光落到张伯行身上,高深莫测地说道："既然张大人并无话可讲,那本钦差宣布此案审理结果。张令涛通匪一说,查无实证;牟钦元窝藏之事,更是无稽之谈;江苏巡抚张伯行诬陷同僚,虽然其心为公,情有可原,奈何其行过于狂妄自矜,实在无可恕罪。我将奏明圣上,革去张伯行江苏巡抚一职。张伯行,你可服判?"

张伯行道："钦差大人,我不服。人在做,天在看,一切会得到报应的!"

"到这般地步,你仍执迷不悟,不分轻重,也怨不得我啊!"张鹏翮道,"张伯行,签字画押吧!"

张伯行道："我原无罪,如何签字画押?"

"今日之事已会审完毕,是非曲直已明明白白,一切俱已盖棺定论。"赫寿脸色一变,恶狠狠地说道,"你签也得签,不签也得签。"

张伯行大义凛然地说道："士可杀不可辱! 你想让我屈膝投降,颠倒黑白,不可能!"

如此反复数次,均未结果。

赫寿与张鹏翮耳语几句,就转过身问张伯行道："尔有幕宾乎?"

张伯行道："没有。"

赫寿说道:"岂有巡抚而无幕宾乎?"

张伯行道:"我没有幕宾,只有一名书记员而已。"

赫寿随即命人传唤张伯行的书记员至一偏房,威风凛凛地喊道:"来人报上姓名。"

"鄙人姓沈,名端,浙江嘉善人。"一个四十来岁的中年男子战战兢兢地答道。

"翰林沈辰垣是汝何人?"

"乃吾家叔父。"

"我与你家叔父同朝为官,互为知己。"赫寿马上换副面孔,和颜悦色地说道,"久闻你才学人品俱好,与你家主人相处甚久。今你家主人年老眼花,不能写供,尔可代写。之后,就可无事回家。"

沈端愕然,不知所为。

史载:沈辰垣,字芝岸,又字紫翰,松江府枫泾镇人。康熙乙丑进士,历官至翰林院侍读学士。

"写了,万事皆休。不写,休想迈出这道门槛。"旁边众人吆五喝六,威胁着沈端说,"且你写与不写,均不影响此案具结。"

还没等众人回过神来,一衙役一棍打在沈端腿弯,沈端一头栽在地上。

赫寿又问道:"我再最后问你一次,写,还是不写?"

沈端摸摸额头,见顺手流血,连声说道:"写,我写。"

"这就对了。"赫寿说道,"我口授,你就按着我说的记录。"

沈端全部按照赫寿所述,一一具明。

赫寿和张鹏翮又到公堂,对张伯行道:"尔已有口供矣!"

"吾素敬重恩公,没想到你手段如此卑劣,让正人君子所不齿!"张伯行瞟一眼口供,冷笑一声,说道,"这是沈端所写,非我所为。"

"你书记员所写,即尔亲供,你将来还想叩阍不成?"赫寿说道,"房游击、施同知现在皆能证明,是你口授,书记员记录的。"

张伯行大笑道:"现在还想叩阍吗? 等到来生吧!"

随即,张伯行又直视张鹏翮,说道:"当日为何向皇上推荐我? 现在又为何要置我于死地?"

张鹏翮说道:"当日为官好,就应该举荐;今日为官不好,就应该参奏。"

张伯行问:"我为官可曾有贪赃枉法之事,有负朝廷有辱举荐之为?"

张鹏翮说道:"你以为不取钱就是好官吗?好官当为朝廷办事。"

张伯行说:"就按你说的,我纵然没有办事,也罪不至死吧!"

"你只要认罪伏法,签押画供,就能回家。"张鹏翮长叹一声说道,"我荐你一番,究竟于我何益?"

张伯行答道:"我当日只知大人荐贤是让我报效国家,不知还要回报大人。如果知道大人举荐我,是为了索取回报,当时绝对不会接受你的举荐!"

张鹏翮半天没有吭声。

(二)张伯行心中在想,此一别尚不知何日再来江南

夕阳西下,金子般的晚霞笼罩着苏州城。

富有江南特色的房屋上面,被涂抹上一层亮丽的金黄色。黑白相间的官署衙门,雕梁画栋的会馆祠堂,掩映如画的园林民居,都偎依在渐渐西沉的霞光里,款款的,暖暖的,柔柔的,充满一种浪漫情愫。

运河两边,杨柳摇曳,暖风拂面。一艘大船缓缓驶来,船桨荡漾起来的涟漪在水面四处扩散,一直传到无尽的远方。船头之上,几个人在喝酒行令,两位江南女子在翩翩起舞。雕画精美的船舱里面,一位少女边弹边唱,声音随着晚风飘向远方。咿咿呀呀的江南声调,水乡独有的吴侬软语,让人心醉,让人沉迷,让人忘情。

不远处,一座虹桥飞架于运河两岸,小亭子静默地矗立在杨柳之间。再往远处看,就是"夜半钟声到客船"的寒山寺了。

张伯行漫步在河边,欣赏着眼前这苏州美景,不禁喟然长叹一声,说道:"平日里忙于公务,在苏州这么久,却不曾欣赏过苏州景致。这眼前景色,分明就是一幅江南风情水墨画啊!"

一旁的大黑与大仪面面相觑,不禁有些纳闷。

两人心里面想的是同一个问题。昨日公堂之上,钦差大臣张鹏翮断案,张令涛没有通匪,牟钦元不曾窝藏,张伯行诬告同僚。待禀明圣上,即刻革去

老爷的江苏巡抚之职。老爷不想着如何应对,却拉着几个人来到运河边,欣赏起这苏州美景,难道老爷被气迷糊了不成?

大黑上前一步,轻声说道:"老爷,老爷,你没事吧?"

张伯行侧脸一看,大黑眉头紧锁,一脸的紧张,语气之中也是小心翼翼,便奇怪地问道:"大黑,你怎么啦? 为何这般语气? 难道你傻了不成?"

大黑闻听此言,不禁哑然失笑,说道:"老爷,我们只是有些奇怪。昨天公堂之上,钦差大人说要革去老爷江苏巡抚,难道老爷就一点感觉都没有?"

张伯行抬头望着西边的彩霞,见白云朵朵,红光满天。红白之间,透出几缕湛蓝。太阳宛若火球一般,正缓缓下坠。那红霞,那白云,那蓝天,那夕阳,五彩缤纷,相互映衬,让人忍不住想把酒临风,宠辱皆忘。

张伯行凝视许久,喟然长叹:"我非草木,焉能忘情! 只是想着在苏州时间已长,却从未静下心来欣赏这江南美景,品一下江南茶艺,尝一顿江南佳肴。如今,就要离去,而且,此一别尚不知何时再来。人人皆云,上有天堂,下有苏杭,苏州之美曾让无数文人墨客为之赋诗作画。临走之前,若不细细品赏,岂不辜负这苏州美景?"

说着话,张伯行的语气之间,竟透出丝丝缕缕的无奈与伤感。

大黑闻听,不禁气道:"老爷,那钦差张大人与老爷也算是交情匪浅,却为何如此步步紧逼? 不去深入调查案情,只是做一些面子上的查问,就得出这样的结论,实在让人不能忍受。老爷,若是依照大黑的意思,我抓住那唐不语,一顿暴打,我就不信那厮不说实情。"

张伯行急忙说道:"大黑,切不可鲁莽行事。张大人于我有知遇之恩,若非张大人引荐,焉有我张伯行今日?"

大黑说道:"老爷放心,大黑只是一时气急罢了。大黑断不会给老爷惹来祸端。"

正在此时,远处匆忙跑来一人,张伯行定睛一看,却是自己府中一名衙役。

那名衙役远远看到张伯行,急忙跑过来,抹把汗对张伯行躬身施礼道:"大人,可找到你们了。"

张伯行问道:"这般匆忙,府中可有事情?"

那人道:"大人,适才钦差大人来府中拜访,我说大人出去不在府中。小人寻思大人不在府中,钦差大人定是要回去。但不曾想到,钦差大人命小人出来寻找大人,说务必找到大人,他在府中一直等候。"

张伯行闻听,不禁有些诧异,心想:张鹏翮为何非要见我?

大黑闻听,瞪着眼说道:"黄鼠狼给鸡拜年,没安什么好心。昨天刚宣布革去老爷职务,今天晚上又来拜访。依我之见,我们且去吃酒,把那张鹏翮晾在府中,让人只说没有找到老爷。"

"你这个大黑,钦差大人不是黄鼠狼,我也不是鸡。"张伯行微微一笑,说道,"如何耍小孩子脾气?美景也已经欣赏过,我们且回去吧!"

张伯行几人回到府中时,天色已黑,月亮已经升起。皎洁的月光,透过柳树梢头,稀稀疏疏地洒在院中,让人不忍踩踏。

张伯行来到客厅,看到张鹏翮依旧端坐在椅子上,忙疾步上前,深施一礼,说道:"劳恩公久等,深感歉意,请恩公谅解。"

张鹏翮上前一步,道:"孝先,你我之间,无需客套。"

两人分别落座。

张伯行令人布置酒菜,两人边喝边聊,仿佛从没有发生过什么一样。

酒过三巡,两人话题自然落在张令涛、牟钦元的案子上。

张鹏翮端起一杯酒,说道:"孝先啊,张鹏翮先饮此杯,向孝先表示歉意。"

张伯行微微一笑说道:"恩公,何出此言啊。恩公并无对不住我之处,何来道歉一说?"

张鹏翮笑道:"看来孝先还在生我张鹏翮的气啊!孝先啊,我有一言,不知孝先可愿听否?"

张伯行道:"恩公教诲,张伯行洗耳恭听!"

张鹏翮说道:"孝先,此话题你我不止一次探讨过。不论是给你书信,还是平时交谈,我也多次提及,奈何孝先始终不曾听我之言。今日,张鹏翮再次与孝先说几句肺腑之言!"

张鹏翮端起酒杯一下子干了,眼睛一红,接着说道:"孝先,你我皆是从治理黄河之水患而被皇上赏识,那我们就从治水说起。这治水的祖宗非大禹莫属。而在大禹之前,乃禹之父鲧。鲧也曾治水,盗取天地息壤以堵治水。奈何水势滔天,靠堵却不能根治。而鲧却不知变通,最终盗取息壤之事被天帝所知,水患未除,人却没了。大禹继承其父之志,而又与其父不同。大禹懂得变通之道,不再一味靠堵,而是采取疏通之法,最终根治水患,成为上古明君。

孝先啊,做官之道亦是如此,若不知变通,执拗行事,最终必将失败啊!"

"明者因时而变,知者随世而制。"张鹏翮说完这番话,又端起酒杯,一饮而尽,接着说道,"孝先,人就应该像这水。水,遇圆则圆,遇方则方,故水方能无往而不利。究其原因,水知变通。所以,古人云:变则通,通则久!"

不知不觉,张鹏翮已经有些许醉意。

张伯行听着张鹏翮的话语,既像是绵里藏针,又像是酒后真言,就洗耳恭听,一直未曾搭腔。

张鹏翮清了清嗓子,接着说道:"孝先,我虽多喝几杯,但所说之话,句句出自肺腑,皆为你着想。若孝先能够听得我良言相劝,我必会在皇上面前为你求情。皇上一直对你赏识,想来也不会治你之罪。以后遇到合适机会,也必定请你出山,你看如何呀?"

听到此,张伯行站起身来,对张鹏翮深施一礼,说道:"张伯行也知恩公为我考虑,奈何张伯行自幼就是这个秉性。若让我随波逐流,恕张伯行难以从命。

"古人说,三军可夺其帅,不可夺其志也!我自幼读的是圣贤书,听的是圣贤话,这些已经深深根植于我的骨髓之中。恩公可以夺去我的官职,绝不能夺去我的为官之道。

"适才恩公以治水之道相劝,张伯行也以治水之道回答。大禹治水改变的是其方法,而不变的是其治水的决心,故大禹三过家门而不入,方能成就其治水之大业。若是大禹只想着自身利益,而忘却百姓之利益,他定不会成功。水可以变化其形状,断不能变化其本性!"

张伯行这番话说得慷慨激昂,掷地有声,像是在表白,在诉说,在抗争,虽九死而犹未悔!

张鹏翮看着张伯行,明显感觉到张伯行的神情有些激动,甚至说到最后,已经有些激愤之感了。

张鹏翮无奈地摇摇头,说道:"孝先啊,你这牛脾气,真的是无法改变。今日,张鹏翮专门从江宁赶到苏州,就是想和你说点掏心窝子的话。事已至此,听与不听全在孝先了。这几日张鹏翮就要回京复命,到时候孝先的命运就交给皇上吧!"

说完之后,张鹏翮拱手告辞。

（三）唐不语嘴强牙硬，像豁出去一样，恨恨说道

隔日凌晨，天色略略有些阴沉，江宁城被阴霾笼罩。毕竟已经接近初夏，风中没有丝毫凉气。沉睡一晚的江宁城开始苏醒，各色店铺也纷纷开门迎客，大街小巷中，来来往往人流不断。

张鹏翮起来之后，照例拿出桌案之上的《孟子》一书开始阅读。大约过半个时辰，门外家人进来，到张鹏翮身前躬身施礼道："老爷，不语公子前来看您。"

张鹏翮听闻唐不语过来，不禁皱皱眉头，说道："喊他进来。"

唐不语一脸喜色，来到张鹏翮面前，躬身道："不语参见义父大人！"

张鹏翮挥挥手，说道："坐下吧！"

唐不语在旁边椅子上坐下，依旧不能控制自己的喜悦之情，嬉皮笑脸地对张鹏翮说道："义父果然是我朝重臣，三言两语就将那张伯行打发。从此以后，看那张伯行还敢不敢在江苏嚣张跋扈。"

张鹏翮闻听此言，厉声喝道："不语，如何敢胡言乱语？我又如何能够三言两语打发张伯行？义父这一切皆是按照朝廷律法行事。"

唐不语看到义父突然发火，不禁有些愕然，轻声说道："义父，此屋中只有我们两人，我才这样说。义父为何发怒？"

张鹏翮从椅子上站起，来到门口，看门外无人，就将房门关起。而后，他回身厉声对唐不语道："语儿，我且问你，张伯行在公堂之上所说之事，是否属实？你是否与那张令涛一直来往，且帮张令涛出主意，让其藏匿于牟钦元府中？"

唐不语看了看张鹏翮，低头说道："既然义父如此问孩儿，想必也是对这些事情有所觉察，那孩儿也自不必隐瞒义父。张伯行所说，句句属实，孩儿的确与张令涛素有往来，且孩儿与右布政使牟大人也交情匪浅。"

张鹏翮在房间里来回踱步，听完唐不语的话语，轻轻摇摇头，闭上眼睛。之后很久，才抬头看着屋顶，不禁长叹一声。

唐不语问道："义父为何长叹？"

张鹏翮瞪着唐不语，一跺脚，说道："语儿，为何长叹，难道你不知吗？"

张鹏翮又轻轻摇头,叹息一声说道:"据义父所知,那张令涛的确通匪。而你竟然与通匪之人来往密切,还帮助此人藏匿于朝廷命官府邸。此事若为皇上所知,你可知道所犯何罪吗?"

张鹏翮的语气越来越严厉,脸上的怒色也越来越严重。

唐不语却不以为然,随口说道:"义父,那张令涛出手阔绰,且言行举止没有丝毫盗匪之气,而牟钦元大人更是风雅之人。孩儿在江苏为官,若不结交一些本地上层人士,如何能够在这里立足?又如何能够出人头地,过上那荣华富贵的生活?义父,您远在京师,把孩儿放在此地不管不问,孩儿不靠自己又靠何人啊?"

张鹏翮道:"语儿啊,义父把你放在江南,也是想要历练于你。可你怎么能结交匪人,自毁前程啊?"

唐不语道:"义父,您自己审理的此案,结果也已判明。那张伯行在江南为官时日不长,但却已经将江南多数官员得罪。孩儿只是结交一些朋友,并没有为非作歹,义父却为何出此话语?"

张鹏翮看唐不语毫不在意,根本没有将自己的话语放在心上,不禁断喝道:"孽障,跪下!"

唐不语浑身一颤,看张鹏翮真的生气,忙跪倒于地。

张鹏翮道:"孽子,你且与我背诵我家家训第二条是什么?"

唐不语背道:"居官要守得穷秀才本色,庶无贪念。不然人方荣华,而我寂寞;人方肥马轻裘,而我敝衣羸马;人方享妾之奉,而我伤北之叹。道心不定,未有不丧其所守也!"

张鹏翮道:"既然你能够字字背出,却为何有各种贪念?你可知道,你的言行若为朝廷所知,义父的一生清誉会被你毁掉啊!"

"义父,您每日教诲孩儿,让孩儿为人正直,为官清廉,摒弃贪念,一心为公。可是,您可知道,孩儿独自一人在此为官,初来江苏,处处遭人排挤,时时被人蔑视。两江官员皆言孩儿之义父乃朝中大员,却让其义子在江南做一知县,实在让人不齿。"唐不语嘴强牙硬,像豁出去一样,恨恨说道,"无奈之下,孩儿只能依靠自身,通过各种渠道结交江苏上层。孩儿好不容易在江苏混得风生水起,可义父您却说孩儿不遵家训,毁您清誉,孩儿断不能接受义父的教诲与责骂!"

（四）为政之要在于廉洁，廉洁之本在于自律

房间之内，张鹏翮与唐不语争吵之声越来越大。

忽然之间，门外家人敲门道："老爷，夫人到来。"

张鹏翮闻听夫人和丫鬟唐小雪过来，就和唐不语停止争吵。而后，他整整衣冠，对门外喊道："请夫人进来！"

说着话，打开房门。

门外，夫人走进，先对张鹏翮拜了拜，说道："见过老爷！"

唐小雪也向张鹏翮屈身施礼。

而后，夫人上前，一把拉起唐不语，说道："语儿，为何跪在此地？"

唐不语看到义母和姑母过来，又跪下叩头，说道："见过母亲大人！见过姑母大人！"

夫人回身对张鹏翮道："老爷，你们二人长时未见，却为何刚见面就如此争吵。这事若是误传出去，岂不让人笑话？"

张鹏翮神色凝重地对夫人说道："夫祸患常积于忽微，而智勇多困于所溺。夫人，语儿实在是让人失望。我教训于他，也是为他着想。"

夫人却并未理会张鹏翮，只是心疼地看着唐不语。只见唐不语脸上通红，眼角已经有泪水流出，禁不住说道："老爷，也不是我说您，语儿独自在此为官，你就没有怎么关照过他。好不容易相见一面，还要如此争吵。语儿已是一县之尊，你让孩子脸面何处存放啊！"

唐小雪虽没有吭声，却拉着唐不语一直啜泣不已。

"夫人，若不是你俩一味纵容、溺爱，不语焉能犯如此大错？我张鹏翮为了这个逆子，已经置自己清誉于不顾，可你们却还在袒护他，这样下去，只会害苦孩子啊！一个人若是小事放纵，必将酿成大错，最终也一定会多行不义必自毙！到时候，不仅仅是孩子保不住，连我们也会自身难保。夫人难道没有听说过孔子远祖正考父的故事吗？"

张鹏翮说的"孔子远祖正考父严以律己"之事，发生在春秋时期。

正考父是春秋时期宋国大夫，孔子七世祖，先后辅佐戴公、武公、宣公，深受宋国三代国君倚重，官拜卿相，可谓一人之下、万人之上。然而，他依然保

持着谦谦君子之态，为人处世甚是恭谨、低调。

为了惕厉自省，教育儿孙，正考父特意在家庙铸鼎铭训："一命而偻，再命而伛，三命而俯。循墙而走，亦莫余敢侮。饘于是，鬻于是，以糊余口。"意思是说，每逢有任命提拔时，都要越来越谨慎。第一次提拔要低着头；再次提拔要曲背；三次提拔要弯腰，连走路都靠墙走，生活中只要有口鼎煮粥糊口就可以了。

铭文中一个"偻"字，一个"伛"字，一个"俯"字，伛恭于偻，俯更恭于伛，三个动词生动展现出正考父地位越高越恭敬的情状。"三命"相连，层层递进，可谓谦意涟涟，恭风泱泱。

接下来，铭文话锋突转，"循墙而走，亦莫余敢侮"。就是说，沿着墙根走，就不会有人来欺侮你，这正是人格的力量、品德的力量。做事要敢作敢为、勇于担当，做人要谦虚谨慎、戒骄戒躁。为政之要在于廉洁，廉洁之本在于自律。

子曰："君子食无求饱，居无求安，敏于事而慎于言，就有道而正焉，可谓好学也已。"就是说，君子应当饮食不求饱足，居住不求舒适，工作勤劳敏捷，说话小心谨慎，努力向有道德的人学习。

所以，春秋时，鲁国大夫孟僖子根据"正考父饘粥以糊口"，预见正考父家族必会出现贤达之人。司马光也在《训俭示康》里说："昔正考父饘粥以糊口，孟僖子知其后必有达人。"

"而现在，语儿却是反其道而行之，越滑越远！"

这个历史典故唐小雪不一定知晓，但夫人却是熟稔于心。闻听张鹏翮说起，也不禁默然。

夫人沉默一会儿，说道："老爷，如今说这些也于事无补。反正张伯行一案已经有定论，语儿也算是有惊无险。只希望他以后接受教训，不要重犯这样的错误即可。"

张鹏翮长叹一声，说道："为今之计，也只能暂且如此。"

张鹏翮转身看着唐不语，不无忧虑地说道："只是这孩子，实在有些让我担心。"

唐不语听到义父这样说，却故意将头扭向一边，当作未曾听到。

张鹏翮再次摇头，内心波涛汹涌一般。张鹏翮严厉地对丫鬟唐小雪说道："悔不该让你过于骄纵这个孩子。我也知道你为这个孩子受了很多苦，本以为他可以成为国家栋梁之材,却不承想惹下诸多事端。若不是你一而再再而三地为他说情,我焉能容他走到今天这步田地?”

有义母和姑母撑腰,唐不语心里面更是不服,嘴里嘟嘟囔囔说个不停:

“两位尊长,你们听听义父的话,到哪步田地啊？我不是好好的吗?

“这个案子赫寿大人第一次审理的时候,已经结案,是张伯行诬告同僚,与孩儿无关。如今,已经是第二次审理,结果还是跟第一次一样。

“义父,您何苦生这么大的气呢?那张伯行本是您一手提拔起来的,他能做到江苏巡抚也要感恩于您。

“张伯行不懂得为官之道,得罪两江诸多官员,方有今日之下场。这一切皆与孩儿无关。

“孩儿只是一个小小的知县,又能掀起什么风云? 义父这样说,似乎孩儿的罪过已经不容宽赦一般?”

丫鬟唐小雪看似低眉顺眼,却也话里有话地对张鹏翮说道:“老爷,语儿说的有理。我们本是一家人,何苦为一个张伯行在此争论甚至反目成仇? 不管如何,语儿是我们的孩子,不要说他没什么错,即使有点小错,我们难道不该帮一下自己的孩子吗?”

“妇人之见,妇人之见啊!”张鹏翮却一直摇头,说道,“今日之事,姑且如此。若日后还是如此袒护这个孩子,必会给他带来祸端,也会给我们这个家带来不幸。到那个时候,可是追悔莫及啊!”

(五)茶馆内一片肃静,众人眼中皆涌出泪水

第二日,天色依旧有些阴沉,乌云低垂,风雨似乎随时都要来临。

文丞相弄坐落在苏州城的西北角,一条青石板的小路蜿蜒向前延伸。巷口两棵柳树上,几只麻雀来回盘旋,并发出叽叽喳喳的叫声。巷子前有一牌坊,牌坊上端中间刻着几个大字:文丞相弄。名字的两旁各一条青龙盘绕,牌坊的两根支柱上雕刻着一副对联,上联为:人生自古谁无死;下联为:留取丹心照汗青。

顺着青石板小路往前走不远,有一茶馆,唤作“春沁园”。大门两旁的柱子上也写着一副对联,上联为:淡酒邀明月;下联为:香茶迎故人。茶馆内几

张方形茶桌摆放整齐,桌子上茶具也一色的青花瓷,茶馆内座无虚席。倒茶的小二在店内来回穿梭,两个江南少女弹着苏州小调,丝丝入耳,众人边听边聊。

苏州人的生活总是和茶水有关,所谓"早上皮包水,下午水包皮",说的就是苏州人到点必去茶馆煮上一壶茶、吃些小点心的慢生活。

忽然之间,门外进来一人。小二一看,急忙上前迎道:"哎哟,什么风把赵老爷子吹来了,您好久不来,这段时间又去哪儿修行了?"

那老头六十岁上下,虽说年龄已长,但精神极好,行走之间,步履带风。身着一青布长衫,行动时青衫飘飘,却有一副神仙模样。

老头来到店里,对小二说道:"前一阵去趟京城,这不刚回来不久,想起你们这里的碧螺春。小二,一壶碧螺春,两碟应时点心。"

小二忙道:"好嘞,赵爷,您这边来。"说着话,小二将这位赵老爷子让到一张桌子旁边。

赵老爷子刚刚坐下,侧脸看到旁边桌子边坐着一人,那人也看到了赵老爷子。

那人急忙站起来,走到赵老爷子身边拱手道:"哎哟,赵爷,好久不见。自从上次在运河边聊过后,就没看到过您了。我可记着呢,您还欠我得月楼的一顿酒菜呢!"

赵老爷子闻听,哈哈大笑,说道:"钱二两啊钱二两,别的啥都记不住,就这酒你是什么时候都不忘。且请到这边一起坐,今日我先请这茶。"

被唤作钱二两的人,随即和这赵老爷子坐在一张桌子上。赵老爷子喊道:"小二,再来一壶上等的碧螺春。"

那钱二两落座之后,对赵老爷子拱手道:"听闻老爷子前一阵去了京城,可有什么新闻,说与大家来听。"

赵老爷子道:"先不说京城那边的新鲜事,我在京城听闻,皇上派钦差大臣审理我们江苏巡抚张伯行大人弹劾牟钦元一案,这昨日刚刚回来,还不知道这案子审得怎样了。"

闻听此言,钱二两不禁低下了头,唱然叹道:"赵爷,您刚刚回到苏州,大约还不曾听说。前几日已经结案了,当时众多人等皆在堂外,听说是钦差大臣亲自宣布的,和第一次结果相差无几,甚至比第一次结果还坏。那张令涛乃良民,牟钦元更不曾窝藏逃犯,张伯行大人属诬告同僚,按大清律例,张大人恐要被革去江苏巡抚一职。"

那赵老爷子听完钱二两的介绍,不禁怒声道:"还有没有公理啊! 这钦差大臣审案也不查访一下苏州百姓,谁不知道张伯行张大人乃千古未见的清官廉吏,来我江苏处处为民着想? 实在让人不能明白,为何得出这样一个结果?"

钱二两看那赵老爷子语气激愤,几乎就要骂将出来。钱二两道:"赵爷,不光您这么说,江苏百姓都炸锅了。你去大街小巷打听一下,人人皆为张大人鸣不平,可我们只是平民百姓,只能在这街头议论一番,却是于事无补。"

赵老爷子说道:"我在京城听人说,这钦差大臣乃礼部尚书张鹏翮,这位张大人乃是主动请缨审理此案的。初时听说张鹏翮大人审理此案,我还为我们张伯行大人庆幸,因为听说张鹏翮大人与我们张伯行大人关系甚好。可后来又听闻,这位张鹏翮大人之所以主动请缨,乃是因为其义子在江西为官,张鹏翮唯恐他的义子牵涉到此案当中,故才主动前来。后来皇上又派左副都御史阿锡鼐大人协助张大人审理此案,却不知为何后来这位御史大人竟然抱病退出。看这审案结果,京城中那些传言皆不是空穴来风!"

赵老爷子说这番话时,茶馆中许多人听二人谈论张伯行的案子,都自觉围拢过来。听赵老爷子一番话说完,众人纷纷议论,皆言张伯行肯定被冤枉了。

众人你一言我一语,说的都是平日里张伯行如何为江苏百姓做事,又如何为官清廉,却不承想落得这样一个结果。

钱二两听完之后,又发出一声长叹,说道:"唉,如今此案已结,听说钦差大臣今日就要离开苏州,前往京城复命。若非是皇上开口,张伯行大人恐怕官职不保。我江苏好不容易来了一位清官,却又要离去。"

那赵老爷子看了看人群,众人脸上皆有怒色,但却又无可奈何。赵老爷子说道:"自古忠臣皆难有好的下场,中正廉洁的好官总是会被人嫉恨,看来的确如此。"

赵老爷子说完之后,回身对小二道:"小二,让前面的两位评弹者为大家弹一曲《文天祥》吧,我们张大人有文天祥的忠心,希望最终的结果不要跟文丞相一样,'从今别却江南路,化作啼鹃带血归'。"

前面的两位评弹者收起之前的曲子,轻拨琴弦,咿咿呀呀开始唱起《文天祥》。

茶馆之内,瞬时安静,飘荡着两位弹者清雅的声音:

> 为子死孝,为臣死忠,死又何妨。自光岳气分,士无全节;君臣义缺,谁负刚肠。骂贼张巡,爱君许远,留取声名万古香。后来者,无二公之操,百炼之钢,人生翕歘云亡。好烈烈轰轰做一场。使当时卖国,甘心降虏,受人唾骂,安得流芳。古庙幽沉,仪容俨雅,枯木寒鸦几夕阳。邮亭下,有奸雄过此,仔细思量。
>
> ……

茶馆内一片肃静,众人的眼中皆涌出泪水……

六
进京自陈

正午时分，刺眼的阳光透过窗棂射入房中。房间内，张伯行端坐在书案之前，手中拿着毛笔正在抄录《朱子语类》。

隔着窗户看去，张伯行须发已白，眉宇之间略显凝重，更增一丝苍老之感。但手持毛笔身形端正，一笔一画丝毫不乱，远远望去，若一株苍松。

面前的纸卷之上，一字一句，让人动容："大凡敦厚忠信，能攻吾过者，益友也；其谄媚轻薄，傲慢亵狎，导人为恶者，损友也。"

张伯行在书房内抄写得专注，渐入佳境，突然看见一朵祥云从天上飘来，款款而至。恍然间，院子里似乎站立一人。那人五十岁上下，一袭蓝色长衫，脸上白净，鼻直口方，一缕短须。此人在院中来回踱步，行至门口一块方石之前，见石头上刻着几行大字，不禁读道："一丝一粒，我之名节；一厘一毫，民之脂膏。宽一分，民受赐不止一分；取一文，我为人不值一文。虽曰交际之常，廉耻实伤；倘非不义之财，此物何来？"

此人轻抚短须，微微颔首。

正在此人看得入神之时，张伯行从房间中走出，来到此人身后，轻轻咳了一声，说道："曹兄，为何有此闲心，来我院中赏玩？"

原来前来拜访之人乃是曹寅。

曹寅回身看到张伯行，不禁笑道："孝先，吓我一跳，何时从书房里出来了？"

张伯行也是哈哈大笑，说道："曹兄，是你不期而至，却又怪我吓你一跳。"

曹寅也哈哈大笑。

两人携手走进书房。来到书房,分宾主落座。

曹寅看着桌上张伯行抄录的《朱子语类》,不禁赞道:"孝先,好字。不过虽然力透纸背,却依旧显出些许飘忽!"

张伯行拱手道:"曹兄取笑了,虽然张伯行尽力凝神,却依旧被曹兄看出端倪。"

张伯行又拱手道:"听闻曹兄前些时日身体不适,一直未曾前去看望,曹兄却先过来拜访,张伯行惶恐不已。"

曹寅道:"身体不适,尚有药可医。若心内有病,却无药可医啊!"

张伯行脸上略显落寞,说道:"想必曹兄也已经全部知晓。如今,张伯行已经被暂时解职,只等圣上旨意。若圣上认可,张伯行恐怕就要归隐山林。到那时,或许只能用心写字了!"

说完之后,张伯行嘴角又显出一丝苦笑。

曹寅看着张伯行说道:"孝先,你向来达观,今日为何如此落寞?"

张伯行道:"曹兄也知道,我张伯行一心为民,从不曾考虑一己之私。可是却屡次受挫,实在让张伯行有些心灰意冷。"

曹寅道:"孝先适才所说甚是。你为官之道一心为国为民,而我在苏州行走,每每听到百姓言论,说到孝先无不挑指称赞。从这点而言,孝先为官之目的已经达到。既然如此,便无须心灰意冷了。"

张伯行道:"张伯行也知道其间之理,但今日之事又不同往日。钦差张大人乃我之恩师,恩师审理此案,最终将我解职。每每想起,世事无常,让人心冷。"

曹寅道:"孝先,人心难测,无须为此伤神。当今圣上乃百年不遇的明君,想来皇上肯定会有一个公断。且皇上素重廉吏,上次与噶礼之争亦可知道。故孝先静心等待即可。"

张伯行道:"但愿如曹兄所言。"

张伯行正想邀请曹寅共进午餐,忽听大仪轻声呼唤:"老爷,老爷,你醒醒,醒醒。圣旨到了,请老爷接旨!"

张伯行猛然惊醒,才知是南柯一梦。听到圣旨到,张伯行心想,不知道皇上如何裁决,急忙整理衣冠,出门接旨。

来到门外,见一太监手捧圣旨,张伯行急忙上前跪倒,高声喊道:"臣张伯行接旨!"

那太监高声道：

奉天承运,皇帝诏曰:因张伯行诬陷同僚,礼部尚书张鹏翮奏请解职江苏巡抚张伯行。念及张伯行素日清廉,故张伯行即日进京疏言自陈。钦此!

张伯行接过圣旨,高声道:"臣张伯行谢主隆恩!"

原来张鹏翮回京之后,朝堂之上,张鹏翮将审理过程和审理结果一一奏与康熙帝。

康熙帝听完之后,看着群臣,说道:"诸位爱卿,有何看法?"

穆和伦出班奏道:"万岁,张大人既然已经得出结论,想必张大人也必不是臆断。上次两江总督赫寿大人审理之后,所得结论与张大人一致。奴才以为,张伯行诬陷同僚,按我大清律例,至少应革去其职位,故张大人所言甚合情理。"

康熙看着李光地,问道:"李爱卿,你以为如何?"

李光地暗自揣摩,此案已经审理两次,结果相同。而皇上还是要征求群臣意见,看来皇上还是欲保张伯行。

思忖之后,李光地出班道:"万岁,此案已经审理两次,结果相同,按理张伯行应该被革去江苏巡抚一职。只是张伯行素来有清廉之名,也深得江苏百姓之心。故臣以为是否将张伯行召回京师,皇上您亲自询问一番,如何?"

康熙帝曰:"李爱卿所言,甚有道理。张伯行处理事情或有不当之处,但其廉吏之名,甚合朕意。既如此,传朕旨意,召张伯行进京面陈!"

康熙五十四年乙未(1715年)十一月,张伯行离开江苏苏州,奉旨入京,面圣自陈。

其时,路两旁的树叶也已变黄。偶尔大雁从空中飞过,发出悲切的鸣叫。

张伯行看着一片树叶从车旁飘过,车马经过,树叶被碾压在车辙之中。张伯行叹道:"悲哉,秋之为气也。'满地芦花和我老,旧日燕子傍谁飞',这秋天的景致甚美,却充满肃杀之气,让人情绪难安。"

一旁的大黑却瞪着眼,一语不发。

张伯行奇道:"大黑,一路之上,你皆是闷闷不乐,却是为何?"

大黑道:"我只是替老爷憋屈。想想老爷这么多年,不管在什么地方当官,全都是一心为百姓着想,甚至有时还把自己家中财物贴补到百姓的救灾物品中,可是今日却落得这样一个下场。明明是我们在追杀盗匪,但两次审判,都判老爷诬陷那牟钦元。更可气的是,还要革去老爷江苏巡抚的职务。老爷,若按大黑的想法,这个破官还是不干的好。回咱老家仪封,种几亩良田,盖一处小院,没事的时候我们陪着老爷喝喝酒,岂不快哉?"

大黑的语气之中,愤恨不已。

一番话引得大仪也深有同感。

大仪道:"大黑哥说得确实在理。老爷,我们哥俩跟着您这么多年了,多少也明白一些事理。自古以来清官难当,反倒是那些贪官污吏一个个活得逍遥自在。"

张伯行闻听,轻轻叹了一口气,说道:"大黑、大仪,你们二人所言,我何尝没有想过。若是回到家乡,几亩良田,一处小院,夏日凉风,冬日暖阳,喝茶论道,颐养天年,乃人生之幸也!只是,大黑、大仪,你们二人且仔细想想,整个江苏,真正为百姓着想的清廉之官又有几人?若我张伯行在,尚可引领清正之风;若我张伯行离去,恐整个江苏官场会变成那些贪官污吏的天下。到那时,小人得志,百姓罹难。我张伯行只希望用一己之力为百姓造福,若能成功,自然成就我张伯行的心愿;若最终失败,也无愧我心啊!"

大黑道:"老爷,也不要给我们哥俩说这些铺天盖地的道理,我也不懂。我只知道帮助老爷惩奸除恶,保护老爷周全。若老爷真的被革去官职,我们哥俩护着老爷回咱仪封老家即可。"

张伯行道:"这么多年,你们二人跟随我张伯行,没有享到荣华富贵,反而整日风雨飘摇,张伯行对不起你们二人啊!"

大黑与大仪急忙在马上拱手施礼道:"老爷千万不要这么说,我们二人甘心情愿追随老爷,并无丝毫怨言。小时候在老家听说书人讲,当年的岳王爷有马前张保、马后王横,您的忠心绝不比当年的岳王爷少多少,那我们哥俩就是您的马前张保、马后王横了!"

说完,几人禁不住哈哈大笑起来,笑得那么忘情,那么自然。很长很长时间,张伯行没有这样开心地笑过了。

（二）成百上千的扬州人在广陵驿前为张伯行执香送行

不一日,张伯行几人已近扬州。

这扬州乃淮左名都,竹西佳处,运河穿城而过,江淮依城而流,自古都是繁华之地,商贾云集。"腰缠十万贯,骑鹤下扬州。"数不清的文人骚客流连于瘦西湖,沉溺于小秦淮,留下千古绝句。

眼前的隐隐青山,身后的潺潺流水,让张伯行情不自禁地想起杜牧的《寄扬州韩绰判官》:"青山隐隐水迢迢,秋尽江南草未凋。二十四桥明月夜,玉人何处教吹箫。"

就在张伯行沉思、凝望、惆怅、无语时,那边,扬州城里锅开了一般。扬州市民听说张伯行奉旨北上,将于初一经过扬州,纷纷奔走相告,口口相传。

大家都知道,张伯行乃御封天下第一清官,清正廉洁,不畏权贵,心中装着百姓,唯独没有自己。尤其让扬州人难以忘怀的是康熙五十三年甲午正月,张伯行用自己衙门的办公经费抵扣扬州商民的落地税,裁减官员,藏富于民,让几百年的落地税成为历史,怎能让扬州人不感激涕零呢?扬州商业今日之繁荣发达,可以说张伯行功不可没。

而今,张伯行蒙冤免职,进京自陈,更让扬州人心疼不已,胸中难平。

于是,一传十,十传百,大家约定初一早上在扬州广陵驿前集合,为张伯行送行,感谢他为江南百姓谋福祉,为文人学子争权益。

灯未灭,天未明,广陵驿前就密密麻麻地挤满了人。

这广陵驿乃前朝嘉靖年间扬州知府王松所建,有官船数十,马匹上百,过往官员络绎不绝,公文奏折川流不息,商贾名士源源不断。驿站前面是一个可容纳上万人的广场,官家的重大活动、府衙的迎来送往、民间的上元灯会,都在这里举行。

驿站正厅上方匾额曰"皇华",字体浑厚,笔力苍劲,乃康熙帝御笔。后堂建有"淮海奇观楼",楼下匾额曰"礼宾轩",为过往官员会客之地。

元代诗人萨都剌曾有诗曰:

秋风江上芙蓉老,阶下数株黄菊鲜。

落叶正飞扬子渡,行人又上广陵船。

寒砧万户月如水,老雁一声霜满天。

自笑栖迟淮海客,十年心事一灯前。

而今,张伯行又过扬州,想起在扬州拜见皇上的情景,历历在目,如同昨日。而眼下却已物是人非、恍若隔世,真是“十年心事一灯前”了。

可扬州的百姓却不管你是达官显贵还是一文不名,是春风得意还是贬官为民。只知道你为老百姓办事,老百姓就念你的好,就记住你,就感恩你。

说话间,广陵驿前已经聚集了几万人。有耄耋之年的老人,有垂髫总角的孩子;有及笄的女子,有豆蔻的少年;有来来往往的商贾巨富,有风流倜傥的文人雅士;有船夫,有壮汉;有妇人,有弱冠……男男女女,老老少少,拿着青菜、豆腐,扛着鸡蛋、红枣,带着艾叶、茱萸,赶到广陵驿前,为他们的张伯行张大人送行。

张伯行听说扬州城几万人在为他送行,心里面更加忐忑不安。我张伯行究竟何德何能,让这么多的老百姓念念不忘? 我只不过说了该说的话,办了该办的事,却让这么多的人自发前来送行,咱们的老百姓太容易满足了。他们只想有一个公道,一个天理,没有太多太高的奢望。而这些,在孔孟之道,在“五经四书”,在程朱理学,都已经完完整整地得到诠释。

张伯行思考了再三,还是决定不能上岸。天色已晚,夜色阑珊,这么多的人,这么大的场面,弄不好会出事的。万一哪个老人孩子有个三长两短,挤着碰着了,那我张伯行可就是千古罪人了。

想至此,张伯行停在江边,打发大仪、大黑上岸劝走大家,自己则在小船上打算度过一个不眠之夜。

谁知道重情重义的扬州人一直在广陵驿等着,数百人执香请求张伯行停舟一见。远远望去,一烛又一烛香在夜色中忽明忽暗,如飞蛾扑火,似流萤四散,将扬州、将江淮、将大清的天空映照得璀璨夺目,辉煌耀眼!

已是寒冬。江南的冬天尽管没有北方寒冷,但夜晚仍然寒风刺骨,冷气逼人。广陵驿的淮海奇观楼上,隐约看见人影在不停地走动。小船中的张伯行真是有点怕了! 这么多年与噶礼斗,与张元隆斗,与潜规则斗,与黑恶势力斗,他从来没有怕过。而今天,从来没有怕过什么的张伯行真的怕了。他怕自己受不了扬州的父老乡亲这么高的礼遇,更怕广陵驿前的老人、孩子也在广场上苦苦等待彻夜不归。

已被罢官的张伯行身着便服,脚蹬布履,一上岸就双手长揖,一步一叩首,泪流满面地说:"我张伯行一辈子只跪过父母,跪过皇上,今天,我给扬州的父老乡亲跪下了。谢谢你们给了我这个布衣百姓这么高的礼遇,让我刻骨铭心终生难忘!天这么晚,风这么寒,我求求你们了,都回家去吧。我张伯行如果有来生,一定还来扬州,来江南,来给父老乡亲效犬马之劳,为国尽忠,为民尽力,绝对无怨无悔!"

扬州的大小官员也苦口婆心地劝说大家早点回家,让张伯行张大人歇息一下,明天还要赶路。

最后,经反复商议,决定按照里坊制,每坊留下一位长者陪张伯行张大人秉烛长谈,其余的人才恋恋不舍地离开了。

张伯行是鸡叫头遍离开扬州的。他怕等天亮了又走不掉。谁知他和扬州的官员、乡绅一同走出广陵驿皇华门时,见广陵驿前密密麻麻地站满了人,一直蜿蜒到运河码头。

刚强、执拗的张伯行禁不住热泪盈眶。他哽咽着说道:"扬州的父老乡亲们,我张伯行何德何能,竟让大家如此厚爱?我真是担待不起啊!"

前排一老者曰:"大人爱民如子,两袖清风。今蒙冤而去,让吾辈痛心不已。无他,都是咱扬州土特产,咱自己地里面种的,自己塘里面养的,自己店里面做的。张大人一路颠簸劳累,就带着路上吃吧!"

一时间,千层油糕、双麻酥饼、糯米烧麦、蟹黄蒸饺、鸡丝卷子,还有红枣、鸡蛋、艾叶、茱萸,都一个劲儿地拥向张伯行。

张伯行连连推让,大黑和大仪也使劲儿阻拦,怎奈送行的人蜂拥而至,码头上的礼品顿时堆积如山。

张伯行拱手施礼,说道:"老少爷们儿,大家的心意张伯行没齿难忘,铭记在心。只是我一生从不收他人之物,为此,我专门写了《却赠檄文》,刻在门外,一直坚持至今。希望大家能成全我!"

扬州知府道:"张大人,昨今两日扬州倾城出动,万巷皆空,都为送你张伯行张大人。而今,你现在已是布衣百姓,不是官员,这些土特产不是礼品。众人给你送行皆为心意,更不能算是送礼。"

张伯行道:"扬州人的情谊大如天,重如山。只是我自幼饱读经书,立下宏愿,上报皇天,下安黎民,不负圣上,无愧苍生。诚望众人能够成全,伯行谢谢了!"

扬州知府道:"既然这样,那就折中一下。张大人,你将这束艾叶和这把茱萸收下吧!艾叶辟邪,保您一路平安;茱萸恋旧,见物如见百姓。"

"前年,我因参噶礼解任交印,扬州士民具果蔬以献,皆滕行而言,曰:公现任,止饮江南一杯水;今将去,无却子民一点心。不得已,我收了一束青菜、两块豆腐,清清白白,一清二白。"张伯行两眼含泪,又道,"既然如此,今天,我就破例再收一次礼,这束艾叶和这把茱萸我收下,余物皆送至孤寡老人。艾叶保佑我大清国泰民安,政通人和。王摩诘有诗云:遥知兄弟登高处,遍插茱萸少一人。睹物思人,什么时候想念江南百姓了,什么时候我就看看这把茱萸。"

遂深施一礼,登舟辞别。

岸上,众人皆掩面而泣,失声痛哭。有年轻体壮的后生,一直追送四十余里,依依不舍。

之后,过邵伯、高邮、夏镇,凡过州县市镇,皆有士民焚香拜送。

(三)张伯行打破自古以来黄河夜不行船的规矩

三日后,船行至淮安。

这淮安乃运河与淮河交汇之地,漕运枢纽,盐运要冲,河工、榷关、邮驿俱在,江南河道总督府、漕运总督府皆驻于此。

河道总督赵公素闻张伯行乃天下第一清官,敬佩有加。闻其罢官进京面陈,路过淮安,赶紧出府相迎。

张伯行道:"吾乃布衣,戴罪之身,只换公文,不添麻烦。"

赵公道:"在下不敢冒揣圣意。今圣上允君进京面陈,是非曲直,自有公道。"

遂粗茶淡饭,一切尽在不言中。

冬日运河,虽无往昔之繁忙,但也船来船往,舟楫不停。赵公送张伯行到淮安运河码头,见张伯行乘坐的小船破旧不堪,大吃一惊。仔细一看,船的尾部还用木板补着,船舱上面的竹篷都已露天,冬不隔雪,夏不隔雨,平时打鱼的渔民都很少坐这种船,不要说张伯行贵为封疆大吏了。

河督赵公道:"我有一船,虽不大,但十分结实、坚固,请张大人换乘。"

张伯行坚辞不就,道:"我已罢官为民,有一舟可用,足矣,岂敢再劳总督费心。"

赵公道:"其余皆从张大人,然这事务必听我之言。不说或官或民,只为安全第一。如若稍有差错,皇上怪罪下来,我当难辞其咎。"

遂让人硬把张伯行搀扶到自己的船上,并派两个水性极好的兵丁一同前往。

张伯行易舟行至黄河,时雨雪霏霏,寒风刺骨;周天如墨,波浪汹涌,惊涛拍岸,如龙吟虎啸,对面人皆不见。皆言黄河面善心恶,今日尤甚。张伯行等人从小在黄河边长大,又是治理黄河出身,见过各种各样的黄河。但像今天这么凶险的黄河,还是第一次碰到,免不了有点担心。

张伯行道:"吾见黄河久矣,尤其冬季为枯水季节。但像今日如此湍急,尚属首次。"

大仪说:"不如我们暂息清口,待水势稍缓,再赶路不迟。"

张伯行道:"只是我们在扬州已有耽搁,再宿清口,只怕延迟进京时辰。"

张伯行命船工提高警惕,把舟船仔细检查一遍;命兵丁二人一前一后,协助船工;命大黑、大仪坐在船舱,护好书籍、文稿、笔墨纸砚。遂决定连夜渡河。

自古以来,黄河夜不行船。船老大见此情景,也有点儿胆怯,就问张伯行道:"大人,一定要今天晚上过河吗?"

"走吧!不入虎穴,焉得虎子。我张伯行治理了一辈子黄河,还真是没有夜过黄河。今天,我们就试一试吧!"张伯行坚定地说道,"既然如此,那我们现在就走,别再迟疑。"

暮色苍茫,天昏地暗。一叶小舟,载着张伯行几人,划进了九曲十八弯的夜黄河。后人有诗曰:

给我一只桨吧,妈妈。流泪的红罂粟不再盼我,两岸的歌声都生了茧,就连黄河纤夫,也敲响了遥远的晨昏星。

我想和你一起飘荡,去吞噬泥沙飘荡,去唱着那曲古老的歌谣,到入海口寻找黄土的归梦。

可命中注定我不能横渡,妈妈,你柔软而有力的漩涡,已经拧成了巨大的结,每次痉挛,每次哭泣,都代表一个新的图腾。

给我一只桨吧,妈妈,我会在没有泥沙的尽头,筑起一座信念的小岛。

"真是老天有眼!张大人乃富贵之人,命大福大造化大。"后来,船老大说,"黄河一个浪打来,船舱里面灌满了水,我想着这下子完了。幸亏随后第二个浪又打来,把船舱里面的水簸出来一多半。再加上张大人指挥若定,大家一齐下手,不停地往外舀水,才逃过一劫。我眼睁睁地看着一条比我们大得多的官船,被黄河一个大浪打翻,连个影子都没有见到。"

行至河间府,已是夕阳西下。大黑说道:"老爷,都说这河间府的驴肉火烧是贡品,只有皇上才能品尝到正宗的河间驴肉火烧。咱能不能想法弄个尝一尝?"

张伯行道:"大黑啊,你这个要求并不高,可真是把我难为住了。我也是只有所闻,未见真神。"

几个人正有一句没一句地说着,忽听一声大喊:"河间府副将魏经国参见张伯行张大人。"

只见一员战将,具官服迎于道左,虎背熊腰,威风凛凛。

张伯行移步,握着魏经国的手说道:"吾犯重罪,岂敢私见乎?"

"吾乃一介武夫,不喜读书,然闻当世仁人君子无如公者。仰慕久矣,尝恐不得见。今幸于斯,敢不求见乎?"魏经国答道,"请大人赐教!"

"我素简单,不喜酒宴,更少与人吃吃喝喝、拉拉扯扯。"张伯行看了看大黑,接着说道,"然我的伙计提一要求,想吃个驴肉火烧,过过嘴瘾。"

"大人,这个容易。我是河间本地人,宫中御膳房专门做驴肉火烧的魏公公就是我们村的,按辈分我应该喊他叔叔。不过,他们家现在很少做火烧了。"魏经国说道,"天上龙肉,地下驴肉。过河间不尝尝河间的驴肉火烧,那是枉来此地。您几位先到寒舍稍息片刻,我前去安排。"

说话间,魏经国就让人把饭菜收拾停当。一盘花生豆,一盘莲菜,一盘驴板肠,一盘带皮驴肉,外加一壶衡水老白干。

"张大人，今天纯属私宴。我个人请客，与公款无关；朋友聚会，与官场无关。要是您还在位，我还真是不敢请您。"魏经国说道，"张大人，酒量多少您个人请便，这几位兄弟吃好喝好。"

大仪、大黑看了看张伯行，没敢吱声。

张伯行看了看他们两个，心里面十分不是滋味。这么多年，真是难为他们两个了。吃，不敢吃；喝，不敢喝；收，不敢收。人家是"宰相衙役七品官"，一人得道鸡犬升天，一个个赚得盆满钵满。而大黑和大仪，却两手空空一贫如洗。自己饱读圣贤之书，写下《却赠檄文》，还落个"天下第一清官"，他们俩又得到什么了呢？

想至此，张伯行对大黑和大仪说道："咱们现在身份都一样，都是平头百姓。明天我们就进京城，进京以后就身不由己了，说不定我还要蹲监坐牢。今天你们两个就放开吃放开喝吧！"

大黑一听，高兴地蹦了起来，说道："宁舍丈母娘，不舍驴板肠。今天晚上有驴板肠，有老白干，我们就喝他个一醉方休。"

"好，一醉方休，不醉不归。"一向谨小慎微、谨言慎行的大仪像变个人似的，突然间张扬起来。

仿佛受了他们的感染，张伯行的情绪也逐渐好了许多。这些天的郁闷、挣扎、失望、落魄、无奈、不甘、愤怒，此时此刻都变得虚无缥缈、无足轻重了。而代之的，却是黄河、老家、村庄、仪封、烧饼、胡辣汤、黑里河、老君营、葡萄架、土山寨、小宋集，是散发着芦苇潮气泡桐芳香的黄河故道，是打个滚问声好的黄河滩。

几个人端起大碗，一饮而尽。棉油灯豆大的光芒在几个人眼中熠熠生辉，明净而坚定，纯粹而闪亮。

（四）康熙帝曰：张伯行原无罪可认

康熙五十四年十一月二十一，张伯行一行到达京城。大黑与大仪在苏州时，已觉苏州城华美异常，热闹无比。但比起这帝王京师，却又是小巫见大巫。

张伯行进京之后，先行拜见张鹏翮。

张鹏翮身着官服，正在厅堂批阅文件。见张伯行进来，就把案桌上的《要情通报》让他细看,说道:"孝先,你看看这份通报,有什么感悟啊?湖南陈抚军素有清名,今被圣上下旨严查,可知做官贵有才,徒清无益。"

"我尊崇之人,先要清正廉洁,操守高尚,品行第一。所谓德才兼备,以德为先,盖若是也!"张伯行对曰,"一个人,若品德不好,能力越强,危害就越大。"

张鹏翮盯着张伯行看了很久,却没有说出一句话。他心中在想,这个张伯行,针扎不透,水泼不进,真是朽木不可雕也!

张伯行又对张鹏翮说道:"明日我跟随大人一起,到畅春苑觐见陛下,您看如何?"

张鹏翮不屑地说:"彼今有罪,岂可与我同去?"

随即,命随行人员把张伯行送到吏部衙门,严加看管,任何人不得会见。之后,独自一人先去畅春苑拜见康熙帝。

张鹏翮想,自己先去觐见圣上,将张伯行劣迹一一禀报,好先入为主,让皇上圣裁。

康熙帝问张鹏翮:"怎么是你一人,张伯行来了吗?"

张鹏翮答道:"暂押吏部衙门。"

康熙帝曰:"明日同来见。"

张鹏翮又奏道:"他并不认罪。"

康熙帝曰:"他原无罪可认。"

第二日,康熙帝坐在乾清宫上,两旁站立着文武百官。

张鹏翮出班道:"启奏万岁,江苏巡抚张伯行在殿外等候。"

康熙帝曰:"宣张伯行上殿。"

张伯行来到金殿之上,急忙跪倒于地,高声说道:"臣张伯行拜见吾皇万岁万岁万万岁!"

康熙帝看了一眼张伯行,沉声说道:"张伯行,朕当年力排众议,拔擢于你,先后在福建与江苏任巡抚之职,却为何不能与同僚相处。前者与前任两江总督噶礼交恶,今者又弹劾布政使牟钦元通匪。朕素知你为官清廉,故先后让赫寿与张鹏翮两位大人审理此案,可两位大人审理结果无异。张伯行,朕特把你宣召至京师,今日里,你且当着文武百官和朕的面,将事情的经过好好道来。"

张伯行又跪爬半步,说道:"万岁,臣在福建担任巡抚之时,已经查明张元隆与海盗勾结倒卖粮食,导致官府粮仓亏空,令江南百姓遭难。如今,张元隆虽已不在,但其党羽甚多,且愈猖獗,屡屡欺压良善,其间,尤以其弟张令涛为甚。臣为翦除其党羽,为百姓除恶,故亲往上海县查访。在上海县臣捣毁一匪窝,为首者名唤作韩冷。据韩冷交代:张令涛曾在其匪窝中暂住,且已离开,躲避于江苏右布政使牟钦元大人府上。臣为缉查盗匪,故前往牟大人府上询问。可牟大人矢口否认,强行拦阻为臣搜捕逃犯。为臣无奈之下,只能给皇上上疏。皇上下旨令赫大人和张大人审案,结果皇上已知。个中详情,臣俱已写明!"说着话,张伯行将写好的奏折举过头顶。

早有黄门官将奏折接过呈给康熙帝。康熙帝接过后,放于一旁。

康熙帝看着张伯行说道:"张伯行,依你所言,张令涛通匪且被牟钦元包庇一事,皆是名唤韩冷的盗匪所言了?"

张伯行道:"正是。"

康熙帝曰:"那韩冷现在何处?"

张伯行道:"在上海县牢房内暴病身死。"

康熙帝接着说道:"除了韩冷,张伯行,你可还有其他确凿的证据可以证明牟钦元包庇匪人?"

张伯行沉吟了一下,说道:"并无其他证据。"

康熙帝不禁有些生气,心想:怨不得赫寿与张鹏翮前后两次审理此案,得出的结论皆是一样。张伯行做事也过于鲁莽了,只凭借一小小的土匪之言,就敢说朝廷命官通匪,的确有些让人难以接受。张伯行啊,张伯行,此事你处理得也过于草率了!

康熙帝沉吟一下,看了看两旁文武,问道:"诸位爱卿,可有什么话讲?"

众人面面相觑,半晌无语。一时之间,朝堂之上被一片尴尬的沉寂笼罩。

(五)康熙帝欲将张伯行革职留用

这天晚上,北京城飘起了雪花,乾清宫的房顶被一层淡淡的白色覆盖。几名宫女提着红灯笼来回穿梭,雪花在灯光之中盘旋,远远看去,宛若曼妙的舞蹈。

天气突然变冷,惜薪司的人忙碌起来,各个宫内的炭火开始烧起,乾清宫内的炭火相较于其他宫殿,更是及早预备。宫外虽然寒冷,但宫内却温暖如春。

康熙帝又将张伯行的奏折细细看了一遍,抬头对身前的两位大臣说道:"两位爱卿,今日白天,你们也都听到了张伯行在大殿之上的陈词,这是他写的奏折,你们也仔细看一下。"说着话,康熙帝将张伯行写的那份奏折递与面前的两人。

面前两人,其中一人身材中等,须发皆白,看上去已年近七旬,但精神依旧极好。另一人四十岁上下,身材也略显高大一些,面色黝黑。此二人中年长者乃文渊阁大学士李光地,另一个年轻一些的乃刑部左侍郎张廷玉。

白天宫殿之上,张伯行陈词完毕,康熙帝询问众大臣意见。奈何众人皆知此事棘手,竟无人搭腔。群臣心中皆各有想法,只因上次噶礼与张伯行交恶之时,诸多大臣皆站在噶礼一边,可最后皇上却力排众议,将噶礼革职,张伯行留任。后因为噶礼弑母,故被赐死。

这一次,张伯行又与牟钦元发生争执,两次审案结果相同,但康熙帝却依旧不下定论,众臣皆知康熙帝还是想偏袒张伯行。但两次审理加上适才张伯行自陈,似乎都不能证明清白,众人也看出康熙帝心中摇摆不定,故无人再敢答言。康熙帝看众大臣面面相觑,无人应答,震怒之下,宣布散朝。

康熙帝吃过晚饭,命人将李光地与张廷玉两人宣进乾清宫,商议一下此案该当如何处理。

李光地先接过奏折,打开看了一遍,又递与张廷玉。

两人对视了一下,李光地首先开言道:"万岁的意思,是否已经对张伯行有所疑心?"

康熙帝沉吟片刻,点头说道:"两位爱卿,且先说一下各自的意见。是张伯行忠心为公,还是牟钦元藏有私心?"

李光地看了一眼张廷玉,说道:"张大人乃刑部左侍郎,整饬吏治。且张大人平日行事缜密,心思敏捷,可有什么看法?"

张廷玉看了一眼李光地,说道:"李大人在此,张廷玉焉敢造次?"

康熙帝看了看张廷玉,说道:"张爱卿,但讲无妨!"

张廷玉听康熙帝这样说,忙躬身道:"万岁,臣且斗胆直言。若暂且不论孰是孰非,此案已经棘手。因两江总督赫寿大人与礼部尚书张鹏翮大人先后审理,皆言张伯行诬告同僚,而张伯行素有清正之名。故若判张伯行诬告,则会令天下廉吏寒心。若判张伯行忠心,则赫寿大人与张鹏翮大人皆要担起处置不当之罪。这本就是一两难之事啊!"

康熙帝看了一眼张廷玉,心想:平日里,众人皆言张廷玉乃朝中大才,果然不假。

康熙帝听完这番话后,不动声色,接续问道:"张爱卿,若不管赫寿与张鹏翮二人之行呢?"

张廷玉道:"万岁,若抛开赫、张两位大人,此案也不易审理。张伯行乃万岁亲自举荐,且其在福建、江苏为官时深得民心,清廉之名也是天下皆知。可此案中张伯行弹劾牟大人通匪之事又缺少人证,张伯行陈词与奏折中皆言其一心为公,但只能是一面之词。故若是朝中大臣认为张伯行只是因为个人私怨而诬告同僚,似乎也未尝不可啊?"

一番话说完,康熙帝暗自心惊,因为张廷玉所言正中他内心。

朝堂之上,张伯行自陈,康熙帝已经有所不满。回到乾清宫又仔细审阅张伯行的奏折,心中的不满丝毫未减。

诚如张廷玉所言,张伯行虽然一心为公,但却没有有力证据。最让康熙帝不满的是,张伯行曾经推荐一人担任江苏布政使,但康熙帝认为牟钦元素有雅名,文采出众,故未曾准奏。今日张伯行却恰恰弹劾牟钦元通匪,康熙帝内心深处疑心渐重。但是,张伯行又是自己亲自举荐,甚至自己亲笔为张伯行撰写牌匾"廉惠宣猷",如今那牌匾恐还在张伯行宗庙祠堂中悬挂呢!若是张伯行真的出于私心弹劾牟钦元……想到此处,康熙帝暗自心惊。而适才张廷玉一番话,恰恰说到康熙帝担心之事。

康熙帝看着张廷玉,急忙问道:"那张爱卿,依你之见,该当如何?"

康熙帝问这句话的时候,语气中竟有些急切。

一旁的李光地暗暗有些诧异。皇上一生经历风浪无数,行事稳健,方才说话竟有些急切,看来张廷玉的话语说中皇上的心思了。

张廷玉道:"万岁,此案审理固然不易,但此事处理起来倒也不难。"

康熙帝微微一笑,说道:"哦,张爱卿,且说来让朕一听。"

张廷玉接着说道:"万岁,既然张伯行目前没有证据证明牟钦元通匪,那诬告同僚一说必当成立。故,臣以为必先革去张伯行江苏巡抚的职务,惟其如此,方能服众。而且,皇上亲自颁旨将张伯行革职,也让天下人知道,皇上行事完全出于一片公心。即使皇上您亲自举荐的人才若违反律例,也必不宽恕。"

康熙帝脸上出现一丝疑虑,对张廷玉道:"张爱卿,你方才也说,张伯行为官清廉,在江苏民众之中威望极高。若革去其职,恐引来一些闲言。"

张廷玉道:"万岁,将张伯行革职以后,暂时留在京师。万岁前些时日说欲要编纂辞书,那张伯行也喜爱整理编纂书籍,皇上可使张伯行暂时负责此事。若日后张伯行有功,皇上再行拔擢即可。"

康熙帝听完,拊掌大笑,看了一眼李光地,说道:"李爱卿以为如何?"

李光地也不禁赞道:"平日里皆言张大人思虑缜密,做事周全,今日一见,果然名不虚传。张大人真是诸葛再世、子房重生!"

张廷玉闻听,哈哈大笑道:"李大人休要取笑张廷玉了!"

(六)张伯行身犯不察、不和、不臣之罪,应该斩立决

次日早晨,太和殿内,康熙帝端坐龙椅,两旁站立着诸位大臣。康熙帝环视一周,说道:"昨日晚间,朕将张伯行的奏折又仔细审阅一遍。张伯行弹劾牟钦元通匪一事,实无佐证。张伯行任江苏巡抚期间,勤政爱民,深得民心,这一点朕也早有耳闻,但诬告同僚之责实难推卸。朕思虑再三,决定革去张伯行江苏巡抚一职,暂留京师,听候他用。至于江苏巡抚一职由谁担负,择日再议。诸位以为如何?"

话音未落,张鹏翮出班跪倒于地,高声喊道:"万岁,臣有一言,不知当讲与否?"

康熙帝一愣,心想:"难道张鹏翮要给张伯行求情不成?"

康熙帝曰:"张爱卿,但说无妨!"

张鹏翮肃然道:"万岁,若是张伯行诬告一事已成事实,那张伯行的罪责就不是革职这么简单了。"

康熙帝内心一惊,心想:这个张鹏翮是什么意思?

但康熙帝脸色未变,沉声问道:"张爱卿以为该当如何处置更为妥善?"

张鹏翮道:"张伯行之罪有三。其一,身为江苏巡抚却诬告良民张令涛为匪,此为不察;其二,妒忌同僚,诬陷江苏布政使牟钦元大人通匪,此为不和;其三,昨日朝堂之上,面对皇上责问,依旧坚持私心,未有认错,此乃不臣,有欺君之罪! 万岁,张伯行身犯此三条罪状,若只是将其革职,万岁认为可以堵得住天下人悠悠之口吗?"

康熙帝内心更惊,但脸色依旧不变,但语气较刚才又重了几分,说道:"依张爱卿之见,该当如何?"

张鹏翮道:"张伯行身犯不察、不和、不臣之罪,数罪并罚,臣以为应该斩立决!"

此言一出,康熙帝大惊,脸色突变,说道:"什么?"

张鹏翮又道:"斩立决!"

这大清律法中的死刑有斩立决和斩监候之分。斩监候一般都要等到秋后处决,若遇到大赦或其他变化,皆可不斩。而斩立决则意味着必死无疑。故康熙帝闻听张鹏翮此言才会大惊失色。

张鹏翮之前主张将张伯行革职即可,为何今日上疏请求处死张伯行呢?

原来,那日张伯行在康熙帝及诸位大臣面前陈言自述后,张鹏翮见张伯行依旧不能证明牟钦元通匪,心内甚为得意。

回到自己府中,夫人、丫鬟唐小雪看到张鹏翮一脸喜色,忍不住问道有何喜事,如此高兴。

张鹏翮将张伯行之事说与夫人和唐小雪听,而后说道:"张伯行不能证明牟钦元通匪,皇上应该维持我审理此案的结果。由此一来,张伯行以后恐怕没有机会再到江苏,语儿应该无后顾之忧了。"

夫人道:"老爷,依我的意思,您还是想办法把咱们的孩子调动一下吧,赶紧离开那个是非之地,最好调到京师,这样也离我们近一些。我们年岁已大,语儿在我们身边,也好有个照应。"

张鹏翮忍不住叹了一口气,说道:"唉,夫人,语儿也太不争气了,在江苏未曾做出什么政绩。我张鹏翮在皇上和诸大臣那里一向以清廉闻名,若语儿没有突出政绩,我张鹏翮如何能将他调至京师?"

夫人一听,脸色一变,语气也严厉了许多,说道:"老爷,您若不想法子将语儿调到京师,那我和小雪也不在京师待了。我们这就收拾东西,前往江苏,陪着语儿去!"

张鹏翮怒道:"你胡闹些什么?语儿在江苏所作所为,难道夫人不知?若此事处理不善,非但语儿不保,恐怕连我这把老骨头也要搭进去。"

话音未落,门外家人禀报:"老爷,门外穆和伦大人前来拜访。"

张鹏翮一愣,看了一眼夫人和唐小雪,二人急忙转身回到内室。张鹏翮随即对家人道:"将穆大人请到客厅,我随后就到。"

张鹏翮整理衣衫,来到客厅。穆和伦看到张鹏翮,急忙起身施礼道:"见过张大人。"

张鹏翮也拱手道:"哪阵风把穆大人吹到我这里来了?"

穆和伦哈哈大笑道:"怎么,张大人难道不欢迎我来吗?"

"岂敢,岂敢?"

两人又客套寒暄一番,分宾主落座。

张鹏翮令家人上茶。

张鹏翮举起茶杯,喝了一口,说道:"此乃我珍藏之品碧螺春,穆大人口感如何?"

穆和伦也放下茶杯,笑道:"苦而不涩,滑而不滞,张大人藏的珍品,果然不虚。"

穆和伦顿了顿,又说道:"据我所知,此茶原产江苏,敢问张大人此茶是否令郎送给您的?"

张鹏翮愣了一下,心想,这穆和伦为何提到语儿,难道……

张鹏翮道:"确实是语儿前些天托人带回的。"

穆和伦道:"张大人最近可有贵公子的消息?"

张鹏翮道:"自上次前往江苏审案后,尚无语儿的消息。"

穆和伦道:"张大人公务繁忙,一心为国,连自己的孩子也不管不问啊!前几天我一心腹前往江苏办事,倒是见到了贵公子。"

说着话,穆和伦看了一眼一旁的家仆。

张鹏翮回头对家仆道:"且先出去,没有传唤,不用进来。"

那家仆急忙退出。

张鹏翮回身对穆和伦道:"穆大人,语儿在江苏有什么事不成?"

穆和伦笑道:"张大人莫急,我那朋友在跟张令涛、牟钦元大人喝酒时一并邀请了令郎,听闻令郎手头有些局促,那张令涛出手阔绰,当场就借给令郎一千两白银。"

张鹏翮脸显怒色,厉声道:"这个孽子,缘何借人如此多的钱财?"

穆和伦道:"张大人勿怒,虽说张令涛是借给令郎银子,但我那朋友说那张令涛只是想做一些海上的生意。令郎只须在其管理范围之内给那张令涛通融一些,借钱之事自当没有。"

张鹏翮心内叫苦不迭,心想:这个语儿,为何这般不知道天高地厚,若此事被朝廷知道,哎呀呀……

穆和伦接着又说道:"张大人放心,此事除了我那朋友、牟钦元大人和张令涛,再无其他人知晓。不过,唯有提防一人!"

说着话,穆和伦贴到张鹏翮耳边轻轻说了三个字:"张伯行!"

说完之后,穆和伦拱手告辞。

张鹏翮一个人坐在客厅,呆呆发愣,半晌无语。

(七)张鹏翮要置张伯行于死地

张鹏翮的一番话,让所有人都不能淡定下来。

张伯行一案,诸位大臣各怀心思,但多数大臣抱着事不关己高高挂起的态度。所有人都知道,这件案子已经超出了张伯行弹劾牟钦元这件事本身的意义。

表面上看,只是张伯行要查案而牟钦元不配合这样简单,但背后却牵涉更多人的利益。

张伯行面前的对手绝不是牟钦元一个人,江南的高官到底有多少人牵涉其中,没有人确切知道。甚至朝中有多少高官或主动或被动牵涉其中,也没人知道。

且众人也都明白,皇上虽然对张伯行也心存疑心,但皇上还是想保这位清官的。

正是因为这样,所以,每次康熙帝问起这件案子的时候,皆没人应声,大家都是在静观其变。

可是,张鹏翮却主张将张伯行斩立决。

对一位封疆大吏处以极刑,定会引起轩然大波,更何况还是斩立决。按大清律例,只有谋逆之罪者,方判斩立决。

大家开始交头接耳,议论纷纷。

众人都很诧异,为何张鹏翮要置张伯行于死地呢?当年正是张鹏翮的推荐,张伯行才被皇上知道,并且一步步走进官场。从济宁道到江苏按察使,再到成为福建巡抚、江苏巡抚这样的封疆大吏,这是多少士子奋斗一生也无法企及的高度。

按理说张鹏翮应该保护张伯行才对,可先是上疏皇上请求夺去张伯行江苏巡抚之职,而今日竟然再次上疏皇上将张伯行处死。

更何况,在诸位大臣心目之中,张鹏翮非但清正廉洁,且乃一忠厚长者,心胸甚为宽广,可今日却为何有些反常?

大家你一言我一语,各自说着自己的想法。虽然大家想法各有不同,甚至有几位朝中的大臣也有置张伯行于死地之意,但没有人附和张鹏翮的奏言。

从多数大臣的话语之中可以听出,张伯行做事固然有不妥之处,为人固然比较孤傲耿直,且有诬告之嫌,但罪不至死。

可是,张鹏翮竟然抓住康熙帝的一个破绽,让张伯行陷于欺君之罪的境地。一方面张伯行在皇上面前没有认罪,另一方面皇上又亲自传下口谕,说张伯行有诬陷同僚之罪,这样就从侧面证明了张伯行在欺君。张伯行携诈欺公,这条罪名如果成立,判斩立决倒也说得过去。

大家听着张鹏翮那掷地有声的奏言,看着张鹏翮义正词严的神情,不禁让众人内心产生一种恐惧之情。

众人皆想,平日里没有想到,这位谦谦君子竟然是这样一个厉害的角色。张鹏翮竟然非常机敏地抓住康熙帝的一处破绽,让康熙帝也处于一种两难的境地。

无法淡定的何止群臣,还有端坐于龙椅上的康熙帝。一向喜怒不形于色的康熙帝此时眉头紧锁,脸上的表情甚是复杂,有惊诧,有不解,有怀疑,有忧虑……

康熙帝半天都没有说话。

也许连他自己也没有想到,事情怎么会发展到这个地步,甚至超出了他这个皇上所能控制的范围。

他本来以为自己宣布将张伯行解职，一切矛盾都会化解，可为何矛盾的火苗越燃越烈了呢？

众人看到康熙帝半天无语，也渐渐止住了议论。

康熙帝看着张鹏翮，缓缓说道："张爱卿所奏，也有道理，但张伯行为官清廉，你乃张伯行最初举荐之人，对此也应知晓。而且，张伯行在福建、江苏皆有政绩，深得民心。若处以斩刑，恐失民心，且寒了廉吏之心。朕今日身体有些不适，此事且暂时放下，明日再议。"

说着话，康熙帝离开龙椅，自回后宫。

众位大臣也各自离去。

刚刚下过雪的北京城，红砖碧瓦之上，被一片白色覆盖，一切显得如此干净素雅，远远看去，宛若一幅水墨画作。而空气中弥漫着寒冷的感觉，天空也一直处于阴郁的状态，街上空空荡荡，绝少有人出现。即使已经到了正午，却依旧显得冷冷清清。偶尔几只灰色的麻雀从灰色的天空中飞过，而后又落在干枯的枝头，枝头顿时摇曳不已……

七
反目为仇

（一）张伯行脸上没有悲伤，没有愤怒，没有恐惧

张伯行站立在驿馆的院子里，抬头看着天空。天空依旧是一片灰白，显得异常冷清。间或有几只飞鸟掠过，才让这片天空增添了几丝生气。

张伯行来到院子正中，墙角处种着一株腊梅。信步过去，张伯行发现枝头竟有几朵小小的、淡黄色的梅花开放，不禁有些惊喜。梅花与雪花固然相伴相随，但在北京能够开这么早，确实是让人惊喜不已。

张伯行轻轻抚摸着这株梅花，情不自禁吟出陆游的《卜算子·咏梅》：

> 驿外断桥边，寂寞开无主。已是黄昏独自愁，更着风和雨。无意苦争春，一任群芳妒。零落成泥碾作尘，只有香如故。

写梅花的诗篇数不胜数，张伯行独喜陆游这首《卜算子·咏梅》，张伯行边走边吟"零落成泥碾作尘，只有香如故……"

张鹏翮上疏请求将张伯行处死的消息，张伯行自然已经知道。但是，张伯行的脸上竟然没有丝毫表情，一脸平静，没有悲伤，没有愤怒，没有恐惧。

他看着眼前那株梅花，用手轻轻抚摸着枝干，嘴里轻轻吟诵着陆游的《卜算子·咏梅》。远远看去，清瘦并且高大的身躯，在寒风中似乎也站立成了一株梅树。

忽然身后有人高声说道："老爷，那张鹏翮也太过分了吧！"

那声音极大，那株梅花枝头的碎雪竟然被震得簌簌飘落。

一听声音，张伯行就知道是谁到来了。

回身看时,果是大黑与大仪。

只见两人脸上俱显怒色。

原来大黑与大仪两人刚刚知道,张鹏翮竟然上疏皇上说张伯行犯了欺君之罪,需要斩立决。

两人闻听,不禁勃然大怒。大黑喝道:"兄弟,这张鹏翮欺人太甚! 我们老爷也没有得罪过他,为何这样步步紧逼?"

大仪也道:"这次张鹏翮实在过分了。想我们老爷处处维护他,每次张鹏翮去江苏,老爷必以恩师之礼节对他,为何这样歹毒?"

大黑与大仪骂了几句,大黑道:"想必老爷已经知道此事,却为何没有告诉我们俩?"

大仪道:"那还用说,定是害怕我们俩为他担心,也害怕我们俩做出出格之事呗!"

大黑:"兄弟,还等什么,我们去问问老爷,到底是什么情况,究竟该怎么应对? 真不行,咱哥俩去礼部尚书府中找那张鹏翮说理去!"

两人急匆匆过来,找到张伯行。

张伯行听到大黑的问话,回身对两人轻轻叹了一口气,却半晌无语。

令大黑不解的是,张伯行只是略略皱着眉头,不禁奇道:"老爷,那张鹏翮在万岁面前请求判你死罪,我们二人都已经知道,难道老爷不知?"

张伯行道:"我早已知道。"

大黑悲愤地喊道:"老爷既然已经知道,为何不与我们二人说? 而且为何一点都不着急? 老爷,赶紧想办法啊! 老爷若是没辙,那就让我跟大仪两人去找那张鹏翮论理,真的要惹恼我们两人,一定会刀劈那厮!"

大黑说话的语气已经有些声嘶力竭。

大仪也急附和道:"正是如此,老爷,我们不能束手待毙。至少也应该找那张鹏翮问一下,为何步步紧逼,非要把老爷往死里整。"

张伯行脸色一沉,喝道:"大黑,大仪,不得无礼! 天子脚下,如何敢说出这等胆大妄为之语?"

大黑道:"老爷,不是我们哥俩说出这么胆大妄为的话,实在是那张鹏翮欺人太甚。若万岁真的下了圣旨处死老爷,那也别怪我们哥俩心狠手辣,保不齐我们哥俩会把这北京城闹个天翻地覆!"

张伯行再次厉声道:"不可妄语!"

大黑与大仪见张伯行真动了气,也只好住口。

大黑道:"老爷,那张鹏翮开始的时候,只是要将老爷革职,可今日却又为何要置老爷于死地?"

张伯行显得有些无可奈何,说道:"我也不知。若是只为唐不语,可我张伯行已经不再对唐不语穷追猛打了。不管为何,张伯行已经对这官场心灰意冷。若真的将我处死,唉!"

张伯行说着话,轻轻叹口气,对着墙角那株梅花吟诵道:"零落成泥碾作尘,只有香如故。"

大黑没有听懂张伯行吟诵的什么,上前高声道:"老爷,我听不懂你吟诵的什么,但是,我只想弄懂一件事,那张鹏翮为何如此,找到原因,或者能想办法救出老爷。"

张伯行闻听,说道:"大黑,你这点说得倒是有理,想我张伯行死也要死得明白。我自问一向对张鹏翮心存感恩,却实在想不通他为何如此!"

张伯行看着两人道:"也罢,你们二人且随我去拜访一下张鹏翮,但切记,不可乱为。"

大黑与大仪齐声回道:"老爷放心,我们只要护得你周全就行。"

张伯行带着大黑与大仪直奔尚书府。

张鹏翮正在书房看书,家人忽然禀报,说门外张伯行来访。

张鹏翮一愣,但随即镇定下来,说道:"有请!"

家人将张伯行等三人迎到客厅,张鹏翮早在客厅等待。张伯行看到张鹏翮,依旧急步上前施礼,说道:"张伯行见过恩公!"

张鹏翮感觉有些尴尬,但脸色依旧,且挤出几丝笑意,说道:"孝先,不要多礼,请坐,请坐!"

两人落座,大黑与大仪在张伯行身后站立。

张鹏翮看了一眼三人,只见大黑与大仪两人脸上俱显怒气,不禁笑道:"孝先此来是要向我问罪不成?"

张伯行拱手道:"恩公,张伯行不敢也不会向恩公兴师问罪。张伯行只想知道,恩公为何对我如此步步紧逼,非要将我置于死地呢?"

张伯行虽在心灰意冷之中将生死置之度外,但说这句话时依旧难以抑制自己内心的悲愤之情,语气渐次提升并且强硬。

张鹏翮看着张伯行,说道:"孝先,记得不止一次我奉劝于你,既然进入官场,就应该遵守官场的一些规则。我们的赤子之心可以不变,但规则却必须遵守。我给你写过书信,也曾当面劝你,要你懂得变通,唯有懂得变通方能长久。在官场厮混,也唯有懂得变通,才能与周围的同僚和谐相处。"

张鹏翮语气略作停顿,继续说道:"孝先,这一次并非我张鹏翮非要置你于死地,而是整个江南官场,还有朝中一些大员要置你于死地。孝先,你还不醒悟吗?"

张伯行不禁冷笑一声,说道:"恩公,张伯行懂了,说到底是道不同不相与谋!今日话已挑明,言已说尽。自此以后,若再相见,张伯行只喊您一句张大人,你我之间,再无任何情分可言。多谢张大人的良言相劝,只是恕张伯行愚钝,不能与张大人成为真正的同僚。"

说完之后,张伯行回身对大黑与大仪道:"大黑、大仪,我们走吧!"

张鹏翮呆呆地看着张伯行离去的身影,轻轻摇了摇头,又叹了一口气!

(二)众臣皆曰张伯行杀不得

康熙帝看着眼前张鹏翮的那份奏折,上面所写跟张鹏翮在白天当着诸位大臣直面陈奏内容大致相同。只是言辞更加激烈,思维更加缜密,不给人丝毫反驳的机会。

康熙帝眉头紧皱,神色之间极为疲惫。为了张伯行一案,他已经连续几日不能正常休息了。

康熙帝将面前这份奏折递与面前的张廷玉。

张廷玉借着灯光将这份奏折仔细阅读一遍。看过之后,张廷玉躬身施礼道:"万岁,张大人这份奏折写的言辞激烈,且直指张伯行此案中的要害之处,甚至让人没有丝毫反驳的余地。"

康熙帝曰:"朕看过之后也是如此的感觉。张鹏翮在奏折中用腹䵑的典故,请求朕秉公处理,朕也觉得甚是为难。"

墨家巨子腹䵑,住在秦国。他的儿子有一天杀了人,秦惠王对他说:"先生岁数大了,只有一个儿子,我已经命令执法官吏不杀他了。先生,在这件事情上听从我的意见吧！"腹䵍回答道："墨家的法律规定是'杀人者判处死刑，伤人者判处徒刑'，这是用来禁止杀人伤人的。禁止杀人伤人，是天下的大义。大王虽然给我这样的恩赐，不杀我犯死罪的儿子，但是，我腹䵍不能不执行墨家的法律规定。"他无论如何都不接受秦惠王的恩赐，终于让秦惠王下令处死了自己的儿子。《吕氏春秋》中这样评价腹䵍："子，人之所私也。忍所私以行大义，巨子可谓公矣。"

康熙帝说完之后，眉头紧皱，双指紧紧挤摁额头。

张廷玉道："张鹏翮此举不知出于何种心理，但其所言的确让人无法辩驳。这张鹏翮将皇上与唐朝一代明君李世民相比，用李世民之语来胁迫万岁严惩张伯行。"

唐朝明君李世民曾经说："法者，非朕一人之法，乃天下之法，何得以无忌国之亲戚，便欲挠法耶？"

张鹏翮这份奏折戳到康熙帝痛处，康熙帝只好再次将张廷玉召进乾清宫商议如何处置。

张廷玉沉思半晌，最后说："万岁，为今之计，唯有让张伯行低头认错，一则张伯行要向万岁、向群臣、向天下认错，承认其诬告同僚一事属实，承认其诬告良民张令涛属实；二则向张鹏翮认错。唯有如此，他方能免其一死。"

康熙帝曰："这个朕也是想过的，但依朕对张伯行的了解，他绝不会低头认错。"

张廷玉道："张伯行为人孤傲耿直，这点微臣也是知道的，但为今之计，却别无良策。也希望此事能够给张伯行一点教训，为人处世者，该低头时也要低头。"

康熙帝曰："也好，今日且先这样，朕也累了。"

阴郁了几天之后，太阳终于露出了脸。东方欲晓之时，一抹朝霞染红了整个北京城。虽然依旧有些寒冷，但太阳的出现，增添了几许暖意，街上的人群也较之前几日多了起来。

康熙帝将张鹏翮的奏疏与诸位大臣宣讲，之后，目光炯炯地看着每一位朝臣，说道："诸位爱卿，若无他议，就按张爱卿之见，判江苏巡抚张伯行斩立决！"

此言一出，大臣们再次一片哗然。

虽然说多数大臣抱着静观其变的态度,但是毕竟处死一位封疆大吏这样的事情实在重大。且张伯行所为如果被判斩立决,总觉得有蹊田夺牛之嫌。

康熙帝话音刚落,李光地跪倒说道:"万岁,臣以为不妥。张伯行为官清廉,在江苏百姓之中威望素重,若斩杀此人,一则不利于江南之稳定,二则也会让天下廉吏心寒。请万岁三思!"

李光地一番话后,诸位大臣呼啦啦纷纷跪倒,皆高声喊道:"万岁三思,张伯行杀不得!"

康熙帝看着眼前跪倒的群臣,一旁孤零零拱手站立着两人,一人是礼部尚书张鹏翮,另一边则是江苏巡抚张伯行。

(三)百姓心安,国家方安;国家之安,臣心乃安

康熙帝看着张伯行,张伯行的眼眶中已经有泪花闪烁。

康熙帝曰:"张伯行,群臣皆为你求情,你可知道该如何去做?还不速速向张大人认错,向群臣感谢!"

张伯行面对跪倒的群臣,身躯颤抖,泪水终于夺眶而出。他也跪倒于地,说道:"感谢诸位同僚为张伯行求情,张伯行何德何能,让这么多文武群臣为我求情?若张伯行不死,日后定要一一感谢;若张伯行成鬼,在九泉之下也会对诸位感激不尽!"

对群臣说完之后,张伯行又面向康熙帝,肃然道:"臣自幼熟读'四书'。孟子说过:得志与民由之,不得志独行其道。富贵不能淫,贫贱不能移,威武不能屈,此之谓大丈夫。皇上也时常用这几句话教育我们。"

张伯行稍作停顿,继续说道:"臣承蒙万岁信任,拔擢臣至江苏担任巡抚。到江苏之后,先有科考作弊一案,臣与两江诸位大人交恶,并与两江总督噶礼相互弹劾。臣再蒙皇恩,得以官复原职,又回江苏。"

"为官避事平生耻!臣复任江苏之后,每每念及皇上之恩,不敢有丝毫懈怠。故臣鞍马未卸,即前往上海县查访。只因前者在张元隆一案中,张元隆虽死,但其党羽众多,张元隆之弟张令涛尤甚。一则扰乱沿海百姓正常生活,二则扰乱海边商人正常经商。人人皆知张令涛与张元隆乃一母同胞,两人向来是沆瀣一气,一人在海上控制各处海运,一人与沿海官员勾结,以便其海船

来往无阻,致使张元隆能够控制江南各处船队,在沿海乃至西洋都能无往而不利。故臣思之,务必要肃清张元隆党羽,尤其要抓获其弟张令涛。在江南,人人知张元隆与张令涛兄弟二人与沿海盗贼素有勾结,关于这点,若雪上之墨,举目可见。但却不知到了两江诸位官员那里,到了我大清朝堂之上,张令涛就成了良民?"

说到此,张伯行语气之中饱含激愤之情。

康熙帝看着张伯行,听着张伯行的陈词,不禁有些动容。

张伯行又看了一眼张鹏翮,张鹏翮故意将头扭向一边。

张伯行接着说道:"臣至上海县,恰逢上海县顾协一状告张令涛强抢其宅院。臣顺藤摸瓜,与臣之手下大黑与大仪一起,不顾生死将上海县附近一匪巢捣毁,并抓获匪首。据匪首供认,张令涛欲往江苏右布政使牟钦元牟大人处寻求庇护。臣得此消息后,即前往江苏右布政使牟大人府上询问。臣此举或有些唐突,但臣之内心,实无半分其他的想法。臣不曾想过此举或许会引起同僚之不适,臣只想着抓获盗贼,以保百姓之安。百姓心安,国家方安;国家之安,臣心乃安!"

说至此处,康熙帝不禁颔首赞许。

张伯行接着说道:"臣也知道臣甚为愚钝,素不知变通之法,故与牟大人言语冲突,令牟大人不快,并指责臣诬其清白。臣欲要查案,奈何牟大人不愿配合。臣欲要强搜牟府,却又遭牟大人阻拦。臣左右为难,无奈之下,只好向皇上上疏,将臣之难处奏与圣上。"

张伯行抬头看着康熙帝,说道:"皇上圣明,特令两江总督赫寿赫大人审理此案。但公堂之上,顾协一却突然改变之前之供词,说那张令涛并非强抢其宅院,只是想要买下其宅院,因双方价格不曾谈拢,顾协一方才将张令涛告上公堂。臣实在不知顾协一为何突然变卦。臣又提议审问上海县匪首韩冷,奈何韩冷在狱中却又突然暴毙。于是,赫寿大人在没有人证的情况之下,简单得出结论,认为臣之所说,皆为臆断,据此就认定臣诬告同僚。之后,万岁又派张鹏翮大人前来重审此案,张大人抵达江苏之后,不去追查顾协一为何突然变卦,也不去追访韩冷为何狱中暴毙,在简单审理之后,再次得出臣诬告同僚之论。"

张伯行说着说着,越发激愤。

"臣在审理此案过程之中,不曾有过一己之私念。臣之所作所为,皆抱着报效朝廷之念。臣只想着,既然皇上对臣如此信任,屡次拔擢,且为臣御笔书写'廉惠宣猷'。臣每念及此,感激涕零,惟愿鞠躬尽瘁,死而后已。即使如此,也不能报答皇上信任之恩!"

说着话,张伯行面向康熙帝,再次叩首。

而后,张伯行昂首接着说道:"如今,皇上告诉微臣,让微臣向张大人谢罪,臣实不知罪在何处,更不知为何谢罪? 若张伯行一心为国,一心为百姓,却被判死罪,臣甘愿一死。但即使身死,却不愿低头认罪。因为臣知道,若臣认罪,即为颠倒黑白;若臣认罪,即为践踏公允!"

张伯行一番陈词,说得慷慨激昂,说得康熙帝频频颔首,说得群臣多有愧色。

众人皆想,听张伯行之言语,观张伯行之神色,断无丝毫说谎之处,一句句似乎都是直抒胸臆。且张伯行这番慷慨陈词,唤起众人内心深处的少年意气。

大家情不自禁地想起当年读书时的激情与梦想,想起心灵深处的纯粹与澄明。每个人都怀着满腔热血走向人生的舞台,但不知道什么时候,却激情消失,青春不再,剩下的就是为了做官而做官。

此时,那些大臣脸上竟然都流露出一份敬仰之情、钦佩之意!

(四)做到仰不愧于天,俯不愧于地

张伯行又把目光投向张鹏翮,拱手说道:"张大人,时至今日,张伯行对张大人依旧心存感激之情。若没有张大人推举,也没有今日之张伯行。当年在黄河岸边治水的情景,历历在目。那时候,每每看到张大人身先士卒,与河堤之上的百姓同甘共苦,张伯行对张大人无比敬仰。"

张伯行接着说道:"后来,张大人在皇上面前举荐,张伯行才开始真正为朝廷效力。记得那时候,张大人用您定的家训来教导张伯行,要张伯行一心为公,莫要有私念贪欲。张伯行自幼也饱读圣人之书,历代前贤典故,也略知一二。母劝子廉、妻劝夫廉,一介女流皆知为官廉洁为本,更何况我等男子汉大丈夫呢?"

张伯行继而面向康熙帝曰："臣蒙万岁信任，拔擢臣为巡抚，臣内心深处常常记起古人之劝诫，从不敢对自己有丝毫之放松，也从不敢有些许个人之贪念。臣记得任济宁道时，适逢济宁灾荒，臣从家中运钱米，并用家私为百姓赶制棉衣，拯民于饥寒之中。臣之所为，绝非沽名钓誉，只是因为臣亲眼所见灾民之艰难，臣不胜心痛！

"臣以为，居官者自立莫若廉，养廉莫若俭。若时常想念奢华之生活，那为官之饷银又如何能供己所用？若己之饷银无法满足自己奢华之需，则必有贪欲之念。若贪念一起，则必不会用心为官，又何谈为百姓着想，为朝廷效力？唯有淡泊方能明志，唯有不忘初心，方能体味使命之真谛。今日臣之将死，故也不会避讳自夸之嫌。臣记得初任济宁道时，随从人员唯有四人而已，即使后蒙皇上拔擢，臣赴福建担任巡抚之时，臣之随行也不过一二十人。因为臣知道，为有自身节俭，方能保持初心，也能为朝廷省却一份开支。故臣任江苏巡抚，在府门之前，令人立石雕文：'一丝一粒，我之名节；一厘一毫，民之脂膏。宽一分，民受赐不止一分；取一文，我为人不值一文。'臣如是说，亦是如是做。"

张伯行转身面向张鹏翮又说道："张大人，记得张伯行在江苏之时，张大人屡次教导于我，让张伯行懂得变通，与同僚和谐相处。但张伯行却以为，为官者，最为重要的不是与同僚搞好关系，最重要的是与百姓搞好关系。这样才能称之为父母官。"

康熙帝看着张伯行，侧耳用心听着张伯行的陈词。

张伯行再次转向康熙帝，说道："百姓既然称我们为父母官，若想对得起这三个字，为官者则必须将百姓视之为自己的孩子。为人父母者，不仅要生下孩子，更要用心养育自己的孩子。若是这件事是多数百姓不喜者，则必要停止；若是这件事是多数百姓赞许者，则需要大力提倡。为官一任造福一方，绝不是简简单单的一句口号，需要当官的人去用心做各种实事，绝不是表面文章。"

张伯行接着说道："万岁，臣是这样说的，也是这样做的。官无大小，在得民心。皇上南巡之时，抚军大人命张伯行修路，张伯行与百姓同吃同住；在福建担任巡抚之查访海盗之时，九死一生，张伯行从未放弃；回到江苏，查访江南科考案，屡次遭人行刺，张伯行从来不惧。我只怕冤者不能昭雪，才者不得选拔。张伯行自入仕途,做到仰不愧于天,俯不愧于地,一切只为了报效朝廷,忠于百姓。"

张伯行扭头对张鹏翮说道:"张大人,您是张伯行的恩公,张伯行什么时候都不会忘记。但公私分明,张大人,请您拍着自己的良心问一句,我张伯行真的如您所言,诬陷良民、诬陷同僚且欺君罔上吗? 张大人,您身为钦差大臣到江苏审理此案,真的是没有半点私心杂念不成? 您到了江苏,真的是深入此案,用心调查,得出的一切结论皆是证据确凿不成? 您的所有言行,真的对得起这湛湛青天不成?"

面对张伯行一句又一句的追问,张鹏翮面色由之前的若无其事,渐渐变得苍白,身躯不停地颤抖。容等张伯行最后一句问过之后,张鹏翮气血攻心,只听得"哇"的一声,一口鲜血喷了出来,而后仰面摔倒!

(五)纵有天纵之才,若无爱民之心,则断不可取

群臣面前,张鹏翮吐血晕倒。康熙帝急忙喊道:"传太医,传太医!"

片刻,两名太医飞跑过来,附身上前进行施救。太医先把张鹏翮身体扶正,一人轻轻托着张鹏翮的身体,另一人掐着张鹏翮的人中,忙了半天,张鹏翮才缓缓睁眼。

张鹏翮眼神散乱无光,有气无力地咳了几声。

太医忙跪倒说道:"万岁,张大人已醒,微臣已经给张大人把过脉,只是急火攻心,并无大碍。微臣开个方子,将养几日,即能复原。"

康熙帝听完太医禀报,方才松了一口气。而后传令,将张鹏翮搀扶回府休息。

张鹏翮脸色苍白,嘴角之上尚留一缕鲜血。

早有几名太监上前,将地面血迹擦净。大殿之上,复归于安静。

康熙帝看了看群臣,又看了看张伯行,而后开言问道:"适才张爱卿的陈词,诸位爱卿可有什么看法?"

张廷玉上前一步躬身道:"万岁,张大人所说,句句皆肺腑之言,且发人警醒。"

康熙帝又道:"诸位爱卿,那关于张伯行张大人,又该如何处置呢?"

力主判张伯行斩立决的张鹏翮已经回府休息,众大臣自然落得顺水推舟,众人皆言不可判处死罪。

康熙帝轻轻叹了一口气,说道:"适才张爱卿所言,朕也感慨良多。当年的唐太宗李世民曾说,'为政之要,惟在得人'。人才的确难得,而尤其难得的是亲政爱民、清正廉洁之人。"

康熙帝又环顾群臣,缓缓说道:"之前噶礼之案,众位爱卿应该都还记得。噶礼做事一向干练,曾跟随朕亲征噶尔丹,噶礼之才,朕甚是喜爱。可噶礼为官,过于贪婪,且不懂人伦道德,最后落得一个身败名裂。作为一名大臣,纵有天纵之才,若无爱民之心,则断不可取!"

康熙帝又看了一眼张伯行,说道:"朕当年南巡之时,为何力排众议举荐张伯行,只是因为朕知道张伯行为官之道,以清廉为本,所以张伯行在江南深得民心。朕至今记得,张伯行与噶礼交恶之时,朕将二人共同革职,回京候审。朕听闻张伯行离开江苏之时,扬州百姓罢市抗议。离开之时,万众相送,且众人皆知张爱卿为官清廉,故只以果蔬相送。我听说张爱卿依旧婉言谢绝。众人皆曰:'公在任,止饮江南一杯水;今将去,无却子民一点心!'朕初次听闻,尚有疑心,后因噶礼弑母,朕将噶礼处以极刑,而将张伯行官复原职,竟有万名江南百姓来到京城替张伯行感谢朕,朕方信张爱卿是真的爱民,真的廉吏。适才听闻张爱卿一番肺腑之言,朕不由又想起当年之事。"

康熙帝手扶着龙椅,抬头望着宫外,说道:"朕听闻大吏廉洁,小吏则自然效法。朕希望朕的朝中多一些廉洁的官员,这样天下百姓方能归心。百姓归心,又何愁天下不太平?"

康熙帝接着说道:"清官不累民。朕为天下之主,幼时也熟读经书,此等清官廉吏,朕若不保全,那么朕读几十年的书又有何用?且朕若将张伯行处以死刑,试问天下之廉吏又该如何想朕,江苏百姓又会如何看朕,天下百姓又会如何说朕?"

"你们天天都在朕的面前说朕是一代明君,朕想知道,怎样方能算作是一代明君?若朕连廉吏都不能保全,又如何对得起一代明君之称谓?朕今日宣布,张伯行弹劾牟钦元一案不再追查,免去张伯行江苏巡抚一职,将张伯行调至朝中为官,具体担任何职,容朕思考之后,他日再行决议!"

张伯行闻听,急忙跪倒高声说道:"张伯行谢主隆恩!"

众大臣也全部跪倒,齐声高喊道:"皇上圣明,吾皇万岁万岁万万岁!"

康熙帝对群臣说道:"诸位爱卿,今日就议到此!"

说完,康熙帝缓步回到乾清宫歇息去了。

众大臣急忙上前将张伯行围住,纷纷道贺。有人说吉人自有天相,有人说好人自有好报,有人说公道自在人心,有人说皇上真是圣明。

张伯行一一回礼答谢,拱手致意。

众人三三两两离开大殿,各自回府。

李光地拉着张廷玉,问道:"张大人,皇上此举,张大人怎么看?"

张廷玉微微笑道:"李大人眼光锐利,这样的结果李大人难道猜想不出吗?"

李光地笑着说道:"张大人且仔细说来。"

张廷玉道:"皇上爱才,自然不会将张伯行处以极刑。当然,皇上之所以不杀张伯行并且将他留在京师,不仅仅只是爱才。想那张伯行不仅在江南百姓中威望素重,上次江南科考一案,张伯行更是在天下士子心中地位甚高。皇上如此做,不仅收拢百姓之心,更是让天下那些读书人归心于我主万岁!"

李光地看了一眼张廷玉,大笑,说道:"张大人厉害,万岁的心思皆被你猜到。"

北京城终于完全被温暖的阳光笼罩,天空也变得清澈、碧蓝,偶尔有几朵白云在空中飘浮。鸟儿在枝头雀跃不已,发出清脆悦耳的鸣叫。

红色的围墙旁边,几株梅花已经开放,在阳光照耀之下,分外美丽。几位白发苍苍的老者在墙角下坐着,聊着古今的一些轶事,不时发出爽朗的笑声。

大街小巷,人来人往,一派繁华热闹的景象。

八
大黑辞行

（一）大黑独自一人折回江南追杀张令涛

冬日暖阳，天空变得异常晴朗，一切都似乎已经尘埃落定。

张伯行最终没有被判斩立决。虽然江苏巡抚的职务被革去，但康熙帝似乎并没有将张伯行贬为平民的打算，而是留在京城，听候他用。

张鹏翮病重，也无力再对张伯行穷追猛打。

但康熙帝在大殿之上当着群臣的面说了一句话：此案到此为止。张伯行不再回江苏为官，康熙帝口谕张令涛的案子不再查访。

张伯行回到驿馆，内心依旧不能平静。惊心动魄之后，自己最终安然无恙，原本是应该庆幸的，但他却总觉得有点不舒服。

此时此刻，他想起文天祥的一句诗："满地芦花和我老，旧家燕子傍谁飞。从今别却江南路，化作杜鹃啼血归。"

从此之后，自己恐再无机会回到江南；

从此以后，即使回到江南，自己也是一个匆匆过客！

可是，张令涛依旧没有被抓获，江南的海盗依旧会危害百姓，张伯行不想半途而废，却又无可奈何。

几日以后，康熙帝命人给张伯行腾出一处府邸，暂时安住其中。

朝中一些与张伯行有交往的大臣，皆来给张伯行道贺。康熙帝没有将张伯行定成死罪，虽将张伯行江苏巡抚一职革去，但言语之中对张伯行的清廉极为赞赏，且将张伯行安置于北京。这些大臣都明白，康熙帝很可能将张伯行调到京师任职。故众人到来之后，皆预祝张伯行高升，张伯行自然免不了一番来往应酬。

等到人群散尽,一片平静之时,张伯行一个人再次来到院中。院中,阳光透过树木枝干落在空地上,形成一片斑驳陆离的光影。

张伯行在院子里信步走着,眉头微蹙,目光投向远处的天空。天空一片湛蓝,空气分外清新,几只飞鸟发出几声鸣叫,向南方飞去。

忽听门外有人高声喊道:"老爷,我们回来了。"

张伯行回身看去,只见大黑与大仪大踏步从门外走进。

两人来到张伯行身边,躬身施礼道:"老爷,老家那边没什么事,一切安好,敬请老爷放心。"

原来,自康熙帝宣布免去张伯行的死罪后,张伯行边命大黑与大仪前往仪封老家,探视一下家中。

张伯行对两人道:"无事就好,你们一路辛苦了,且去歇息一下吧!"

大黑正要转身离去,大仪却拉了一下大黑的胳膊。大黑奇道:"大仪兄弟,你拉我干啥啊?"

大仪看着张伯行,问道:"老爷,皇上已经否决了张鹏翮给老爷定的罪过,且来时的路上,我们在街上也听到议论,说皇上可能留老爷在京师为官。不管如何,这对老爷而言都是极好的消息,可我看老爷却依旧有些闷闷不乐。老爷,到底为了何事?"

大黑一听,不禁用手拍了一下自己的脑袋,接着又捶了大仪一拳,笑道:"还是大仪兄弟比我心细一些,我怎么没有注意到呢?"

张伯行看了一眼两人,轻轻叹了一口气,说道:"大仪说得没错。此次回京,九死一生,本应该感到幸运。可是当我坐下来仔细一想,又会觉得郁闷不已。想想我们不顾自身安危,一心为国,却落得几乎问斩,且被革去江苏巡抚之职。江苏事务我们也再不能过问,张令涛一案又要半途而废,每每想到这些,我内心就深感不安。"

大黑与大仪对视了一眼。大黑上前说道:"老爷,我读书不多,也不懂得什么大道理,只知道跟随老爷为百姓除害。但这几年发生的这么多事,我们哥俩也一直在想,跟着皇上干事实在是让人憋屈啊!如果说为百姓除害,清剿盗匪,即使战死沙场,我们哥俩也是心甘情愿,皱一皱眉头也算不得好汉。但是,我们最怕的就是该杀的不能杀,该抓的不能抓,这也要请示,那也要禀报。而且,老爷您那么忠心于朝廷,没有一丁点的私心杂念,可是却动不动就

1906 | 張伯行 第六卷 第一清官

被人告到皇上那儿,这次还几乎丢了性命。老爷,可没有想到的是即使如此,您却依旧还在想着江苏的案子,老爷真是千古少有的好官啊!"

张伯行笑道:"大黑,莫给我戴什么高帽子。我只是想到张令涛勾结海盗危害百姓,内心甚是不安。只是,如今我已经是有心无力了。皇上已经下令不再调查此案,且我暂时只能待在京师,鞭长莫及。"

大黑看了一眼张伯行,内心不禁想到:到了这步田地,老爷还在想着江苏的百姓,着实不易。

大黑回身对大仪说道:"大仪兄弟,我看老爷有些累,我们哥俩就不要打扰老爷了,有什么事回头再说吧!"

说着话,轻轻拉了一下大仪。

大仪急忙施了一礼说道:"也是,那我们先行告退。"

说着话,两人退了出去。

张伯行有些奇怪,心想:这两个人,好像话未说完,怎么就走了呢?

且说大黑拉着大仪,走出院子。大仪说道:"哥哥,有什么想法,为何还要背着老爷?"

大黑叹一口气,说道:"我们老爷真个是几百年才出的一个好官,到了如今还依旧惦记着江南张令涛的案子。说实话,我本来想着这次回到京师跟老爷辞行回老家,官场中这些勾心斗角的肮脏事情,我大黑实在是无法忍受。"

大仪笑道:"我也早就有这样的想法,只是想着若是我们走了,便无人保护老爷了。"

大黑又道:"大仪兄弟,我有一个想法,只说与你听,而且,你一定要听我的。"

大仪不禁奇道:"你我之间从来就是有什么说什么,为何要这样郑重?"

大黑道:"刚才老爷说对张令涛一案依旧不能放心。我想今日晚间就离开京师前往江南,去追杀张令涛,肃清那些盗匪。这样,一来了却老爷心愿,二来也给江南百姓除害。你看如何?"

大仪不禁笑道:"哥哥,那当然可以。"

忽然之间,大仪仿佛悟到什么,急忙问了一句:"哥哥刚才说,今日晚间你便离开京师,是什么意思?难道你要独自一人前往?你把大仪放在何处,难道我大仪是贪生怕死之人不成?"

大黑急忙道:"兄弟,如何这样说? 这么多年,我们两人生死与共,我当然知道兄弟不是这样的人!"

大仪道:"那为何你一人前往?"

大黑道:"皇上虽然说免去老爷死罪,但老爷目前一个人在京。如果我们兄弟全部离去,老爷就无人保护。我想一人前往,你在京师保护老爷。若大黑此行成功,等回到京师,我们再一起喝酒。"

大仪还想争辩,但被大黑拦住。大黑道:"兄弟,不要多说了,也不要跟我相争,我意已决。兄弟在此保护老爷,责任也一样重大。"

大仪无奈道:"也罢,既然哥哥如此说,兄弟在京城等待哥哥回来。若是有什么事,我也定下江南。"

大黑又对大仪说道:"兄弟,记住,在我离开之前,切勿告诉老爷我下江南之事。"

大仪应允。

大黑回去之后,收拾好随身物品,与大仪辞别,一人前往江南而去。

当夜无话。第二天早上,张伯行起床,用过早膳之后,大仪前来请安。

张伯行有些奇怪,问道:"大仪,为何只有你一人,大黑怎么没来?"

大仪脸色之间,甚不自然。

张伯行突然明白,上前一步道:"大仪,你且告诉我,大黑是否独自一人前往江南追杀张令涛了?"

大仪看了看张伯行,忙跪倒于地,说道:"老爷,大黑哥哥的确一人去了江南,说要帮老爷除了张令涛那厮,以了却老爷心愿!"

张伯行闻听,不禁顿足道:"哎呀,真不该对你们二人说那番话。大黑一人前往,如赴虎穴,焉能安全? 大仪,你为何不跟随他而去?"

大仪道:"大黑哥哥说,老爷在京师无人保护,故定要我留下保护老爷安全。"

张伯行在屋里团团乱转,边走边说:"大仪,你好糊涂啊! 那张令涛与盗匪勾结,想要拿他,谈何容易? 大黑一人前往,无异于闯进龙潭虎穴。而我身在京城,天子脚下,又会有何人胆敢危害于我?"

大仪道:"可是……"

没等大仪说完,张伯行道:"大仪,你不要再说什么了,也不要再耽搁时间。我这就修书一封,你带着书信到苏州之后,交于已复任苏州知府的陈鹏年大人。若需要帮助,相信陈鹏年定会鼎力相助!"

说完之后,张伯行拿出笔墨纸砚,写好书信一封,交于大仪。又说道:"上海县知县许士贞为人正派,能力过人,必要时你也可以与他联系,求他帮助。"

张伯行命令大仪速速出发。

大仪只好拿好书信,收拾停当后离开京师,追赶大黑而去。

(二)酒楼雅间里突然传出一声惨叫

且说大黑那日离开京师以后,晓行夜宿,马不停蹄,没有几日就来到姑苏城。

走进阊门,天色已晚,大黑先找一客栈住下。

虽说已是隆冬季节,但苏州的繁华似乎并没有受太多影响。外面大街小巷依旧灯红酒绿,人来人往,大黑却无心赏玩这热闹夜景。

随便垫了垫肚子,大黑回到客栈,躺在床上思考着怎样才能找到张令涛。

忽然之间,大黑的脑海中蹦出来一个名字:玉玲珑。

这玉玲珑乃是苏州妓院风翠楼里的头牌姑娘。大黑记得,之前在调查张令涛时,好像有人说过张令涛经常去风翠楼找那玉玲珑。

想到此处,大黑再也无心休息,急忙起身,直奔那风翠楼。

风翠楼里不时传出女人与客人的调笑之声。

楼内的老鸨看到大黑,急忙迎了上去,满脸堆笑地喊道:"客官,可有相熟的姑娘? 若是没有,我给您推荐一个,包您满意。"

大黑无心与她纠缠,直接问道:"玉玲珑姑娘可有接客?"

老鸨闻听,脸上笑成了一朵花,嘴里说道:"哎哟,客官,看来您是这的常客。玉玲珑可是我们的头牌姑娘,可巧,今天玉姑娘空着,您楼上请!"

大黑来到二楼,早有人将大黑领到玉玲珑的房间。

大黑刚进房间,就闻到一股刺鼻的香气,便皱了一下眉头。

那玉玲珑一看眼前的彪形大汉,不敢怠慢,脸上堆出笑容,上前一步拉住了大黑的胳膊,笑道:"这位爷,看着眼生,可是第一次来,为何知道我玉玲珑的名号?"

大黑急忙回身将房门关上。

大黑看了一眼玉玲珑,这玉玲珑不到二十,一脸妖娆之色。大黑说道:"姑娘,今天我过来,只是想跟你打听一个人的行踪,若姑娘能够告诉在下……"说着话,大黑从行囊里拿出一锭银子放在桌子上,"这锭银子就归姑娘了。"

这玉玲珑一看桌子上的银子,脸上顿时笑成一朵花,看着大黑说道:"敢问这位大爷问的是谁啊?"

大黑沉声说道:"张令涛!"

玉玲珑听闻"张令涛"三个字,脸色微微变了一下。虽然只是一瞬,但依旧没有逃过大黑锐利的眼神。大黑又逼问一句:"姑娘可知道这厮?"

玉玲珑听到大黑这样说,知道大黑找张令涛绝非好事,又顿了一下,说道:"这位大爷,每天来我这里的客人太多了,我哪里能够一一记得? 你说这个张什么涛,也许来过,但是奴家却记不得。"

大黑冷笑一下,看了一眼玉玲珑,轻轻从腰间拔出一把匕首拿在手中,上前一步,瞪着玉玲珑说道:"姑娘,你若想要银子,速速告诉我那张令涛的行踪。若是不想要银子,那就别怪我不客气!"

说着话,大黑将手中的匕首指向玉玲珑的眼睛。

玉玲珑惊呼一声,吓得花容失色,颤声说道:"大爷饶命,我告诉你就是。"

大黑冷笑一声,将匕首收回。

玉玲珑道:"这位大爷,那张令涛昨日来过,本来说今日要来,但听他说今天晚上跟一位唐公子有约,好像说是在飞鸿居吃酒议事。"

大黑闻听,心想,是来得早不如来得巧,真个是天助我也!

大黑道:"姑娘,拿好银子,多谢了。"

说完之后,大黑打开房门,匆忙离开了风翠楼。

大黑离开风翠楼,看外面夜色已深,不禁有些着急。疾步而行,直奔飞鸿居。

片刻,已到飞鸿居酒楼。大黑踏步进入酒楼,小二急忙跑上来打招呼。大黑随手从兜内拿出一些散碎银子递与小二,问道:"小二,借问一下,今日晚间可有这样一位客人来到店内吃酒?"

说着话,大黑将张令涛的模样大略描述了一下。

小二接过银子，喜笑颜开，听完大黑的描述，说道："这位客官，刚才您说的那位爷，应该在二楼的风雅轩雅间内。"

大黑谢了一句，疾步上楼，来到了风雅轩雅间外。隔着窗户看到房间里有三个人，其中一人背对着门口。大黑看那背影，果然是张令涛。再看对面那人，不禁大吃一惊，原来跟张令涛一起吃酒的唐公子竟然是张鹏翮的义子唐不语。

贴着门边，大黑听到里面竟然发出争吵之声，不禁有些奇怪，心想：这两个人为何发生争吵？

仔细听了半天，终于有些明白。

原来张令涛今日约唐不语过来，是要给唐不语分上次出海贩卖粮食所获的利润。

张令涛见到唐不语，几杯酒后，从行囊内拿出一堆银子，推到唐不语面前。唐不语眼光一扫，看那银子有五百余两。

张令涛笑着说："唐公子，多亏你的帮忙，方能畅通无阻，完成此次买卖。这是您此次买卖的红利，一共纹银五百两，唐公子先收好。"

唐不语看着桌子上的银子，却没有动手，微微一笑，说道："张大哥，上次我们见面时，我记得你可是答应过我，每次出海可以分我纹银一千两，为何却只有五百两？"

张令涛干笑两声，说道："唐公子啊，我也想多分您一些，可是海上有几十位弟兄要吃饭。而且，上次我们吃酒的时候，我不是还借给您纹银一千两吗？"

唐不语不动声色，说道："张大哥，上次给我一千两纹银的时候，你可没有说是借我的。我记得你说的那一千两纹银，是让我通融海防时打点各位大人所用，今日却为何又说是借我的？"

张令涛再次干笑几声，说道："唐公子啊，此次买卖获利不多，且手下弟兄们开支也越来越大。您先暂时将就一下，下次再行补偿如何？"

张令涛解释半天，却始终不能取得唐不语的谅解，两人的声音越来越大。

大黑听明白之后，正要破门而入，忽听得屋内有争斗之声。瞬息之间，突然传出一声惨叫。

（三）大黑从苏州到上海一路追杀张令涛

大黑一脚将门踹开，只见唐不语躺在屋内，胸口之上插着一把匕首，血顺着匕首蛇线一般蜿蜒流出。

唐不语脸上显出痛苦之色，片刻之后，腿脚蹬几下，便一动不动。里面的窗户已被打开，窗棂晃动不已。

店里的几个伙计听到喧哗，急忙拥上二楼，看到房间里一人躺在血泊中，一个个吓得面如土色，惊呼不已。

大黑上前看着其中一年龄稍长的伙计，说道："我是原江苏巡抚衙门的总捕头，劳烦各位速速禀报知府衙门。"

说完之后，大黑从大开的窗户跳了出去。

大黑脚步飞快，片刻之间已经看到前面两个黑影。大黑箭步上前，大喝了一声："张令涛，哪里走？"

飞奔着的两人中一人忽然停下，拦住大黑的道路。

大黑借着旁边店铺的灯光看去，只见此人生的膀大腰圆，一脸横肉，手中提着一把明晃晃的鬼头刀。

原来此人乃张令涛雇佣的保镖。张令涛眼看大黑越追越近，就急命保镖拦住大黑。

大黑断喝一声，说道："这位朋友，不要拦我，不然休怪我无情。"

那人也冷笑一声，说道："想要过去，只问我这把刀答应不答应。"

大黑眼看张令涛越跑越远，心内着急，不再多言，一个箭步跳过去，举刀就砍。

两人刀来刀往，战在一处，三五回合之间，大黑卖个破绽，指东打西，一刀刺中此人的大腿。只听那人惨叫一声，倒地不起。

大黑再看前方，张令涛已踪迹不见。

大黑一脸怒气，回身对那人厉声道："快告诉我，张令涛那厮逃往何处？"

那人瞪着大黑，哈哈大笑，说道："有种去追就是，我如何知道张大哥逃到哪里？"

大黑道："若不给你一点苦头，谅你也不会说出实情。"

大黑说着话,手中钢刀"唰"地一下刺向那人受伤的部位,只听那人惨叫一声。

大黑厉声道:"若还不说,爷的刀再刺进一寸,看是你的嘴硬还是爷爷的刀硬!"

那人惨叫不已,脸扭曲地说道:"我说……我说……"

大黑将刀收回。

那人疼得龇牙咧嘴,带着哭腔说道:"上海县附近有一矮山,唤作佘山,里面有数十名兄弟,为首的唤作胡大飙,人送绰号'海里浪'。此人武功高强,且水性极好。张大哥与胡大飙关系甚好。听说他们在沿海附近有几条大船,常年出海做各种生意。"

大黑心想:这次我要血洗这群海盗的老巢了。

大黑本想即刻出发,但是看夜色已深,自己连夜过去,过于疲累,恐怕到时没有力气与盗匪厮杀。况且那张令涛受了此番惊吓,也定不敢去其他地方,只能藏身于匪穴。

想到此处,大黑押着张令涛的保镖回到客栈。

天色已晚,客栈寂静无人。大黑押着那人回到自己的房间,而后将那人捆在椅子上,自己躺在床上沉沉睡去。

第二天一早,大黑将掌柜喊来。掌柜一看房间里捆着一人,大腿上还淌着血,不禁吓得面如土色。

大黑见状,从腰中拿出腰牌递与掌柜看了一眼,说道:"我是原江苏巡抚衙门的总铺头,今日查案到此,擒获一名贼人。我暂且离开前往上海县,你速去知府衙门报信,将此人关进大牢。"

大黑说完之后,下楼而去。

一路之上,大黑不敢怠慢,策马奔腾,半日之间已经到了上海县。

大黑看到一老者,便上前打听,果然在附近有一矮山,打听仔细,便向佘山而去。

到了佘山,大黑从前山悄悄进入。远远看去,其间有一寨子,门前几人拿着兵器把守大门。

大黑心想,听张令涛的保镖说,此处有几十名盗匪,自己若强攻进去,恐怕有去无回,必须想个万全之策。

大黑又仔细观察一会儿,忽看到后山黑压压一片,似乎是一片林子,心里顿时有了主意。他绕过前山,来到后山,小心翼翼地靠近匪巢后寨。

距离后寨不到百步的距离,大黑捡了一堆树枝,拿出火石,将树枝点着,而后将火引到树林旁边。

时值隆冬季节,树木干枯,且当日北风凛冽,霎时之间火光冲天,很快就蔓延到匪巢附近。

那张令涛昨天晚上受了惊吓之后,果然躲到寨子当中,不敢出来。此时,正与匪首胡大彪在寨中喝酒。

忽然听得外面大乱,有人高声喊着:"着火了,着火了,快救火啊!"

胡大彪一愣,看了一眼张令涛,张令涛也有些奇怪。

两人来到议事厅门外,向后山一望,果然火光冲天,且正向寨中蔓延。

胡大彪也是一惊,急忙大喊道:"不要乱,赵虎何在?"

赵虎乃寨中的二寨主,今日负责巡视。

不一会儿,赵虎气喘吁吁地赶过来,看到胡大彪,喊道:"大哥,不知何故,后山突然起火。"

胡大彪道:"二弟,你带二十名弟兄去后山救火,其余弟兄跟我留在寨中,以防有人偷袭。"

赵虎领人去后山救火。

大黑眼见寨中乱作一团,便趁机杀死一名盗匪,将其衣服剥下,自己换上盗匪外衣,乘乱混入山寨。

来到寨中,大黑一眼就看到张令涛。

(四)众官兵血洗佘山

大黑看到张令涛心内不禁大喜,心想:多次都让这厮给逃掉,今天定要斩杀这厮。

想到此处,大黑圆睁双眼,高喊一声:"张令涛,哪里走?"

大黑高喊之时,身形移动,已经到了张令涛面前。大黑的喊声未落,钢刀已经刺出。

张令涛猝不及防,只听一声惨叫,大黑的钢刀竟直接刺中张令涛的前胸。

大黑往后一跳，顺手将刀拔出，一股鲜血从张令涛的前胸汩汩流出。

张令涛闷哼一声，支撑不住，"扑通"一声栽倒在地。

这一切都发生在瞬息之间，匪首胡大彪回身之间，张令涛已经倒地。胡大彪反应也甚为机敏，眼见忽然发生变故，急忙跳开一步，并顺势将腰刀拔出，大声喝道："你是何人，敢在我的寨子里行凶？"

大黑冷笑一声，说道："今天爷爷不仅要在你的寨子里行凶杀人，还要荡平你的匪窝。"

说着话，大黑单刀直入，直刺胡大彪的心窝。

胡大彪大怒，怒目圆睁，喝道："好大的口气！"

说话之时，胡大彪往后跳了一步，闪过大黑的钢刀。

两人你来我往，战在一处。

周围的人眼见得刀光闪闪，人影晃动，两人身形之快，竟不能分清彼此，不禁让人看呆。

两人斗了十几个回合，胡大彪脚步有些错乱，眼见不支。大黑一柄钢刀舞得泼风似的，将胡大彪身形罩住。

胡大彪不禁有些着急，心想：哪里来的野种，这么厉害？

胡大彪卖了个破绽，跳出圈外，吹了一声口哨，早有几名匪徒各挺利刃过来厮杀。

大黑虽勇，怎奈匪徒越来越多，十几名匪徒将他团团围住。大黑连续砍伤数名匪徒，却也渐渐感到体力有些不支。

胡大彪看到大黑鬓角开始挂汗，且脚步不如刚才灵活，知道大黑快要坚持不住，于是大喊一声扑了过去。胡大彪举起手中腰刀，用了一招"泰山压顶"从身后劈向大黑左肩。

大黑听得身后响声，想要闪开，无奈前面几柄钢刀同时刺向自己，挡得了前面，身后肯定无法躲开，心想，这下子完了。

只听得"啊"的一声惨叫，而后"当啷"一声。

大黑定睛一看，只见胡大彪手中钢刀落地，右手抱着自己的左臂，左臂插着一支袖箭。

紧接着只听得四周喊杀声四起，众匪徒纷纷逃窜。

大黑奇道：什么人来得这么及时？

再往前一看，只见从寨门处杀进来十几人，为首一人身着清布长衫，虽说是一副书生模样，但手中也握着一把长剑，正是大仪。

大黑又惊又喜，高声喊道："大仪兄弟，我在这里，你怎么来了？"

原来大仪拿上张伯行的书信，骑着快马，一路之上不敢有丝毫怠慢，匆匆来到苏州。

赶到知府衙门，见到陈鹏年大人，大仪将书信呈上，陈鹏年急忙召集几名捕头商议该如何处理。

陈鹏年道："昨日晚间，飞鸿居的老板前来报案，说有人在飞鸿居闹事，且有一人死亡。"

说着话，陈鹏年将飞鸿居的案件又详细说与大仪听。

大仪听完，说道："陈大人，那自称巡抚衙门捕头的人，必是大黑哥哥。他要追杀的人定是张令涛，而死的人，如果我判断没有错，应该是尚书张鹏翮大人的义子唐不语。"

陈鹏年大吃一惊，说道："张大人的义子？"

正在众人商议之时，只听衙门外乱作一团，不一会儿，一名衙役进来禀报，说有人报案。

陈鹏年升堂，将报案之人带到。

来的却是客栈老板。客栈老板将大黑擒获张令涛的那名保镖交给衙门，并将客栈之事一一说清。

陈鹏年命人将张令涛保镖带上来，那保镖眼见不能隐瞒，于是将所有事情和盘托出。

大仪在旁边闻听，上前施礼道："大人，大仪有一事相求，还望大人恩准！"

陈鹏年道："大仪，不须客气。我与你们张大人肝胆相照，你有什么话，但讲无妨！"

大仪道："我哥哥大黑只身一人闯入匪巢，恐怕双拳难敌四手，恳请大人调用衙门里的弟兄，一起去救我哥哥。"

说完之后，大仪"扑通"一声跪倒于地。

陈鹏年急忙上前，搀起大仪，肃然道："大仪，莫说是为救大黑。即使没有这件事，在我治下出现匪徒，派人剿匪自是责无旁贷。"

说完之后，陈鹏年将衙门里薛捕头喊上来，命他带府中所有捕快，跟随大仪前去上海县,帮助大黑剿匪。

那边,上海县知县许士贞也得到报告,亲自带着捕头李则长、捕快郎越等人赶往佘山。

两队人马先后赶到匪巢大寨,却见寨中火光四起,里面喊杀声不断。大仪知道大黑已经与匪徒作战,只是不知此时大黑吉凶如何。

大仪带着众人一路狂奔冲入寨中,远远看到一人被十几人围住厮杀,突然,旁边一人举刀从背后偷袭中间之人。

大仪正不知该如何是好,情急之下,旁边的薛捕头顺手从腰中掏出一把袖箭甩了出去。只听"嗖"的破空之声响过,袖箭正中胡大彪的手臂。

大黑见到大仪带人前来,精神大振,愈发神勇。

众匪徒见胡大彪受伤,官兵赶到,哪里还敢恋战,纷纷扔下兵器举手投降。

薛捕头令手下弟兄将众匪徒捆绑。

大黑道:"兄弟,你怎么知道我在此遇险?"

大仪将事情的前因后果说与大黑听。

上海县知县许士贞令捕快抬着张令涛,押解着胡大彪、赵猛等匪徒,先回上海县衙。

大黑、大仪两人和知府衙门中的众人回到苏州。而后,两人护送着唐不语的尸体前往京城。

(五)张鹏翮大喊一声,鲜血从口中喷出一庹多远

大黑与大仪雇辆马车,拉着唐不语的尸体,快马加鞭前往京城。

幸亏时值冬天,天气分外寒冷,旷野之外,几乎滴水成冰,唐不语的尸体才安然送到京师。

大黑与大仪在路上已经商议好,此事两人一起承担,绝不连累老爷。故两人到达京师之后,直接前往礼部尚书张鹏翮的府邸。

张鹏翮的身体刚刚养好,这天见阳光甚好,一个人来到院中散步。看着湛蓝的天空上,一群飞鸟往南边飞去,不禁叹息道:"不知道语儿在江南怎么样了?"

正在沉思之际,门外有家人急匆匆跑过来说道:"老爷,门外有两人求见,

说有要事相告!"

张鹏翮有些奇怪,心想:"在家养病期间,初始朝中大臣皆来探望,但最近几日已极少有人来访,来人到底是谁?"

张鹏翮道:"让他们进来。"

家人嗫嚅了一下,说道:"那二人说务必请老爷移步门外,有要事禀报老爷。"

张鹏翮有些生气,心想:"到底是什么人,为何如此无礼,竟叫老夫亲自出门?"

但张鹏翮并未表现出不悦之色,对家人道:"既然如此,我且出去看看,到底是什么人!"

来到门外,一看竟是张伯行的手下大黑与大仪,张鹏翮不禁怒道:"张伯行羞辱老夫,难道你们二人也胆敢消遣老夫不成,竟然让老夫亲自出门?"

大仪上前一步躬身施礼道:"张大人,大黑与大仪如何敢得罪张大人? 若有失礼之处,还请大人不要生气。"

张鹏翮强压心头怒火,说道:"你们二人到此何事,速速讲来!"

大仪又施一礼,说道:"大人,大仪就直言禀报。不过,还请大人勿要悲伤。"

张鹏翮一愣,心想:大仪所言什么意思,为何不让我悲伤,难道是语儿……

张鹏翮内心深处,突然生出一种不祥的预感,心通通乱跳。他又看到大黑与大仪两人身后的马车,颤声道:"到底是什么事,难道是语儿?"

大仪道:"张大人,正是,贵公子唐不语在苏州不幸遇难!"

张鹏翮闻听,脸色惨白,袍袖乱抖,上前一步,掀开马车车帘,只见唐不语的尸体直挺挺地躺在车中。

张鹏翮悲痛欲绝,刚刚养好的身体再次崩塌,大喊一声,鲜血从口中喷出一庹多远,慌得家人急忙上前施救。

半天之后,张鹏翮缓缓醒来,愤怒地问道:"语儿,语儿,到底为何遇难?"

大仪将事情前前后后一五一十地讲给张鹏翮听,最后说道:"贵公子已经运到,我们也尽到责任。如有不周,请大人惩罚,这事与我家老爷无关。大黑与大仪告辞了!"

说完之后，两人离去。

北风吹过，礼部尚书的府门前，几棵大树在风中瑟瑟发抖。树枝之上，仅有的几片叶子也随风飘落。

大黑与大仪来到张伯行的府中，张伯行闻听两人回来了，欣喜若狂。

大黑将自己前往苏州之后所发生的事情——讲与张伯行听。

张伯行听完，唏嘘不已。当听到唐不语被张令涛杀死，两人将唐不语的尸体送至张鹏翮府邸之时，张伯行不禁有些伤悲，说道："唐不语乃自作自受。只是我恩公年事已高，前几日因为我的案子抱病，如今义子惨死，不知道恩公能否挺过去？"

大黑恨声道："老爷，那张鹏翮也是自作自受。大人曾屡次劝诫他，让他严加管教唐不语，他却总是不听，一味袒护，甚至为此还加害老爷，真是自食其果。"

张伯行叹道："唉，话不能这样说。张鹏翮毕竟于我有恩，且这么大年纪，遭此打击，实在让人于心不忍！"

张伯行又对大黑与大仪说道："你们二人此行着实辛苦，且在府中休息，明天专门为你们二人摆酒庆贺。"

大黑施礼道："多谢老爷，大黑还有一句话，要与老爷说！"

张伯行不禁一愣，因为张伯行听得大黑语气之中竟透着一股严肃的气息。

张伯行道："大黑，我们之间，还有什么当讲不当讲的，尽管讲来就是。"

"老爷，我之所以执意要去苏州追杀张令涛，一则是要解我胸中之气，二则是为了却老爷心愿。如今，两事皆成。"大黑继续道，"我们二人家中尚有亲人，父母年事已高，我和大仪路上商定，想回去在老人膝下尽孝。而且，我们二人追随老爷这么多年，只想跟着老爷斩恶锄奸，但实在不能忍受官场之中的尔虞我诈。老爷忠心耿耿，一心为国，却屡遭劫难。忠臣遭小人陷害，正直被邪恶欺凌，我们两人对朝廷之中的人和事真的是心灰意冷。老爷，我们想最近几日就离开京城，回仪封老家。"

张伯行一听，急道："大黑、大仪，你们二人跟我多年，其间，风雨不断，出生入死。如今好不容易得以安稳，在京师居住，却为何说走就走？等过了这个冬季，将你们的老人接到京城居住就可以了，为何这么着急回家？"

大黑与大仪对视了一眼。大仪道："老爷，我们二人也不会讲什么大的道理,的确是看不惯官场的各种行为,所以,我们兄弟去意已决。只是,我们两人离开以后,老爷一定要保重自己!"

说着话,大仪声音有些哽咽。

张伯行也不禁眼圈发红,须发皆抖,最后说道:"既然你们决意回老家,我也不强留。你们回去之后,也可以经常去我家中看看。今日就留在府中,我命人备好酒菜,咱们痛饮一番!"

府中,张伯行与大黑、大仪推杯换盏,其间,说起往事,时而伤感,时而悲愤,时而高兴。三人喝了约两个时辰,但依旧意兴不减。

终于,三个人皆俯于桌案之上酩酊大醉,桌子上杯盘狼藉。

其时,月亮已经升起,院中洒下清冷、皎洁的月光……

九
英雄相惜

（一）张伯行奉命于南书房行走

北京城外，张伯行看着大黑与大仪的背影渐去渐远，却不忍回头。

此时，已经是腊月中旬，寒风萧瑟。

张伯行衣衫飘飘，眼神中有落寞，有悲伤，有不舍，有难过。眼前浮现出曾经一幕幕的场景，大黑那爽朗的笑声在耳边响过，大仪那淳朴的面容从眼前飘过。两人曾经屡次救自己于危难之间，而今，却不得不挥手告别。

张伯行轻轻吟诵起李太白的《送友人》：

> 青山横北郭，白水绕东城。
> 此地一为别，孤蓬万里征。
> 浮云游子意，落日故人情。
> 挥手自兹去，萧萧班马鸣。

张伯行一边吟诵，一边向南方挥手，尽管他知道大黑与大仪已经无法看到自己，但手却始终没有停下。张伯行沧桑的脸庞上不知道什么时候已经挂上两行浑浊的泪水……

旁边的家人看着张伯行略显单薄的身影站立在寒风之中，说道："老爷，大黑叔、大仪叔已经看不到了，我们该回去了！风太大，您要是不小心感了风寒，小的可担待不起啊！"

张伯行竟似浑然不觉，依旧呆呆地站在那个小土坡上，一边挥手，一边吟诵。

不知过了多少时辰，张伯行终于停下自己挥动的手臂，缓缓从土坡上下来。

旁边的一棵枯树上，枝丫耸立，乌鸦发出"嘎嘎"的尖叫。几只觅食的山雀被叫声惊起，各自"嗖嗖"地飞走。

张伯行又叹了一口气，说道："飞吧，飞吧，都飞走吧……"

而后，登上马车，对家人说道："咱们回去吧！"

马蹄轻轻，路上留下两行浅浅的车印……

很快，这一年的春节过去了。虽然整个京城都沉浸在节日的欢乐之中，而张伯行却安静、平和，外边的热闹似乎跟自己毫无关系。

每日里，或读书，或练字，或记录自己这么多年的心得体会，日子倒也过得恬淡、优雅、清净、从容。

这一日，张伯行正在书房临黄庭坚的行书小楷，忽然门外一阵喧哗。家人慌慌张张跑来，说道："老爷，老爷，皇上圣旨到了！"

张伯行闻听，急忙整理衣冠，走出书房，来到院子当中，只见一名太监手里捧着圣旨正在等待张伯行。

张伯行疾步上前，跪倒于地，高声喊道："臣张伯行接旨！"

那太监高声念道：

奉天承运，皇帝诏曰：前江苏巡抚张伯行自被免职以后，一直赋闲在家。朕念及张伯行往日清正廉洁，且博览群书，素有雅名，故特令张伯行前往南书房当值。钦此！

张伯行听完之后，又惊又喜，急忙接过圣旨，高声喊道："臣张伯行谢主隆恩！"

你道张伯行为何惊喜？

原来这南书房设于康熙十六年（1677 年），是清代皇帝文学侍从值班的地方。康熙帝为了与翰林院文臣们研讨学问，吟诗作画，在乾清宫西南角特辟房舍以待，名南书房。

在翰林等官员中，选择辞采出众且品行优良者入值，称"南书房行走"。入值者主要陪伴皇帝赋诗撰文，写字作画，有时还秉承皇帝旨意起草诏令，撰述谕旨。在康熙年间,南书房在朝廷当中一直是一个非常神秘的地方,是权力的中心,清代士人视之为清要之地,能入之则以为荣。

由于南书房"非崇班贵檩、上所亲信者不得入",所以它完全是由康熙帝严密控制的一个核心重要机构,随时承旨出诏行令,这使南书房权势日崇。南书房地位的提高,是康熙帝削弱议政王大臣会议权力,同时将外朝内阁的某些职能移归内廷、实施高度集权的重要一步。

康熙帝自亲政以后,朝廷的权力一度受议政王大臣会议的限制,国家大事需经过王公大臣会议。而这些满洲王公贵族地位较高,有时与皇帝意见相左,皇帝也不得不收回成命。同时,内阁在名义上仍是国家最高政务机构,控制着外朝的权力。

为了把国家大权严密地控制在自己手中,康熙帝决定以南书房为核心,逐步形成权力中心。

南书房行走没有任何官职或身份,有的只是一介布衣,品级低微,但这些人皆为皇上之亲信,之后大都成为朝中大员。陈廷敬、王士禛、徐乾学、王鸿绪、张廷玉等,都曾在南书房待过。

正因为南书房在当时的地位特殊而尊崇,张伯行接过圣旨之后,又惊又喜。张伯行没有想到自己赋闲几个月后,康熙帝竟然让自己前往南书房当值。这说明在康熙心目之中,张伯行依旧是可信之臣。不,是极其可信之臣!

张伯行惊喜之后,又开始心念圣恩,心中想到,皇上果然是一代圣君!张伯行自此之后,必用一颗忠心报效朝廷,虽肝脑涂地,亦在所不辞!

乾清宫内,康熙帝对张伯行曰:"人要无私心方好。"

张伯行奏云:"臣无私心。"

康熙帝曰:"人无私心,就是圣人了。如何还有人怨你?"

张伯行奏云:"仁者无私心而当理。臣虽无私心,而所行未必当理。"

康熙帝又问道:"如今讲理学有人吗?"

张伯行奏云:"臣乡有冉觐祖是遵程朱之学,而不避陆王的。"

康熙帝曰:"前辈不必避他。"

张伯行奏云:"论人品自然当尊敬他,论学术则不可不辨,恐贻误后人。"

康熙帝曰:"你兴办书院,著书立说,整理前人古籍,弘扬程朱理学。那你讲一下对'民可使由之,不可使知之'的理解吧!"

张伯行顿了一下,由此及彼,娓娓道来。

"'民可使由之,不可使知之',这句话出自《论语·泰伯篇》'子曰:民可使由之,不可使知之。'这句话有几种解释。第一种解释是:民可使由之,不可使知之。就是说,可以让老百姓按照我们指引的道路走,不需要让他们知道为什么。第二种解释是:民可,使由之;不可,使知之。就是说,对于民,其可者使其自由之,其所不可者亦使知之。第三种解释是:民可使,由之;不可使,知之。就是说:老百姓若可任使,就让他们听命;若不可任使,就让他们明理。第四种解释是:民可使,由之不可;使知之。意思就是:如果老百姓可以被支使,放任自由是不行的,必须加以引导。第五种解释是:民可使由之? 不,可使知之。意思是说:老百姓可以放任不管吗? 不,还是要进行教育。"

康熙帝曰:"这么多释文,你觉得哪是孔子本意啊?"

张伯行答曰:"我个人倾向于第三种,就是:民可使,由之;不可使,知之。老百姓若可任使,就让他们听命;若不可任使,就让他们明理。"

康熙帝赞许地点了点头。康熙帝知道,无论是听命,或者是明理,都离不开这些文人秀才去传经布道、释文解义。孔子一句话,他们都可以说出这么多的解释,那我的圣旨,我的口谕,甚至我的眼神,他们又是如何解释的呢?下面又是如何执行的呢?

张伯行看皇上陷入沉思,肃立一旁静候。

就这样,从午时到申时,从语言到灵魂,君臣二人时而问答,时而讲解,时而沉默。

"明日午时,你先陪朕用膳,再细解《太极图说》。"康熙帝最后曰,"退下吧!"

从乾清宫出来,张伯行摸了摸身上,王夫人亲手缝的棉布内衣已经湿透。

原来过年之后,康熙帝在乾清宫再次召张廷玉与李光地商议,该如何安置张伯行。

张廷玉进谏,南书房近日人手短缺,而张伯行又素喜舞文弄墨,若在南书房当值,甚是合适。

康熙帝初始尚有犹豫,但李光地也极赞成张廷玉的进谏。

李光地对康熙帝说:"凡在南书房当值者,先有天纵之才。而尤其关键者,须人品可信,没有野心。这点张伯行是万无一失的。"

康熙帝听过之后,方始下定决心。于是颁下圣旨,着张伯行即刻前往南书房当值。

张伯行接旨之后,回到府中,心内依旧不能平静。

而朝中以李光地、张廷玉为首的一干重臣皆来府中恭贺。

(二)张伯行、陈鹏年饮酒论清官

"飞来峰上千寻塔,闻说鸡鸣见日升。"转眼间,张伯行已在南书房当值一月有余。

北方最冷的时候已经逐渐过去,气温渐次升高,京城近郊放风筝的人也慢慢多了起来,一切都预示着春天就要来了。

这一日,张伯行正在书房读书,门外家人过来通禀,说外面有人来访,是苏州知府陈鹏年。

张伯行闻言一愣,继而欣喜若狂,一边对家人喊着"快快有请",一边疾步出门相迎。

张伯行来到门外,见一人身着青布长衫,衣着朴素,一捧胡须胸前飘洒,虽须发已白,但精神极好。

张伯行突见故友,内心的惊喜实乃言语不能形容。

陈鹏年看到张伯行正欲施礼,却被张伯行一把拉住,说道:"沧州,你如何来到了京城,实在是想煞我也!"

陈鹏年脸色之中也是甚为激动,说道:"大人,多日不见,你这白发可是又多了啊!"

张伯行笑道:"唉,老了,老了,我们都老了。"

说着话,两人携手进入客厅。

张伯行命家人将茶泡上,两人分宾主落座。

陈鹏年就将自己离开江南来到京城的原因、经过,简单给张伯行说了一下。

原来,大黑与大仪荡平匪巢以后,陈鹏年又细加审问。根据匪徒所供词之中的线索,又顺藤摸瓜,将沿海盗匪余孽肃清,且又重新加强苏州境内沿海海防。这次是专程来京向皇上复命。

陈鹏年知道张伯行已经当值南书房,故向康熙帝复命之后,马上就来拜访。

故友相逢,言谈甚欢,不知不觉,已到午时。

张伯行道:"沧州,你我苏州一别,杳无音信。而今却不邀而至,如他乡遇故知,喜从天降。难得有这样一个机会,今日中午你就哪儿也不要去了,我备下酒菜,今日不醉不归。"

陈鹏年也笑道:"多谢大人,说实话,我正有叨扰之意。这京城人生地陌,我也无处可去,若大人不招待我,陈鹏年恐要饿着肚子喽!"

说完之后,两人哈哈大笑。

家人备好酒菜,两人入席,边喝边聊。

张伯行将自己离开苏州来到京城,张鹏翮步步紧逼,自己险些被斩。多蒙皇上开恩,免除自己死罪,今又让自己当值南书房这些事情一一讲与陈鹏年。

陈鹏年听得唏嘘不已。

陈鹏年道:"张鹏翮大人为官清正廉洁,却不知为何如此?"

张伯行笑了笑,问道:"沧州啊,说起天下廉洁清正之官员,沧州以为,谁可真正当得起'清官'二字呢?"

陈鹏年略加思索,说道:"我听说李卫李大人为官清廉,不畏权贵,应该算得上当世之'清官'了!"

张伯行道:"李大人身居高位,且素有清正之名。奈何听闻其出身富豪之家,入仕之途并非通过科举考试,乃捐钱所得。只此一点,就当不起'清官'两字。"

陈鹏年又想了想,说道:"施世纶施公,秉公执法,勤于民事,可当得起大人所说'清官'二字?"

张伯行道:"施公政绩卓著,让人敬仰,连皇上也曾亲口赞誉,奈何其能够步入仕途,大多仰仗其父施琅之功,也算不得我心中之'清官'矣!"

陈鹏年笑道:"那依照大人之说,谁又算得上真正的'清官'呢?"

张伯行笑道:"读圣人之书,凭一己之力;为官时心系百姓,在野时心念国家。正如范公所言:先天下之忧而忧,后天下之乐而乐。居庙堂之高,则忧其民,处江湖之远,则忧其君。故真正论起这天下'清官',我以为唯有沧州与伯行罢了!"

陈鹏年听完之后,笑道:"大人,若说您是当世之清官,我自是认可。大人您为江苏巡抚之时,写下《却赠檄文》:一丝一粒,我之名节;一厘一毫,民之脂膏。宽一分,民受赐不止一分;取一文,我为人不值一文。一字一句,掷地有声,江苏百姓哪个不知,哪个不晓? 说起张大人,莫不挑指称赞。但我陈鹏年何德何能,能够当此殊荣?"

张伯行笑道:"沧州,你莫要谦虚。别人不知道沧州,我焉能不知? 你被授浙江西安知县之时,因三藩之乱,人口锐减,田园荒芜,水利失修。你到任之后,招回外流人口,安置外来垦殖荒地移民。对有田无主、田赋不符的,实行亭区制,每亭分为十区,设亭长两人,每区设区长两人。并亲自下田丈量土地,插签标号,编造清册。短短时间,民涨无数。我还听说当地有一姓徐之烈妇,冤死多年,你却抽茧剥丝,为其平反。在当地,沧州之行被誉为传奇。我还听说,你改革旧制,为百姓着想,禁止溺女,那些女子想不被遗弃且能够成人者,甚至都改姓陈。"

说完之后,张伯行看了一眼陈鹏年,接着道:"沧州,你的这些所作所为,试问朝野内外,有几个能够做得到啊?"

陈鹏年听过之后,深施一礼,说道:"大人,我之行为,只为百姓,并不图虚名。大人之言,让陈鹏年汗颜!"

张伯行道:"沧州此言,正是'清官'之举啊,心系百姓,不为虚名,唯有如此,方能为百姓所信! 唯有如此,方能为史册所记! 唯有如此,方能称之为真正的'清官'!"

陈鹏年不禁哈哈大笑,说道:"大人,若是让后人知道,两个老头在这饮酒之后,评论天下清官,且厚着脸皮,自封清官,是否会笑掉大牙?"

张伯行也不禁哈哈大笑。

"兄弟同心,其利断金。"张伯行举起酒杯,说道,"沧州,来! 继续喝酒。今日之言,皆为醉话,当不得真。我们只知仰不愧于天、俯不愧于地就行了!"

陈鹏年也举起酒杯,两人碰杯之后,一饮而尽。

不知不觉之中,两人已经聊至天黑。外面的夜色渐起,北京城的大街小巷开始被夜色笼罩。

（三）康熙帝论道圆明园

这天上午，天色晴朗，艳阳高照；杨柳吐绿，春风拂面。屋梁之间，小燕筑巢，呢喃有声。

北京城西近郊，奇山秀峰连绵不断，玉泉山、万寿山群峰耸立，万泉河、昆明湖湖泊相连，水面之上波光粼粼。

在挂甲屯北面，有一座园林。园林内雕梁画栋，流水环绕，杨柳依依，飞鸟嘤咛，这就是后来号称万园之园的圆明园。"圆"是指个人品德圆满无缺，超越常人；"明"是指政治业绩明光普照，完美明智。

只是此时的圆明园规模尚小，只有前湖、后湖、牡丹亭、天然图画等寥寥景观。

康熙帝不会想到，这座他亲笔赐名的圆明园，会成为大清王朝的一个缩影。当其建成时，即是大清王朝的极盛时期；当其没落时，大清王朝也走向衰亡。

康熙帝更不会想到，他脚下这座园林，日后会成为这个王朝耻辱的象征，甚至成为一个民族耻辱的象征。

且说康熙帝身着便服，正漫步在圆明园内。

身旁跟随着两人，一个是张伯行，另一个是陈鹏年。

眼望天空高远，耳听春燕呢喃，康熙帝回身对张伯行与陈鹏年说道："你们二人这几年在江南为官，江南风光华美，与北方景观相比如何？"

张伯行笑着回道："若说风光，当然是各有不同，臣之老家也属北方。北国风光，大开大合，有崇山峻岭，也有辽阔平原。而江南风光，秀美绮丽，有小桥流水，也有园林秀石。一个是大江东去浪淘尽的壮丽沧桑，一个是杨柳岸晓风残月的小鸟依人。各有其绝美迷人之处，很难说孰优孰劣！"

陈鹏年颔首赞同。

康熙帝笑道："这倒也是。记得朕当年征战噶尔丹时，草原戈壁，一望无垠，大漠孤烟直，长河落日圆，所写甚是。置身于其间，总让人感觉自身如此渺小。那种壮丽，非亲眼看到便不能体会。

"朕也曾数次前往江南巡查，江南之华美，也总让人留恋不舍。置身其间,朕真的愿意变成路旁的一株杨柳,与江南美景融为一体。

"不管是何种风光,皆是朕的天下,朕都须用心管理。风光可以不同,但百姓的生活却要无异。

"朕天下的子民皆要安居乐业,天下百姓皆知安守本分。无论士农工商,人人皆要懂得为人之根本。为父母之子女者,皆要懂得身体发肤皆父母所赐,成人之后须要懂得孝悌之道;为国家之子民者,皆要懂得身边财物皆国家之供给,常思国家之恩,常有报国之志;为臣者,须要廉洁奉公,为百姓着想,常做教化之行,方能使民风淳朴;为君者,亦当如此,切不可贪图享乐。生活安逸会让人忘记自己的根本,忘了自己的初心。"

张伯行与陈鹏年听康熙帝侃侃而谈,皆暗暗称赞,皇帝真乃是一代之明君!

康熙帝看了看大门口悬挂的那个匾额,上面写着三个大字——圆明园。

康熙帝回身看着张伯行与陈鹏年,又问道:"两位爱卿,可知这匾额是谁题写?"

张伯行抬头看了一眼,回道:"万岁曾经给臣写过匾额,故臣能够认出,这乃是皇上御笔。"

康熙帝笑了笑,说道:"朕忘了,朕的确为张爱卿写过牌匾,也曾为张爱卿题过扇面。张爱卿既然知道是朕所写,那张爱卿可知这几个字抒写了朕何种情怀?"

张伯行躬身道:"恕臣愚昧,臣不能猜出!"

康熙帝曰:"圆而入神,君子之时中也;明而普照,达人之睿智也。朕希望朕的天下,从君主到大臣人人皆能品德圆满,超越常人。惟其如此,君臣协力,方能使我大清王朝明光普照,千秋万代!"

康熙帝又略微沉吟一下,说道:"只是,朝中诸臣,这样的人还不多。能够如两位爱卿者,已属凤毛麟角了。"

张伯行与陈鹏年急忙躬身施礼,说道:"皇上过誉,臣等实不敢当!"

康熙帝看着远方,似乎是在对两人说话,又似乎是在自言自语:"朕手下是人才济济,但人人皆为自我,又有谁真的一心为国、一心为公啊?"

康熙帝突然笑了笑,回身对两人说道:"两位爱卿,朕忽然想起一事。朕记得你们两位都曾经被朕免官,是也不是?"

张伯行与陈鹏年对视一眼,施礼道:"确有其事。"

张伯行在江南科举一案及弹劾牟钦元一案中,两次被康熙帝革职。

而陈鹏年任江宁知府时曾下令封闭妓院,并将其改为讲堂,悬榜曰"天语丁宁"。每个月都会安排南京的文化名士,在这里给普通百姓宣讲圣谕,教化众生。

此事被噶礼知道,就借题发挥。噶礼给康熙帝上疏,说在此等肮脏龌龊之地宣讲圣谕,是对吾皇陛下的亵渎,属于大不敬,按大清律当被处死。

康熙帝看到这份奏折后,十分震怒,马上将陈鹏年投入大狱,打算将其处死。

康熙帝看着两人,说道:"朕记得两位爱卿被免官投入牢狱之时,江南百姓做出相同的举动,那就是江南百姓都自发为两位爱卿求情。朕记得江南百姓农者罢耕,商人罢市,群情激愤,静坐示威,强烈要求释放两位爱卿!"

张伯行与陈鹏年相互看了一眼,同时躬身施礼说道:"惭愧,惭愧,惊扰圣驾,臣之罪也!"

康熙帝脸色突然严肃起来,说道:"百姓之心,不可欺也!人曰:百姓乃愚民,那就大错特错了。百姓的眼睛是雪亮的,最能够分辨忠奸。天地之间有杆秤,那秤砣就是老百姓,孰轻孰重,他们自己心里最明白。大凡廉吏,皆得百姓之心。朕希望这样的廉吏能够更多些,这样朕的天下百姓皆能归心,朕的江山何愁不稳。这是朕的心愿,朕也相信,这是天下百姓的心愿!"

张伯行与陈鹏年皆跪倒于地,齐声说道:"皇上真乃千古明君,大清有皇上为君,百姓之幸,天下之幸也!"

(四)张伯行想起和纳兰性德相聚的日子

雾霭沉沉,夜色弥漫。虽然已经到了春天,但是北京的夜晚却依旧有些寒冷。大街小巷之中,行人神色匆匆,渐渐稀少。偶尔有人经过,也是匆匆忙忙赶往家中。

南书房一个房间内,烛光摇曳。摇曳的烛光将一个高大且略显瘦削的身影映照在窗棂之上。房间内,张伯行端坐在靠窗的一张书案之前,一个人在发呆。

这张书案长八尺有余,宽三尺见方,高二尺有六。由上等红酸枝精工打造而成。横通四个抽屉,左右各二,余下悬空。虽无精雕细刻,却也简洁大方。桌面右前方,红木笔架上挂着几支湖笔,旁边的端砚似乎有一段时间没有用过,里面的墨汁已经干涸。

不用说,这些都是纳兰性德当年用过的物品。

自康熙二十四年的那场聚会,至今已有三十年整。张伯行做梦也没有想到,三十年之后,自己能坐到纳兰性德坐过的桌椅上。

三十年,物是人非,沧海桑田,许多人日渐消失,许多事已经遥远。而那场聚会,却一直萦绕在张伯行的记忆之中,非但没有消失,反而随着时间的推移,越来越清晰,越来越明了。

乙丑那年,年仅三十五岁的张伯行辞乡别雏,进京赶考。没人知道风华正茂意气风发的张伯行当时想了什么,只知道他洋洋洒洒、汪洋恣肆地写下一百多首诗,后来编辑成一本诗集《我是你梦中的东京少年》,收录到《正谊堂文集》里面。

二月会试,张伯行文章醇正典雅,不随时俗;字体飘逸俊秀,师出名门。中陆肯堂榜第十五名。

三月殿试,张伯行引经据典,古为今用,起承转合,一气呵成,众多学子里面第一个交卷,唬得个主考官目瞪口呆。最后,因其交卷过早,失于恭敬,名次从二甲第七名,往后调至三甲第八十名,赐进士出身。

刚调至京城为官的王原祁得悉结拜兄弟张伯行金榜题名,欣喜万分。康熙十九年(1680年)冬,三十八岁的王原祁任直隶顺德府渚阳县知县,在职五年,政绩卓著。公余之时,他用三年时间绘制完成了《溪山高隐图》巨幅画卷,有"一幅画、一知县、一座丰碑"之誉。巨作完工,兄弟登榜,双喜临门,遂邀请好友纳兰性德、曹寅、陈维崧,还有人称云郎的徐紫云,至京师"皇茶苑"听戏品茶,饮酒赋诗,以示祝贺。

张伯行记得,席间,徐紫云还吟唱过纳兰性德的《人生若只如初见》之后,还触景伤情,又吟唱一首《浣溪沙·我是人间惆怅客》:

残雪凝辉冷画屏,落梅横笛已三更,更无人处月胧明。

我是人间惆怅客,知君何事泪纵横,断肠声里忆平生。

忆当时,陈维崧禁不住泪流满面,半碗黄酒一饮而尽。他对纳兰性德说道:"纳兰兄,这首词过于哀伤缠绵,让人不忍卒读。其实,我更喜欢那首《长相思·聒碎乡心梦不成》:

山一程,水一程,身向榆关那畔行,夜深千帐灯。
风一更,雪一更,聒碎乡心梦不成,故园无此声。

此时的张伯行,想起在开封京古斋与王原祁焚香结拜,想起去诗云书社寻陈维崧而不遇,想起纳兰性德跪求康熙帝开恩从宁古塔放还吴兆骞,想起每到关键时刻曹寅对自己的帮助,心里面充满着崇敬之情。他觉得:无论居庙堂之高,抑还是处江湖之远;无论是达官显贵,抑或者一文不名;无论是山重水复,抑或是柳暗花明,这些人都不是蝇营狗苟之辈,都不是贪图名利之徒,都不会坐而论道、夸夸其谈、争论埋怨、患得患失、揽功推过,都会用一己之力为社会、为他人,踏踏实实干事,清清白白做人!

只是谁也没想到,那次聚会,纳兰性德是抱病而来,一醉一咏三叹,而后一病不起。七日后,溘然而逝,年仅三十有一。

每每至此,张伯行都痛心疾首,不能自已。如果那天不让纳兰性德参加聚会,如果不让他饮那么多酒,如果酒后直接寻医救治,他该不会走得那么早吧?!

而今,纳兰性德已经走了三十年,父亲明珠在纳兰性德去世仅仅三年之后,以结党营私、排斥异己之名,被康熙帝罢黜大学士之职,交给侍卫酌情留用,家族从此一落千丈。

陈维崧身世飘零,云游四方,与朱彝尊、冒辟疆、王士桢等文人雅士诗酒人生,风花雪月。之后,他携云郎归隐于江苏宜兴老家,写下"莫怪君王勤割袖,漫同罗倚浣春纱""江南红豆相思苦,岁岁花前一忆君"等缠绵诗句,驾鹤西去。

徐紫云日下胜流,震其声名,争欲一聆佳奏;南腔北播,多摹其音。于是,京邑剧风为之一变。也许是"红颜薄命",徐紫云仅仅得年三十又二,云天雾地,不知所终。

生前声名显赫的曹寅,为人风雅,喜交名士,通诗词,晓音律,也于康熙五十一年病逝于扬州。也许是他心中早有预感,走时一直放心不下。不是因为银两亏空,而是卷入最让人心悸的太子之争,最终被抄家,雨打风吹去。

王原祁以画供奉内廷,与王时敏、王鉴、王翚并称"四王",形成娄东画派,左右清代三百年画坛,成为正统派中坚人物。在参加宴会的几个人中,王原祁改翰林,累官少司农,享年七十有四,算是高寿之人,不过也于日前仙逝。

掐指一算,在京师"皇茶苑"聚会之人,竟只剩下自己。张伯行独木成林,孑然一身,顿时有一种"拔剑四顾心茫然"的苍凉与悲壮!

(五)吃了个闭门羹,张伯行只好郁郁而归

陈鹏年在京城逗留数日,诸事完毕之后,就要取道赶回江南。

张伯行为陈鹏年送行时,想起前些时日与大黑、大仪告别的情景,一种悲凉之情瞬间弥漫整个身心。

张伯行从路旁折下杨柳一枝,放在陈鹏年的车上,说道:"今日也学学古人,折柳相送。此次一别,又不知何时方能相见。山高水长,沧州一路保重!"

陈鹏年拱手道:"大人请回!送君千里,终须一别。若江南有事,只须书信一封,陈鹏年必尽全力效劳。"

张伯行道:"上次大黑前往江南追杀张令涛,多蒙沧州援手。若非沧州帮忙,大黑恐怕有去无回了。张伯行这里谢过了!"

陈鹏年道:"大人,说哪里话!苏州本是归我管辖,我治下出现盗匪,大黑与大仪两位壮士前往剿匪,乃是助我一臂之力。若要说谢谢,陈鹏年还要谢谢张大人,谢谢大黑与大仪!"

说到此处,陈鹏年道:"说到大黑与大仪,大人,此次在京城数日,为何不见两位壮士?"

张伯行一听,神色黯然,缓缓看着东方,说道:"大黑与大仪忍受不住官场束缚,自江南回来以后,就辞别回老家仪封了。"

陈鹏年道:"原来如此。那大人身边没有两位壮士保护,以后要多加小心才是。"

张伯行神色有些委顿,缓缓说道:"哎,这般年龄,恐以后就要终老京城了。天子脚下,谅那些奸人也不敢造次。倒是沧州,依旧在地方为官,凡事小心为上。"

陈鹏年拱手致谢,说道:"多谢大人挂怀!"

而后,陈鹏年稍顿片刻,说道:"大人,陈鹏年有一句话,不知当不当讲?"

张伯行笑了笑,说道:"沧州如何这般客气,但讲无妨!"

陈鹏年道:"既然如此,那我就直言。大人与张鹏翮张大人交恶之事,朝野俱知。但我以为张鹏翮大人也是忠臣,其所作所为,有时身不由己。且朝野上下,人人皆知张鹏翮大人乃您的恩公。当年正是张大人举荐,大人您方始为朝廷所知。故在下以为,大人是否找机会与张大人和解。若能冰释前嫌,也算是千古美谈。"

张伯行说道:"沧州,张伯行虽然老迈,但这些事情焉能不知?只是前些时日,我也曾屡次拜访张大人,奈何张大人皆以身体不适为由,闭门不见。等再过几日,我再去拜访于他。若能与他尽释前嫌,也是我张伯行求之不得之事。"

陈鹏年道:"如此好极。大人,我们就此别过吧!"

说完之后,陈鹏年登上马车,顺着官道一路向南而去,渐渐成为一个黑点,消失不见。

且说自那天大黑与大仪将唐不语的尸体送至府上之后,张鹏翮强撑着安排好后事,竟似老去几十岁一般。润朗的脸颊明显消瘦很多,且无半丝血色。眼窝深深凹陷下去,迷茫而无光。须发尽白,走起路来,飘飘摇摇,若一片纸飘在风中一般。

其夫人和丫鬟唐小雪自然也极为伤心。尤其是丫鬟唐小雪,更是悲痛欲绝,身体一下子就垮了。她躺在病床之上,只觉得浑身无力,精神萎靡不振,眼前总是浮现出唐不语幼时的情景。可是,每次唐小雪用力摇摇头,瞬间回到现实,不由得泪水横流。为什么自己的侄子说没就没了呢?

张鹏翮自己也知道,唐不语的死跟张伯行没有丝毫瓜葛,但却始终难以释怀。朝中同僚前来探望时,也会说到张伯行。说张伯行最近可谓春风得意,不仅被免去死罪,还被派往南书房当值,深得皇上信任。听着这些话语,张鹏翮内心更加不快。

就这样，每天胡思乱想，这病竟一直不见好。宫里太医来过多次，也给他开出很多药方，竟似毫无效果。太医屡次告诫张鹏翮，不要再生气动怒，保持心情愉悦。至少要保持心情平静，身体才能慢慢好起来。所谓气则攻心，切不可再动气。

但张鹏翮哪里能够平静下来呢？

这一日，张鹏翮感觉身体好像有些力气，且院子里春光明媚，让人身心舒爽许多。于是，就挣扎着从病床上起来，拄着拐杖，在院子里来回散步。

正在此时，家人前来通禀，说南书房张伯行前来探视。

张鹏翮听到"张伯行"三个字，心内就不觉来气，又听得"南书房"三个字，更加难以忍受。张鹏翮挥手道："就说我正在用药，不能下床，也见不得客人，且让他回去吧！"

家人只好走出院子，来到府门外。

原来，张伯行自那日与陈鹏年告别之后，一直念叨着陈鹏年临别之时的叮嘱。

这一日，张伯行见天气甚好，且南书房公务暂时不忙，决定再次拜访张鹏翮，希望能与张鹏翮当面一谈，冰释前嫌。

张伯行令家人备好轿子，前往张府。

但张伯行在门外等了许久，那名进去通禀的家人终于从府中走出，对张伯行深施一礼，说道："张大人，对不起您，我家老爷正在用药，不宜见客。先生屡次交代，说我家老爷不能动气，张大人您还是回去吧！"

那名家人说得明白，张鹏翮见到张伯行就会生气，一生气病就会加重。

张伯行无奈摇摇头，又轻轻叹口气，只好郁郁而归。

十
户部侍郎

（一）张伯行奉旨担任仓场侍郎收储漕粮

街道两旁的树叶渐渐变黄了。一阵秋风吹来,树叶宛若蝴蝶一般翩翩飘落,大街之上,铺上一层金黄。

空气异常清新,蓝色的天空显得格外高远。天空之上,飘着朵朵白云。紫禁城内,朱红色的建筑在蓝天之下显得格外醒目,也格外耀眼。

乾清宫内,康熙帝脸上荡漾着愉悦之色。

原来,前几日户部来报,说今年风调雨顺,大多数地方农业丰收,故这几日康熙帝显得异常兴奋。往年皆是水患不断,今年难得黄河之水比较安静,老天爷也赏脸。

康熙帝看着面前的几位大臣,笑呵呵地问道:"几位爱卿,你们且议一下,今年京城近郊收粮,派谁比较合适、稳妥?"

李光地、张廷玉、陈廷敬等几位大臣看皇帝心情愉悦,也自然比较放松。大家议论纷纷,各自说出自己心中的人选。

议了半日,康熙帝曰:"往年收粮因有些大臣贪欲,总会生出一些事端。今年收成这么好,委派谁去收粮,定要慎重。几位大人适才都举荐了朝中几位重臣,朕倒想得一人!"

几位大臣同时问道:"万岁想到何人?"

康熙帝曰:"收粮之事,定要觅一位没有私心的大臣,故朕想到南书房当值的张伯行,几位爱卿,意下如何?"

李光地首先笑道:"适才万岁说想到一人,微臣料想应该就是张伯行,果然万岁说出了张伯行的名字。微臣觉得,张伯行定能完成这项使命。人人皆说张伯行比较执拗,这件事必须如张伯行这样的执拗之人方能顺利完成。"

其余几人也皆附和。

康熙帝曰:"既然如此,传朕旨意,即日委任张伯行为仓场侍郎,前往京郊收储漕粮!"

且说张伯行领了圣旨,不敢在府中逗留,即刻出发。

到京郊粮仓,只见百姓拉着粮车排着长长的队伍,在等待查收缴纳。远远看去,队伍蜿蜒延伸,若一条长长的巨龙。

因为今年丰收,百姓的脸上皆有喜色,不时从人群中发出几声爽朗的笑声。

看到这种情景,张伯行也兴奋异常。他心道,老天佑我大清,使得今年风调雨顺,百姓皆有所养,实乃幸事。

张伯行来到队伍最前面,几名卫士把守着粮道,另有两名公差查收着粮车中的粮食。细细看着,只见那两名公差对过往的每辆粮车大多粗略一看,就挥手放行,粮车吱吱扭扭被拉进粮仓。

张伯行看了片刻,就走上前去。两边的卫士刚要拦阻,张伯行身后的便装随从厉声喝道:"此乃万岁爷钦派仓场侍郎张大人,汝等胆敢拦阻?"

张伯行轻轻挥手,对身后两人道:"莫要如此声张。"

两人急忙退后噤声。

那几名卫士听闻面前长者乃仓场侍郎,只唬得面如土色,一个个急忙跪下,磕头如捣蒜一般,口里喊着:"小的有眼不识泰山,不知张大人到来,请张大人恕罪。"

张伯行道:"你等且起,不知者不罪,你等也不知我来。收粮重地,本不允许闲杂人等进入,故拦阻得对。"

那几名卫士听闻之后,面面相觑,皆不相信是这位大人说的话。往日里那些上司前来皆是前呼后拥,对待粮仓当值人员素没有好脸色,今日这位大人却有些不一样。

几名卫士急忙站起来闪在一旁,对身后几名公差喊道:"张大人前来,请诸位闪一下!"

众人闻听,急忙闪在两旁,且肃然而立。

张伯行看着其中一人,微微一笑,问道:"我且问你,这里谁是头?"

其中一名公差模样打扮的人急忙出列，拱手施礼道："小的李顺旺见过张大人。"

张伯行看着眼前的李顺旺，只见此人身着黑色公差服装，身高八尺开外，络腮胡须铺满脸庞，神色之间有些凶恶之感。

张伯行端详片刻，问道："李顺旺，这里粮仓的查收工作都是你负责吗？"

李顺旺道："正是！"

张伯行道："那本官且问你一下，你身后车内的粮食皆是你严查之后，运往粮仓储放之用，是也不是？"

李顺旺再次施礼说道："诚如大人所言，这些粮食都是要运走的。"

张伯行又问道："全部查验完毕了？"

李顺旺的脸上闪过一丝不安，但瞬间即恢复如常。

李顺旺道："回大人，全部查验完毕。"

张伯行缓缓来到一辆车前，对身旁的两名公差说道："将粮食搬下，本官亲自查验。"

两名公差将数袋粮食搬下，张伯行又令解开口袋，张伯行连续查看几袋皆无异样。

张伯行看到车里最底层尚有两袋粮食，张伯行过去用手一摸，神色略变。回身道："打开！"

旁边的李顺旺神色突然开始紧张起来。

口袋打开，只见口袋内粮食掺杂有近一半的米糠。

张伯行缓缓回身，看着李顺旺。

李顺旺早吓得体如筛糠一般，急忙跪下道："小人不知这次米糠从何而来，请大人恕罪。"

张伯行看了一眼李顺旺，又看了一眼周围的人，缓缓说道："不知这些米糠是从何而来？我相信百姓绝不敢以次充好。可如果百姓交的是好粮，却为何到这里又变成这般模样？"

张伯行又接着说道："来人，把李顺旺的官服扒下，押入大牢！"

李顺旺"扑通"跪倒，高声喊道："大人，大人，请大人恕罪啊，我以后再也不敢马虎大意了。"

张伯行也不搭理李顺旺，挥手喊道："押下去！"

早有几人上来，将李顺旺押下。

张伯行又看了一眼适才拦阻自己的那名卫士，问道："你叫什么名字？"

那人急忙跪倒，说道："回大人，小的赵德才。"

张伯行道："从现在起，由你负责查验过往粮车！"

赵德才有些惊愕，停了片刻，方始明白过来，急忙磕头道："多谢张大人信任。"

张伯行又回身对众人道："百姓辛苦一年，方有如此收成，而后还要上缴国家，实属不易。我等若马马虎虎，以次充好，且中饱私囊，如何对得起百姓一年辛劳，又如何对得起皇上信任？若是日后遇到年成不好，需要国家开仓放粮，到百姓手中却是这样的粮食，我们良心何安？若是这样的粮食被运到边防，戍守边疆的将士却要吃这样的粮食，天理何在？"

说完之后，众人皆为张伯行鼓掌。

当日晚间，张伯行正在房间里看书。忽然有人通禀，说穆和伦大人来访。

张伯行有些奇怪，心道："自己与穆和伦素无往来，今日为何来访？"

张伯行道："有请穆大人！"

不一会儿，穆和伦进来，看到张伯行急忙拱手道："张大人好雅兴，天色这么晚，还要勤学不倦。"

张伯行放下书本，急忙回礼道："穆大人前来，有失远迎。"

两人落座之后，张伯行道："穆大人，无事不登三宝殿，今日前来，可有事？"

穆和伦干笑两声，说道："既然张大人直截了当，那穆和伦也不隐瞒。今日白天，张大人责罚之人乃我家亲戚。李顺旺有些年轻，不知其中厉害，但我在户部多年，李顺旺平日极为尽责。还望张大人给老朽一个薄面，给他一个机会。"

张伯行抬眼看了一下穆和伦，拱手说道："穆大人既然在户部已久，也定晓得查验粮仓之事极其重要。把守不严，于国于民皆为有害。若此事就这样不了了之，我张伯行如何对得起天下百姓，又如何对得起万岁信任？实在是不好意思啊，穆大人，此事本人恕难从命。"

穆和伦闻听此言，脸色突变，厉声道："张大人真的不给老朽这个薄面？"

张伯行拱手道："恕难从命！"

穆和伦站起身来，一甩官袖，说道："告辞了！"

张伯行站起来，说道："穆大人走好，恕不远送！"

（二）遏制奢侈，节省米粮，不至于让百姓忍饥挨饿

自从张伯行当众处置李顺旺之后，粮仓当值人员皆不敢有丝毫大意疏忽。尽管如此，张伯行依旧每日认真检查，凡事皆要亲力亲为方放心。

这一日，天色已晚，张伯行却始终不能入眠，于是披衣坐起。外面星光摇曳，偶尔打更之人经过，嘴里喊着"小心火烛"之类的话语。

张伯行索性穿衣起床，信步而出，走着走着就来到了粮仓。

粮仓值班房间内，灯光闪烁，张伯行心内稍安。粮仓看护要求晚间也须时刻有人值守，不能有一点懈怠。

张伯行来到门外，听得里面传出当差人的话语。

一个道："老李，喝了这杯酒，我们再去查访一番。不然出了事端，咱那位张大人怪罪下来，我们可吃不了兜着走。"

另一个声音略粗的人回答道："也好，我们干了此杯，就去巡视。"

张伯行走到门外，轻轻叩打门环。

里面有人喊道："谁啊，这么晚还敢接近粮仓？"

说着话，有人站起开门。

开门的是那位老李。老李抬头一看，急忙跪倒："不知张大人巡视，小人该死。"

里面那位一听，也急忙跪倒于地，嘴里高喊着："大人恕罪！大人恕罪！"

张伯行看了两人一眼，又看了一眼桌上的酒菜。

两人看到张伯行的目光在酒菜上闪过，神色间不禁有些紧张。

老李上前一步，道："大人，只因秋冬时节，天气寒冷，故我等喝酒取暖，万望大人恕罪！"

张伯行温言道："今日这事，且不再追究你们两人的责任。适才我在门外听到你们二人言论，你们尚知尽责，这点甚合我心。但作为粮仓管理，不得饮酒，这是我初至此处时立下的规矩。立此规矩，原因有二：其一，粮仓重地，乃国之根本，当值期间酒醉最易误事。若有闪失，莫说你们两人，就是我张伯行

也担不起这个责任。其二,我们的职责就是为国家看粮,须要懂得酒乃粮食所酿,每酿一斤酒皆要大量粮食。古人曰:'清醴之美,始于耒耜。'汉代先贤上虞王充在《论衡》中写了《禁酒》《备全》等篇章,就是希望上下崇尚节俭,遏制奢侈,节省米粮,不至于让百姓忍饥挨饿,流浪他乡。今日看在你们二人饮酒不多且尚尽职责的份上,暂且饶过你们,下次勿要违抗。不然,定要重责!"

两人连连磕头,感恩不尽。

张伯行离开,继续巡视其他地方。

屋内两人,汗如雨下。

又过一日,张伯行午饭以后,照例带人前往粮仓查看。

忽见一人从粮仓内走出,边走边与身边之人打招呼,众皆回应。

张伯行认得此人,乃是粮仓看管赵磊生。

赵磊生见到张伯行急忙施礼道:"见过张大人!"

张伯行看了一眼赵磊生,问道:"赵磊生,这是去做何事?"

赵磊生急忙答道:"张大人,换班之人已到,我今日当值已经结束,故要回家歇息。"

张伯行又看了一眼赵磊生,赵磊生被看得心里有些紧张,急忙再次施礼道:"张大人,可还有事? 若无事,我这就回去了。"

张伯行缓缓说道:"赵磊生,你且回到粮仓,将衣服上所沾米粒全部拍打干净,而后再回家不迟。"

众人仔细一看,原来赵磊生的裤子上沾有米粒,裤脚挽起之处,也有许多米粒。

赵磊生脸上涨得通红,急忙跪倒:"大人,小人不小心沾得米粒,实乃无心之过,万望大人恕罪。"

张伯行摆手道:"无妨,本官也知道你乃无心,以后切记就行。"

赵磊生急忙转身前往粮仓。

张伯行离去,众人议论纷纷,七嘴八舌,皆说,我们这位大人,掌管近郊这么大的粮仓,每日入仓何止千万,却为何这般抠唆,锱铢必较,实在让人不能理解……

正在众人议论之时,一人抬头,急忙噤口。众人回身一看,却见张伯行又回身而至。

众人脸上皆显紧张之色。

张伯行看着众人，缓缓说道："适才大家所言，我张伯行之前也有耳闻。我记得幼时读书，读到过这样一则故事，且说与大家一听。

"宋朝时，张乖崖是崇阳县县官。一次，他看见一个管理仓库的小吏从仓库出来时，顺手将仓库里一枚铜钱放进了自己的口袋，立即派人把这小吏抓来追问，下令用棍棒拷打。小吏心里不服，大声嚷道：一枚铜钱有什么了不起？为什么对我这么凶狠啊？张乖崖听了，拿起笔来写了一条批语：一日一钱，千日千钱；绳锯木断，水滴石穿。汝等可知，这是何意？"

众人皆默然不应。

张伯行又缓缓说道："我知你们心内仍不能接受，但是若天下百姓，人人皆能省下一粒粮食，那么每日省下的粮食何止千万？他日某地遇到灾荒，这一粒粒粮食又可救活多少生灵？汝等父母家族之内，定有不少在家耕种田地者，想必也一定知晓耕作之苦。孩童尚能背出'谁知盘中餐，粒粒皆辛苦'这样的诗句，为何我等长大以后，却又忘却曾经对孩童的教诲呢？古人云，聚沙成塔，集腋成裘。每一粒粮食皆关乎每一条生命，又关乎诸位每个人之名节，万望不要再轻视之。"

众人跪倒于地，皆叹服不止。

（三）顺天乡试主考让康熙帝慎之又慎

康熙五十六年丁酉（1717年）秋天，这一年的顺天乡试又要拉开帷幕。

清代乡试是省一级大规模的选拔性考试，是科举考试过程中竞争最为激烈、影响最为深远的一级考试。清代顺天府为京师畿地，地处全国的政治中心，所以其考试备受世人瞩目。

这一天，阳光甚好，天高云淡。间或有风吹过，却没有冷的感觉。

乾清宫内，康熙帝眉头紧皱，面前几位大臣正在争论。康熙帝挥了挥手，几人瞬间安静。

康熙帝曰："朕每每思及父皇顺天乡试一案，就会不寒而栗。朕希望给国家选拔更多人才，但朕绝不愿意看到有些人营私舞弊，让真正的人才漏选；更不愿意考榜发布之后，让天下举子诽谤。朕记得有一次乡试，并无作弊之事，但只因举子不服,使得当年主考官蒙冤致死,朕每每想起也会自责不已。几位爱卿斟酌一下,看朝中哪位大臣能够担当此事?"

康熙帝又稍微停顿了一下,说道:"按照往年惯例,今年顺天乡试主考官应为上一次状元王敬铭,只是朕已着王敬铭前往江西主持乡试。朕思索再三,始终没有想到合适人选,需要几位爱卿替朕斟酌一下!"

陈廷敬上前一步,躬身施礼道:"万岁,微臣想到一人,不知可否?"

康熙帝曰:"且说来一听!"

陈廷敬道:"若想考场之内弊绝风清,担任主考之人定要耿直无私,且不畏权贵,朝中一人可担此重任。"

康熙帝闻听,笑着说道:"陈爱卿,你是否又要推举张伯行?"

陈廷敬哈哈笑道:"微臣的心思瞒不了圣上!"

康熙帝曰:"张伯行在户部做得极好,朕也甚为满意。若着张伯行担任此次乡试的主考,定能服众!"

康熙帝看了面前的几位大臣问道:"若使张伯行担任此次主考,诸位爱卿可有异议?"

几位大臣施礼,皆言无异议。

康熙帝曰:"既然如此,传朕旨意,着张伯行担任顺天乡试主考官。"

这日晚间,秋风有些萧瑟,月亮却甚为明亮、皎洁。

张伯行接到了圣旨,将户部相关事宜交接一番,回到了自己府中。

张伯行坐在书案前,一边看书一边思索乡试之事。

突然,门外家人来报,说外面一人自称是仪封老家的,前来拜访。

张伯行一听是仪封老家的人,急忙说道:"快快有请!"

不一会儿,从外面进来一人。年龄有四十多岁,衣着华丽,体态富贵,一看就知是上等人家。

张伯行端详了半天,却印象全无。

张伯行奇道:"你是何人,为何自称我老家那边的人?"

那人上前一步,躬身施礼道:"哎呀,张大人,您是贵人多忘事啊,我是仪封县城杨全礼,我记得张大人您当年中举之时,我年纪尚小,但跟着我的姑父去府上庆贺的时候见过大人。我的姑父名叫杨华中,张大人有印象没有?"

张伯行想了一下,似乎有这么一个人。

那人又道:"后来我随姑父来到京城经商,在此娶妻生子,就不曾再回过老家。早听说张大人在京城为官,但一直不敢前来拜访。"

张伯行心想,既然是老家的人,不能过于怠慢,急忙吩咐家人搬来凳子,并倒上茶水。

张伯行语气中极其客气,问道:"今日前来,可有什么事情需要张伯行帮忙吗?"

那人看了一眼旁边的家人,张伯行有些奇怪,但也没有多想,只是挥了挥手,令家人离去。

那人看房中无人,说道:"张大人,我听人说今年顺天乡试,您是主考官,对吧?"

张伯行有些惊诧,心想:我上午方才接到圣旨,他为何能知道得这么快?

张伯行脸上却依旧如常,问道:"是不是又当如何?"

杨全礼上前一步,低声说道:"张大人,我膝下有一子,今年二十有六,在京师的金台书院读书十余载。今年乡试,听闻大人担任主考,所以,我借着老乡旗号斗胆问问大人,能否帮忙?"

张伯行依旧不动声色,说道:"杨全礼啊,我亦不负责出乡试之题,哪里能够帮得到你?"

杨全礼道:"张大人,只需改卷时,能稍微照顾一下就行。"

张伯行道:"杨全礼,你儿子既然参加今年乡试,那么批改考卷的事情也应该了解。时下试卷皆按照糊名制与誊录法,考官又如何能够帮到你?"

杨全礼神秘地说道:"不瞒张大人说,我是请教了高人才来的。有人教我一个方法,只在起承转合之处用固定的虚字,大人若是有心,定能找到犬子的试卷。"

说着话,杨全礼从袖内拿出一个精致的盒子,呈给张伯行,说道:"张大人,此乃我花重金从南海买回的一颗夜明珠,我不敢说价值连城,但绝对是稀世之宝,望大人笑纳。"

张伯行看了一眼杨全礼,微微一笑,说道:"杨全礼,既然我们是同乡,你就应该明白我的为官之道。在你心中,这夜明珠乃是稀世珍宝。殊不知,在我的心中,还有一颗珍珠比你这夜明珠珍贵百倍!"

杨全礼道:"大人,您所说的珍珠是何物,只要您想要的,我定能想办法拿到。"

张伯行笑着指了指自己的胸口,说道:"就是我的心啊！杨全礼,你可曾听说过子罕论宝的典故?《左传》记载,宋襄公十五年,有人得到了一块洁白无瑕的美玉,便立即跑去献给大夫子罕。子罕说:'美玉是你的宝贝,不贪是我的宝贝。假如我收了你的宝贝,那么咱俩就都没有了宝贝,你还是拿走吧。'"

张伯行接着说道:"念在你我同乡的分儿上,我不再追究你今日行贿之事。回去之后,让贵公子好好准备考试,切勿再去想这些鼠窃之事。"

一番话说得杨全礼脸上红一阵白一阵,只好讪讪退出。

顺天乡试顺利结束,张伯行不负众望,此次乡试无一例作弊之事,发榜之后,众考生皆无异议。

康熙帝听闻,甚是满意,传旨封张伯行为户部侍郎。

(四)康熙六十年辛丑(1721年)张伯行出任会试副主裁

康熙六十年辛丑(1721年),春二月,天气回暖,万物复苏,百花渐开,一年之计在于春,沉寂一冬的人们又开始忙碌。

康熙帝再次召见朝中几位重臣,商议会试一事。

康熙帝看一眼几位大臣,说道:"诸位爱卿,乡试已经结束,会试相比而言更为重要。故召几位再议一下,看朝中何人能够担任主裁?"

陈廷敬道:"翰林院王掞学识渊博,且为人正直,万岁以为如何?"

> 史载:王掞,字藻儒,号颛庵,江南太仓人,明代首辅王锡爵曾孙。康熙九年进士,授编修,官至文渊阁大学士,在宫中上书房给诸位皇子讲起居注。

康熙帝闻听,微微颔首道:"王掞各方面条件都甚完备,朕以为可。不过,谁能担当副主裁一职? 这副主裁更需耿直廉洁之人担任,方能起到辅助、监督之责。"

李光地道:"万岁,若说这耿直二字,那非张伯行不可。且张伯行刚刚主持过顺天乡试,对相关事宜也甚为熟悉,微臣以为张伯行可任副主裁!"

康熙帝不禁哈哈大笑,说道:"朕就知道诸位爱卿会想到张伯行,张伯行尚在户部,朕这就传旨,着张伯行担任此次会试副主裁!"

这一天清晨,张伯行用过早膳之后,正想着稍等片刻去拜访此次会试主考官王掞王大人,跟他商议一下会试中的注意事项。

张伯行正在思索之时,家人来报,说门外王掞大人来访。

张伯行闻听,急忙整理了一下衣冠,疾步出迎。

刚至门口,只见王掞正大步走来。张伯行急忙上前一礼,说道:"王大人,我正准备去您府中拜访,却劳您大驾亲自过来,伯行之罪也!"

王掞上前一步,也忙对张伯行还礼,说道:"张大人,颛庵素闻张大人之名,却不曾拜访。这次多蒙皇上开恩,令你我共事此次会试,才让颛庵得以与张大人相叙,乃我之幸也!"

张伯行急忙将王掞让到客厅。

两人分宾主落座之后,王掞看着张伯行说道:"万岁着我二人主持今年顺天会试,特地交代一定要公平公正,严禁出现舞弊徇私之行。颛庵听闻,张大人参奏江苏科举舞弊一案声震天下,想来张大人对科举舞弊之行也甚为了解。故今日特地向张大人请教,我们如何才能杜绝舞弊之行,让此次会试真正做到弊绝风清。"

张伯行听完之后,略一思索,说道:"王大人对此次会试所列之方案,张伯行也亦见过,窃以为已经极其完善。但张伯行尚有一议,本欲今日拜访大人说与大人一听,却没有想到王大人亲自过来。"

王掞闻听,急忙拱手道:"张大人,有何想法?"

张伯行道:"前几日我获闻考生一舞弊手段,即在文中起承转合之处用固定之虚字,而后再贿赂审阅之考官,使考官找出其试卷再给其高分。昨日晚间,我思虑再三,唯有一种方法可杜绝此行。"

王掞沉吟了一下,说道:"我也曾听闻过此种行径,不知张大人有何高见?"

张伯行道:"等到会试正式开始,容等考官入围后,即谕誊录官,凡'七艺'中破承开讲等虚字,概不誊写,以防关节。王大人以为如何?"

王掞听闻之后,不停地颔首,说道:"张大人此议甚好啊,我明日就面奏圣上!"

说完之后,王掞对张伯行又深施一礼,说道:"张大人此议,定会完全杜绝舞弊之行,对天下考生而言,真乃功德无量。"

张伯行又道:"王大人,我问一句题外话,大人家住何处?"

王掞说道:"吾乃江苏苏州府太仓人也。"

"敢问可是叔侄状元、四世一品的太仓王家?"

"正是。听说张大人是开封府仪封县人士,我祖上是北宋年间真宗时宰相,姓王讳旦,就在开封城东曹门外三槐堂居住。只是年代久远,沧海桑田,我也没有去过开封城。"

"那王原祁是你何人啊?"

"那是我侄子,只是比我年长三岁,我们还是康熙九年同榜进士。我的父亲王时敏共有九子,麓台的父亲王揆排行老二,我排行老八。"

张伯行起身一礼,说道:"小叔在上,且受愚侄一拜。"

王掞急忙还礼,问道:"张大人,这是何故?"

张伯行便将几十年前,在开封京古斋与王原祁相遇,情投意合,结拜兄弟,原原本本地说了一遍。

"我在江苏为官时,曾去府上拜会过麓台兄长。后恐因私废公,相见益少。"张伯行道,"康熙五十四年,我因牟钦元案罢官,进京自陈,性命难保。麓台兄驾鹤西去,未能亲往,想来痛心不已。"

听至此,想起王原祁的点点往事,王掞也面色凄然,说道:"我幼时羸弱多病,都是二哥带我求医。麓台虽为侄子,却长我三岁,处处呵护于我。年龄渐长,我们一起学画习文,刻印摹帖,一同求学,一同中举。只是他更率性,诗书画印,无所不精。"

次日早朝,张伯行把与王原祁曾结拜之事禀告皇上,言王掞与王原祁为叔侄关系,瓜田李下,自己回避一下为好。

谁知康熙帝一听,哈哈大笑起来,对张伯行曰:"朕岂能不知纳兰性德、王麓台你们三人之关系,无非就是文人之间气味相投而已,不足挂齿。朕就是让王掞你两个任正、副主裁,于公于私,自当尽职尽责,其余勿论。"

考场之上,张伯行带人亲临考场,逐一查看,不敢有丝毫懈怠。

会试之中,一考官看张伯行如此小心翼翼,不以为然,对张伯行道:"张大人,因何如此谨小慎微?"

张伯行肃言道:"科考乃是天下举子改变自身命运之最重要之途径,尤其对那些家境贫寒之士更是如此。若是国家把这唯一途径堵死,天下举子岂不寒心,天下百姓岂不冷心?何况,科举之最终目的是为国家选拔真正之人才。若给那些藏污纳垢之辈留下作弊之机,那我大清朝堂之上岂不变成藏污纳垢之所,江山又何谈发展,何谈长治?"

众考官闻听,皆钦佩不已。

王掞暗暗称赞,心想:众人皆说张伯行无私无畏,今日听闻,确然也!

只是时隔仅仅数日,王掞作为废太子胤礽之师,正值康熙帝大寿之际,再度请立二阿哥胤礽为储。康熙帝怒之,欲诛王掞,最终应谪戍以年老免行,由其子王奕清代戍西陲。

这是后话不提。

(五)张伯行教诲及第之人要昼夜孜孜如临渊谷

北京的春天总是不太容易把握,这边枝头刚刚吐露嫩芽,那边桃花已经绽放。与南方有些不同的是,虽然到了春天,但北京城上空还弥漫着些许寒意。

太阳升起,街巷中的人开始忙碌起来。摆小摊的,做手艺的,各家店铺相继开张。偶尔街头有些闲暇之人,相互见了面,用京味十足的话语相互打着招呼。

临近正午时分,竹溪茶楼内人声鼎沸。楼上楼下,小二跑个不停。

二楼靠窗的一张桌子,几位茶客边喝着茶,边天南海北地闲聊。一位四十岁上下、商人模样的人对旁边一人说道:"李爷,听说此次会试已经结束,江南才子王恪终于进士及第,不知是真是假?"

对面坐着一位五十岁上下的人。

那人道:"贤弟,你适才所说,我确有听闻。听说那王恪家学渊源,自幼聪慧异常,且极好读书,远近乡邻皆知其名。在江南应县、州童子试与府学诸试,皆名列第一。时人有诗赞之:一军人指无双将,三战功成第一仙。然而屡应江南乡试,皆以下第告终。后无奈之下改顺天府应试,结果竟然一试即中,今年会试又进士及第。"

> 史载:王恪,出自"五代七进士,叔侄两翰林"的嘉定王家,历任玉田、乐亭、大名县代理知县,调任唐县知县。

那位闻听,脸上艳羡不已。喝了一盏茶,而后问道:"这位王公子为何在江南屡试不第,却在顺天府乡试及此次会试中脱颖而出?"

那位李爷笑着说道:"若说这件事,需要提到朝中一位官员!"

说着话,李爷端起茶杯,呷了一口。

此时,已经有几位茶客围了上来,众人七嘴八舌地问道:"李爷,别卖关子了,速速说来,到底何人?"

那李爷笑了笑,脸上显出得意之色,说道:"若论真才实学,这王公子真个是天下无双,只是在江南却未遇到识才之人。此次顺天乡试与会试中,之所以能够蟾宫折桂,皆因张伯行张大人之故。"

围观的人群中有人说道:"这个张伯行张大人我也是听说过的,确实是一位古今少有的清正官吏。若是他主持此次会试,也定会选出真正有才学的人士。"

一旁其他人也纷纷发出赞同之声。

……

张伯行正在府中闭目养神,忽然门外有喧哗之声,便睁开眼睛,高声问道:"张安啊,门外何人喧哗?"

家人张安急忙跑进来,说道:"禀报老爷,门外几位及第士子前来府中拜望老爷。"

张伯行道:"既如此,且请他们进来。"

张安急忙出去,片刻之后,几位及第的士子来到张伯行面前躬身施礼。

其中一人四十多岁的年龄,身材中等,略略有些髭须,一口江南方言。那人上前跪倒于地说道:"张大人,生员王恪见过张大人!"

张伯行上前一步,急忙搀起王恪,说道:"我早闻你的大名,此次及第可谓众望所归!"

王恪道:"王恪在江南多次应试皆落第,此次应试,也只抱着侥幸之心态,却没有想到能够高中,实乃座师之功也!"

"我在江南之时,已闻你的才学。今日能够高中并非我张伯行之功,只是因为你才学出众。"张伯行微微笑道,"我闻你曾赋诗陈桥驿,可否让众人一听啊?"

张伯行边说边请众人落座。

"后学信笔涂鸦,怎敢惊扰大人啊?"王恪一愣,道,"既如此,我且一读,请教于方家!"

王恪清清嗓子,吟诵起来:

> 五代干戈苦战争,天心拨乱主潜生。
> 营光久应焚香祝,检点曾传得谶惊。
> 仓卒黄袍酬素志,绸缪金匮负遗盟。
> 最怜永弃幽燕地,当日师名是北征。

众人听后赞叹不已,皆言张伯行慧眼识才,且在乡试与会试之中一颗公心让人钦佩。

张伯行肃然道:"诸位生员,张伯行只是做了自己该做之事,被诸位如此褒奖,实不敢当。张伯行在这里还有一言,说与诸位。"

众人闻听,急忙施礼道:"请张大人训示,吾等洗耳恭听!"

张伯行道:"诸位,古人云:学而优则仕。诸位以后定有机会为朝廷效力。若是这种机会降临到诸位身上,张伯行这里有一番话,希望诸位牢记。"

张伯行略顿了顿说道:"我记得我刚刚入仕之时,恩师张鹏翮大人这样教我,张大人云:守官只要律己廉公、执事勤恪,昼夜孜孜、如临渊谷,便自无他患害。意思就是为官者须以奉公清廉约束自己,做事要勤奋。无论白天黑夜都要勤勉不怠、心存谨慎,这样才能没有祸害。当今圣上,乃当世一代明君。皇上素重清廉之吏,诸位若能以清廉之心要求自己,将来也必会为朝廷所重,为百姓敬仰,为史册记载!"

诸位考生听闻,皆拱手道:"张大人之教诲,吾等必将牢记于心,为国家效力!"

听完张伯行的话语,王恪心内钦佩不已:素闻座师张大人与张鹏翮大人不睦,可适才却依旧用张鹏翮大人曾经的教诲训示我等,张大人之心胸,实在让人佩服!

王恪入仕以后,一直谨记张伯行的教诲,操守廉洁,爱民如子,尤其善于勘断疑案。勤于政事,在任期间,革除蠹役、修葺学宫、疏通水利、纂修县志,百废俱兴,合县称善。后雍正末年,因母老辞官返南,离任时囊橐萧然,士人赋诗赠别者接踵而至,百姓以酒食饯别者不绝于途。

众位考生在张伯行府中又坐一会儿,告辞而出。

张伯行看着眼前这些学子,思绪飘飞,想起曾经的自己,眼前恍然之间浮现出自己刚刚中举的情景。

(六)《康熙字典》代表着中国古代字典编纂的最高水平

万众归心,四海升平,天下大定,大清国力达到巅峰时刻。

这一年春天,颐和园内牡丹盛开,鲜花怒放,国色天香,娇艳欲滴。雍容华丽的牡丹在绿叶衬托之下,倍增其艳。康熙帝正在颐和园欣赏牡丹,边看边交口称赞。

忽然,太监过来跪倒道:"万岁,高士奇大人求见。"

康熙帝闻听,说道:"朕正想听听高士奇的奇闻异趣,不期他居然自投罗网。哈哈,请他过来吧!"

没一会儿,高士奇从外面进来,见到康熙帝连忙跪倒道:"臣高士奇参见万岁!"

康熙皇帝笑道:"高士奇,你来得正好,看着颐和园牡丹开得正盛,你且陪朕风花雪月一回。"

"皇上,唐朝诗人刘禹锡有诗《赏牡丹》,曰:庭前芍药妖无格,池上芙蕖净少情。唯有牡丹真国色,花开时节动京城。"高士奇脸色之间浮起笑容,说道,"此时此刻,此情此景,增一分多,减一分少,真是恰如其分。"

"朕倒是想起唐朝女皇武则天的诗:明朝游上苑,火速报春知。花须连夜发,莫待晓风催。"康熙皇帝颔首微笑,频频点头,意味深长地说道,"花开四季,各循时序。武皇拂逆天意,强令百花斗雪开放,既违天命,又乱五常。朕上顺天时,下合民意,才使得江山永固,民富国强。"

"想我圣祖开业,威加海内。而今四海归心,国泰民安。三皇五帝,唐宗宋祖,如吾皇仁德天下者,寥若晨星。"高士奇顺着康熙皇帝的话,说得滴水不漏,"盛世修志,文以载道,微臣正有一事禀奏!"

康熙皇帝闻听有事,脸色之间有些无奈,说道:"高士奇啊高士奇,朕今日好不容易有点闲情逸致赏花观景,你却又有何公干,让朕不得开心颜啊!"

高士奇笑道:"臣禀此事,也是好让皇上教化万民,青史留名。只是事发突然,想让皇上及早布局。"

康熙皇帝笑道:"好吧,好吧。有何事情,速速禀来!"

高士奇道:"昨日,微臣前去探望陈廷敬大人,见陈大人气脉短缺,人中已偏,面色露出黄斑。微臣给他把脉,得悉陈大人脉象微弱,阳气不足,其病甚重,《康熙字典》编纂一事恐不能胜任。还望万岁再选一得力之士,前去协助张玉书大人。不然,词典一事恐要延期!"

康熙帝闻听,神色肃然,说道:"哦,陈爱卿身体如何?"

只见高士奇神色略显悲戚,说道:"微臣不敢妄言,恐凶多吉少!"

"你且传太医前去,为陈廷敬大人把脉问诊,并赐予鹿茸二三。"康熙皇帝听后叹气道,"朕暇时当亲自前去探望。"

高士奇又道:"皇上,您看词典编纂一事?"

"词典不仅具有教化功能,更是中华大一统之标志。识文断句,诗词歌赋,释疑解惑,皆出于此,断不可有丝毫懈怠。"康熙皇帝沉思片刻,说道,"仓场收粮暂告一段,上书房也稍得空闲。张伯行喜欢舞文弄墨,著书立说,可着张伯行前去接替陈廷敬,协助张玉书编纂词典。"

高士奇挑指赞道:"皇上英明!着张伯行前去,应是上上之选。微臣这就将皇上口谕传与孝先,想他定能不负皇恩。"

张伯行接旨之后,欣喜异常。青灯黄卷,案牍劳形,于别人来说是苦行僧,躲还来不及,而对于张伯行来说却是求之不得之事。接到圣命,张伯行即刻前往上书房南侧的一排平房内,着手《康熙字典》的编纂工作。

这个房间,张伯行并不陌生。被革去江苏巡抚之后,张伯行就是在这个房间里度过了一段难忘时光。这房子,这桌子,这凳子,无不留下自己的记忆。更何况,这个房间还是自己的知己纳兰性德曾经工作的地方。那"我是人间惆怅客"的千年一叹,那"谁道阴山行路难"的气势磅礴,那"山一程,水一程"的清朗俊逸,那"当时只道是寻常"的无奈落寞,都散发在这个房间的角角落落,让人沉醉,让人思恋,让人欲言又止,欲罢不能!

此时,《康熙字典》编纂工作已近尾声,但张伯行丝毫不敢怠慢。大到定性词汇,小到释文多义,事无巨细,张伯行皆要亲力亲为。

《康熙字典》是一部集大成之作。它不仅"搜罗之备,征引之富,尤可谓集字书之大成",而且承袭《说文》到《字汇》的编纂传统,对前代字书的字形重新考证并纠讹,使词典编纂日趋系统化和规范化。同时,《康熙字典》收录各种字书、印书中"来历典确"的字,兼采经史音释及子集词典等音释内容,成为中国第一部规模最大、收字最多的字典。

在对每一个字义进行阐释方面,《康熙字典》博引群书,解释字义。除生字僻字外,每一个字都有古书作为依据。张伯行将编纂好的词典细细研读一番之后,又进行系统修订,并提出一个基本原则:详略得中,归于至当。

遵循这一原则,所有参与编纂者皆秉烛达旦,对词典进行不断完善。

在不断研读与修订的基础上,张伯行又翻阅大量书籍进行求证,对各经史子集、韵书、字书的内容,通过人为甄别后,一概录入。同时,标记出一个"增"字,以与原有的字区分开来。用此方式,《康熙字典》共额外收录 141 个字,远超此前的《说文》《字汇》等。

经过陈廷敬、张玉书、张伯行等众人齐心协力的辛苦付出,《康熙字典》终于面世。

《康熙字典》是中国字典发展史上的一座丰碑,代表着中国古代字典编纂的最高水平。它所提出的一些理论和原则、所确立的一些规范和做法,都对后世字典编纂产生深远影响。然而,由于主客观的原因,《康熙字典》也存在着诸多缺失和不足。但瑕不掩瑜,《康熙字典》其集大成的地位以及对中国字典编纂所作出的突出贡献是无可替代的。

《康熙字典》的问世,不仅标志着中国文字发展达到高峰,更标志着康熙帝在世期间,大清王朝的文化发展走向顶端,对后世产生深远影响。时至今日,《康熙字典》仍是中华文字的一本权威工具书。

第十二章

一
千叟盛宴

（一）康熙帝决定举办千叟盛宴庆祝登基六十周年

"共欢新故岁，迎送一宵中。"

这一年的冬天来得似乎有点迟。虽然已是腊月，但艳日暖阳，北京城的大小街巷人流来往，热闹非凡。

皇城根下，京城的八旗子弟提着鸟笼，晒着太阳，各自闲聊。一个头戴着瓜皮帽、年龄五十上下的男子问旁边一人："那爷，您好歹跟皇上也是沾边的，您也给大伙儿透点信，今年是皇上登基六十年，您说皇上会怎样庆祝一番？我等小老百姓又是否可以沾点光？"

旁边那位斜着眼睛，故作神秘地说："天机不可泄露。只告诉大家一句话，皇上年龄越来越大，老小孩儿老小孩儿，皇上此次定会做出一件流传千古的大事。诸位，你们就等着吧！"

说着话，那位爷提着鸟笼，哼着小曲径自离去。

四阿哥胤禛府邸内，年羹尧正在与胤禛议事。

年羹尧说道："王爷，皇上年事已高，机不可失，时不再来。现在可是天赐良机，王爷您可要用心，八阿哥和其他几位阿哥可都是虎视眈眈。"

胤禛沉思不语，停了半晌，说道："依年将军之见，我该当如何？"

年羹尧道："取得皇上信任，善待朝中大臣。"

胤禛又问道："皇阿玛那边，我自会尽力。可朝中大臣太多，又如何能够做得滴水不漏？"

年羹尧笑道："王爷，皇上历来倡导廉吏治国，您只需团结朝中那些清廉官员，必会取得皇上信任！"

胤禛微微点头。

年羹尧上前一步,轻声说道:"王爷,若论这天下廉吏,莫过于施世纶、张鹏翮、张伯行、陈鹏年者,王爷须谋划一番亲自拜访,方能拢住其心!"

胤禛颔首称是。

第二日,天色微茫,张伯行已经起床,来到院子当中。晨曦微露,隔着院子中的竹林,朝霞投下斑驳的影子。

张伯行一身短衣,开始打起子路八卦拳。缓缓的起势当中,张伯行恍然之间似乎回到当年的青春年华之时。

那时,自己在老家仪封,每日里都要比太阳起得早,或读书,或练剑,或舞刀。如今自己还可以像当年一样起得很早,可再舞子路八卦拳中春秋刀却有点力不从心了。

忽然之间,一个家人气喘吁吁地跑了进来,说道:"老爷,四王爷来访。"

张伯行一愣,心想:自己平日里跟几位阿哥素未有来往,这四王爷胤禛为何找我?

张伯行急忙收拾停当,出门迎接。

四阿哥胤禛见到张伯行,上前一步说道:"久闻张大人之名,今日特来拜访!"

张伯行见胤禛如此,慌忙上前一步,跪倒在地,说道:"张伯行见过四王爷!"

胤禛上前一步将张伯行搀起,说道:"张大人,胤禛焉敢受此大礼!"

张伯行心想:平日里听人说这四阿哥做事果断刚毅,今日一见,却又如此谦和。

张伯行起身后,将胤禛让入客厅。

两人落座,张伯行令家人看茶。茶过两盏,张伯行施礼道:"四王爷今日来访,可是有事?"

胤禛微微一笑:"之前只听人说起张大人清廉之名,却一直不得真正相识。张大人自到京城之后,又每日里忙于公务,胤禛也始终不得相见。今日正好无事,故特来拜访。适才见张大人府邸,陈设简陋,果是廉吏风范。"

张伯行忙拱手说道:"多谢四王爷夸赞!张伯行本是一介草民,却蒙皇恩浩荡,故不敢有丝毫懈怠。张伯行本应去地方继续为朝廷效力,奈何年事已高,力不从心。"

胤禛道:"胤禛自幼也读过一些书籍,懂得'老吾老以及人之老,幼吾幼以及人之幼'的道理。如今,皇阿玛已经在位六十年。往年,每到皇阿玛登基之日,皆要举办各种庆典,今年尤为特殊。胤禛有一个想法,想跟张大人讨论一番。"

张伯行忙说道:"敢问四王爷有何指教?"

胤禛道:"我想为皇阿玛举办一场宴会,并请天下有德之长者参加。一则为皇阿玛庆祝,二则彰显我大清王朝之尊老之风。张大人以为如何?"

张伯行闻听,不禁暗暗佩服,心想,这位四阿哥心怀百姓,实为难得。遂挑指道:"四王爷心怀天下,真是仁者之风。"

胤禛道:"那张大人能否代劳向皇阿玛请求此事?"

张伯行奇道:"这本是功德无量之事,四王爷为何不亲自向皇上请求呢?"

胤禛笑而不语。

张伯行站起身来,躬身施礼道:"四王爷心胸让人佩服。明日早朝,张伯行就奏请此事。"

胤禛笑道:"多谢张大人。"

两人又聊半日,胤禛告辞离去。

当日晚间,张伯行秉烛达旦,写好奏折。

次日早朝,值班太监长音一拖,说道:"有事奏本,无事退朝。"

张伯行出列说道:"臣张伯行有本要奏。"

"皇上,今年适逢万岁登基六十年。自从盘古开天地,三皇五帝到如今,登基在位六十年的皇帝屈指可数,如圣上之威德者更是寥若晨星。"遂将自己所写奏折递上,说道,"微臣思忖,可否举办一次盛大宴会,邀请天下有德之长者参加。一则为皇上庆祝登基之典;二则彰显皇上爱护百姓之心;三则提倡天下百姓孝敬长者之观念。"

其实,康熙帝这几日也一直在思量此事。往年登基纪念方式无非是祭祖大典之类的形式,但随着年龄的增长,康熙帝对这些仪式开始排斥。今日张伯行提出此议,康熙帝闻听,心内不禁大喜。

康熙帝拿过张伯行的奏折又仔细阅读一番,沉思片刻,说道:"张爱卿,朕近日也感年纪越来越大,似乎也想跟天下长者畅谈一番。爱卿这个提议,甚合朕意,此事就着你去办。"

张伯行又道:"万岁,微臣年事已高,恐不胜其力。四皇子胤禛做事干练,思维缜密。此次宴会,由四皇子主持,微臣协办,万岁以为如何?"

康熙帝沉吟一下,说道:"胤禛确是能干。既是如此,就照张爱卿所说去办!"

张伯行领旨退下。

(二)张伯行、陈鹏年向四阿哥胤禛借朝服参加千叟宴

圣旨颁下,举国皆知康熙皇帝要举办一次盛况空前的宴会,且各地官员皆可推荐一名德才兼备的长者参加此宴。一时之间,各地官员忙得不可开交。

朝中文武也都知道,这可能是康熙帝人生中最后一次这样的盛宴,毕竟康熙帝已经在位六十年。康熙帝八岁登基,如今已经年近古稀。想要再有这样的机会,恐怕极其渺茫,故满朝文武对于此次宴会也同样重视。

胤禛受命此事,内心也甚为高兴。每日里,胤禛都会召集几位重臣商议,如何将此次宴会举办得既节俭,又隆重;既让皇阿玛满意,又能彰显大清盛世繁华。胤禛做事,向来认真仔细,事无巨细皆要亲自过问,上下皆不敢有怠懒之行。

且说这一日,几人正在畅春园内布置宴会现场。一名宫女手中拿着几个银质酒杯有序摆放,另几名宫女则端着一些瓷质酒杯摆放在另一张桌子上。

胤禛走上前去看到摆放器物不同,忙问为何有此区别。那名宫女看到胤禛,急忙跪下道:"奴婢参见四王爷。摆放银质酒杯的桌子皆为朝中大臣所用,而瓷质酒杯则是从民间请来的长者所用。"

胤禛闻听,脸色不悦,说道:"将所有酒杯皆换成瓷质。此次宴会,皇阿玛乃是要彰显与民同乐之心,焉何要分个高低贵贱? 不仅仅是酒杯,其他所有器物,皆不分贵贱,一律相同!"

那几名宫女纷纷跪倒道:"奴婢谨遵四王爷之命。"

张伯行在旁边看得真切,不禁暗暗赞许。心想,这位四阿哥果然与众不同,虽然出身皇家,但却无有高低贵贱之分,实为难得。看来皇上令他主持此次宴会,确实没有看错。

胤禛回身看到张伯行,忙上前一步道:"张大人,为何又亲自前来? 您偌大年纪,多多休息才好!"

张伯行笑道:"四王爷做事着实让人放心,张伯行甚为钦佩!"

这一天,张伯行用过早膳,正在书房看书。忽然,门外家人前来通禀道:"老爷,门外陈鹏年大人前来拜访。"

时陈鹏年已升至河道总督,整日里在河南、山东、江苏、安徽,风里来雨里去,夙夜在公,与张伯行也久未谋面。

张伯行闻听陈鹏年来访,惊喜异常,急忙将书卷放下,一路小跑,到门外迎接。

还未到门外,就看到陈鹏年已经步入府邸。张伯行抢步上前,拉住陈鹏年的双手,说道:"沧州,你可想死老夫矣!"

张伯行语气中极为激动,话未说完,眼角已经有些泛红。

"大人……"陈鹏年语气哽咽,竟不能将话说完。

张伯行将陈鹏年让到客厅,一面急命家人将茶倒上,一面问陈鹏年道:"沧州,你在山东勘察水情。那里百姓可还好,黄河可曾又决口?"

陈鹏年笑道:"大人,山东百姓一切安好。我每到一处,提起大人的名字,当地百姓莫不称赞。"

陈鹏年端起茶杯,饮口茶平静一下,接着说道:"大人当年在山东治水,当地百姓受福不浅。凡大人治理之处,皆安然无恙。"

两人忆起当年在山东放粮治水的往事,依旧逸兴横飞。

谈上半天,张伯行问道:"沧州为何从山东回到京城?"

陈鹏年道:"皇上举办登基六十年宴会,我公务在身,年纪又大,再加上路途遥远,本不想来。奈何前几日传来圣旨,特命我从山东赶来参加宴会。"

陈鹏年看着张伯行,忽然脸色之间有些不甚自然。张伯行有些奇怪,问道:"沧州,有什么话但说无妨,为何忽然变得如此忸怩?"

陈鹏年笑道:"我这匆匆从山东赶来,一路鞍马劳顿,连件像样的朝服都不曾穿。故特来找大人,看大人府中可有合适朝服借我一套?"

张伯行闻听,心内激荡,拉着陈鹏年的手,哽咽道:"沧州之廉洁,竟连朝服都要向人讨借!"

张伯行回身对家人道:"速将我的朝服都取过来,看可有合适的?"

那家人嗫嚅道:"老爷……"

张伯行不解道:"让你去取朝服,还不速去?"

家人又嗫嚅半天,说道:"老爷,您总共三套朝服,有两套都有补丁,另一套虽没有补丁,但已经穿过两年。我也不知道哪套适合陈大人穿啊,老爷!"

陈鹏年听完,和张伯行对视一眼,而后,两人不禁同时哈哈大笑。

大笑半天,两人又不禁苦笑。

张伯行忽道:"有办法了,我们可去找四王爷借上一套。"

陈鹏年道:"四王爷?"

张伯行道:"对啊,四阿哥胤禛,为人谦和,此次宴会由他主持。我们去找四阿哥,一定能够借来朝服。"

两人离开张伯行府邸,直奔雍王府。

胤禛正在府中休息,忽然手下来报,说张伯行来访。

胤禛忙说:"有请!"

张伯行与陈鹏年来到府中,见过胤禛。

胤禛命人看茶,而后问道:"张大人、陈大人,此番前来可是为宴会之事?"

张伯行道:"四王爷,正是。不过,却不是因为如何举办此事,而是因为我和陈大人如何参加此次宴会?"

胤禛有些奇怪,问道:"张大人,可否说具体一些?"

张伯行就把陈鹏年向自己借朝服,自己却没有合适朝服一事说与胤禛听。

胤禛听完,不禁叹道:"天下官员,若都能如张大人、陈大人这般清廉,国家如何不兴?"

胤禛又感叹半天,回身对府中家人说道:"速去街上找给我做衣服的裁缝,按照张大人和陈大人身材,订制两套朝服。"

家人领命而去。

张伯行与陈鹏年拜谢不止。

(三)京官都要穿蟒袍补褂,打破只穿朝服七天的常例

距离三月十八日,也就是千叟宴的时间越来越近。

张伯行与四阿哥胤禛领着一些人,每日都在畅春园里忙碌。

这天,康熙帝来到畅春园,一眼就看到张伯行与胤禛。康熙帝问旁边的一名太监道:"八阿哥在哪儿,为何只有胤禛在这里忙碌?"

那太监忙回道:"回皇上,八阿哥这几日身体欠安,说这是您登基六十年的大好地方,唯恐冲撞您的喜气,故一直在府中养病。"

康熙帝心想:这些个阿哥,平日里都好大喜功,却从不愿意踏踏实实做些事情,还是老四比较稳重、牢靠。

康熙帝来到张伯行身边,对张伯行道:"张爱卿,你是文人,舞文弄墨,信手拈来。现在做如此俗务,有何感悟啊?"

张伯行见康熙帝过来,急忙放下手中物件,跪倒磕头。

康熙帝轻轻道:"罢了,不要多礼!"

张伯行看着康熙帝的鬓角已经全白,不禁有些感慨。再低头看看自己的须发,同样花白一片。

康熙帝回身说道:"赐座!"

张伯行依旧躬身肃立。

康熙帝笑道:"张爱卿,今日暂放下君臣之礼。你且坐下,陪朕一会儿。"

张伯行方才坐下。

康熙帝端详着张伯行,说道:"朕今日多感疲倦,感觉明显老去。人老的时候,总是喜欢回顾往日的事情。回想当年,朕下江南之时,若在眼前。江南美景如画,不知今生可还有机会前往?"

张伯行忙拱手道:"皇上福安康健,定能长命百岁。等到春暖花开,自然可以再下江南。"

康熙帝呵呵笑道:"张伯行,朕素知你为人耿直,今日却为何也开始学会奉承之语。难道你也老了不成?"

张伯行笑着将须发托起,说道:"皇上老不老,只看这须发就知道了。若是皇上愿意,张伯行梦想陪着皇上游览江南胜景。"

康熙帝开怀大笑了起来。

之后,康熙帝忽然肃然道:"张爱卿,朕且问你?"

张伯行急忙拱手道:"请皇上圣谕!"

康熙帝说道:"朕知道你是清官,难道你真的不想得到荣华富贵,过一过那纸醉金迷的生活?"

张伯行忙起身下跪,叩首说道:"回皇上,臣在山东、福建、江苏之时,确有很多人要给臣送真金白银。臣看到那些金银,内心便觉惶恐。若让臣守一陋室,过那清淡日子,臣内心便安。臣说这些话,委实不曾有半丝谎言,皆出自臣之内心。"

康熙帝闻听,不禁叹道:"唉,张爱卿此心实乃可敬,只是我大清王朝这样的官员屈指可数!"

康熙帝微微一叹,接着回身对胤禛说道:"大清江山需要这些清官廉吏,尔等且不可怠慢这些清廉之士。"

胤禛忙拱手道:"儿臣谨遵皇阿玛教诲!"

康熙帝像是在自言自语,又像是对胤禛缓缓说道:"凡事预则立,不预则废。朕且先回宫歇息了!"

张伯行与胤禛忙恭送康熙帝离去。

三月十八日,在天下百姓的期盼中,千叟盛宴终于来到。

这是一场前所未有的宴会。

为庆祝康熙帝登基六十年,搭置的彩棚从京城西直门一直延伸到畅春园,长达二十里。年满六十五岁以上者,均可按时到京城参加畅春园的聚宴。

礼部特别作出规定:今岁恭遇万寿六旬大庆,非寻常可比,从三月初一至月终,京官都要穿蟒袍、补褂,打破只穿朝服七天的常例。

当日里,朝廷上下各级官员俱在畅春园门口,恭候着康熙帝的到来。张伯行、陈鹏年、施世纶等天下闻名的清官廉吏,和朝廷重臣张廷玉、李光地、高士奇等人,高谈阔论,谈笑风生。

张伯行、陈鹏年看到施世纶,忙上前施礼相见。

施世纶虽然年龄比张伯行略小,但也已经年逾花甲,白发苍苍。张伯行看着施世纶说道:"施大人,一别多年,没想到再次相见,皆垂垂老矣!"

施世纶也感慨万端。

"施大人当年所写的诗篇,张伯行尚有印象。"说着话,张伯行吟诵出施世纶当年写的一首诗:

> 独承恩遇出征东,仰借天威远建功。
>
> 带甲横波摧窟宅,悬兵渡海列艨艟。

烟消烽火千帆月,浪卷旌旗百万风。

生夺澎湖三十六,将军仍是旧英雄。

施世纶笑道:"张大人,莫要取笑。那时我少年轻狂,不知天高地厚。"

陈鹏年也上前笑道:"怎说是少年轻狂,分明是少年英豪。施大人当年英姿不输汝父!"

李光地上前道:"诸位,不要站着谈天说地。都不要忘记,我等皆非少年。"

张伯行看到李光地,急忙施礼道:"李大人,张伯行知道大人曾经数次在皇上面前替我说情。若非李大人和张大人,张伯行恐早不在人世。"

说着话,张伯行向李光地与张廷玉深施一礼。

张廷玉笑道:"张大人,休要客套。为你说话,非为一己私利,乃是出于公心而已。还是快快请坐吧!"

说着话,李光地、张廷玉、高士奇等一干重臣,和张伯行、陈鹏年、施世纶等人依次而坐。

早有人将茶水倒上,张伯行与身边的陈鹏年边喝茶边聊着山东治水之事。

(四)张鹏翮却没想到张伯行竟然主动来到自己面前

太阳如往常一样照常升起,春风若往日一般轻轻吹动,整个京城弥漫着一种不一般的喜悦之气。

已时时分,诸位大臣与参加宴会的各地长者,在西直门外恭候圣驾。

在人群之中,有位长者,一身清布长衫,身材高大,长须飘飘,看上去年逾古稀,但是却精神矍铄,满面红光。长者身旁站立一位中年男子和一位白面书生。

这位长者姓柳,来自苏州。

柳老太爷在儿子柳荣诚、孙子柳宜康的陪伴下,三月十五日便到京城,住在虎坊桥附近的嘉和客栈。三月十八日,同参加御宴的江苏籍老人一起,在西直门外本省龙棚下接驾,瞻仰圣颜。

忽然之间,柳老太爷看到一个身影极为熟悉。柳老太爷揉揉眼睛,回身对儿子说道:"荣诚啊,你看那边那位官爷,是不是当年的江苏巡抚张大人?"

儿子柳荣诚道:"父亲,您看花眼了吧? 哪有张大人啊?"

一旁,柳老太爷的孙子柳宜康高声对父亲说道:"父亲,果真是张大人,爷爷不曾看花眼。"

柳荣诚顺着儿子手指的方向望去,果然看到不远处,张伯行站在那里。

柳荣诚对老父亲笑道:"父亲,确是张大人。"

柳老太爷忙说道:"荣诚,快快扶我过去。"

柳荣诚与柳宜康急忙扶着老人挤过人群,来到张伯行面前。

来到张伯行面前,柳老太爷"扑通"跪倒于地,高声说道:"草民见过张大人!"

柳荣诚与柳宜康也跟着柳老太爷在旁边跪倒。

张伯行一愣,诧异地看着三人,急忙将柳老太爷搀起,问道:"你们是?"

柳宜康站起身后,脸笑成花瓣一般。柳宜康道:"张大人,您可能不记得我们,但我们可时刻没有忘记过您。这是我爷爷,这位是我父亲,我们皆来自苏州。当年张鹏翮大人前往苏州查案,张大人您被免职,苏州百姓万人请愿。那时,我爷爷组织我们巷弄胡同数百人参加。"

闻听此言,张伯行恍然之间似乎回到当年时光,顿然说道:"您是不是柳老爷子?"

柳老太爷闻听,激动得几欲落泪,老人颤声说道:"正是,张大人竟然还记得我!"

几人聊起当年情景,皆唏嘘不已。

柳老太爷最后说道:"本以为此生再也没有机会见到张大人,谁曾想,当今圣上实乃千古未有之明君。当年不仅没有治罪张大人,更是组织此次宴会,让我们能够再与张大人相见。老朽回去以后,定向父老乡亲告知张大人在京城安好。"

那柳宜康忽然问道:"张大人,看您的装束,是在京城为官。那当年的钦差大人张鹏翮现在如何?"

柳荣诚瞪儿子一眼,说道:"宜康,这可是京城,如何敢问朝廷大臣之事?"

柳宜康闻听,吓得一吐舌头,急忙噤口。

张伯行闻听,微微一笑,说道:"不妨,不妨,张大人乃我恩师公,如今也还在朝中为官。"

说着话,张伯行拉着三人,挤过人群,来到另一处。

那里,张鹏翮和朝中几位同僚也正在恭候圣驾。

张伯行来到张鹏翮面前,躬身施礼道:"张伯行见过恩公!"

自从来到宴会现场后,张鹏翮就一直躲着张伯行,却没想到张伯行竟然主动来到自己面前。

张伯行又道:"恩公大人,这几位乃苏州人士。适才提到恩公大人,张伯行特领来一见。"

张鹏翮微微一笑。

柳老太爷等三人则急忙跪倒,说道:"草民见过张大人!"

张鹏翮刚将三人扶起,恰好旁边一位官员对张鹏翮道:"张大人,我们且去那边等候,如何?"

张鹏翮闻听,急忙对张伯行与三人说道:"我且去那边,你们先聊着。"

说完之后,张鹏翮移步而走,离开张伯行与柳老太爷三人。

柳老太爷对张伯行说道:"张大人,我们也不能陪你说话,需要回到江苏籍的队伍中恭候皇上。"

张伯行将三人送走,而后又回到陈鹏年身边。

陈鹏年见到张伯行,问道:"大人,适才看不到你,我还着急呢!皇上马上就来,大人去到何处?"

张伯行将遇到柳老太爷与拜见张鹏翮的情形,粗略陈述一遍。

陈鹏年闻听,轻轻点头,对张伯行说道:"大人,等这次宴会过去,我陪大人再去拜见张鹏翮大人。如果能够冰释前嫌,当是最好之举。"

张伯行叹道:"我也是这般想法。奈何恩公心事很重,不知道能否与他重归于好。"

陈鹏年道:"明年芳草绿,故人不同看。张鹏翮大人为官清廉,口碑甚佳。虽在审理督抚互参案时偶有犹豫,乃是白璧微瑕,无碍大局。孝先兄,您还是前去走一趟为好。"

张伯行点头称是。

（五）康熙帝对张伯行说：《却赠檄文》被朕视作为政清廉的金绳铁矩

午时时分，康熙帝的车驾终于出现。

迎接康熙帝的大臣与诸位百姓分成各个方阵，齐刷刷跪倒，齐声高喊："万岁，万岁，万万岁！"

数千人的声音一起发出，声震云霄。

康熙帝看着面前朝中文武和那些白发苍苍的子民，内心亦是愉悦至极。

康熙帝高声说道："朕自登基以来，恍然之间已逾六十载。自秦汉以降，称帝者一百九十有三，享祚绵长，无如朕之久者。故此，朕方举行此次宴会，旨在昭告天下百姓，为人子女者，须当孝敬父母。朕今年已经年过花甲，却常常念及当年的青春岁月。朕知道朕已年老，每个人都会老去。朕希望天下那些长者皆能安度晚年，皆能颐养天年。如此之家才是值得效仿，如此之家方能永盛不衰。唯有家家户户安好，大清江山才能稳固。"

众人闻听，再次齐声高呼："万岁！"

康熙帝的车驾穿过西直门，直奔畅春园。

畅春园内，摆放近千张桌椅。桌子之上，各色食品已摆放完毕。

此次宴会每张桌子的菜品共两类。

第一类是主菜。每桌共有十道，每道菜与一个地方及特产有关。具体为：

金玉汤（永福镇）、寿桃（桃城）、麻姑献寿（百寿镇）、果汁鸡球（三皇乡）、佛果酿（龙江乡）、马蹄胶（苏桥镇）、常安宫丁（永安乡）、板峡竹鱼（堡里乡）、锦寿阿（罗锦镇）、福敬亲人（广福乡）。

第二类为果品、小吃、茶饮等。分别为：

干果四品：怪味核桃、水晶软糖、五香腰果、花生粘；

蜜饯四品：蜜饯橘子、蜜饯海棠、蜜饯香蕉、蜜饯李子；

饽饽四品：花盏龙眼、艾窝窝、果酱金糕、双色马蹄糕；

酱菜四品：宫廷小萝葡、蜜汁辣黄瓜、桂花大头菜、酱桃仁；

膳粥一品：荷叶膳粥；

水果一品：应时水果拼盘；

告别香茗:杨河春绿。

畅春园正门外,千张桌案摆放整齐,绵延千米之长。参加宴会者数千人,有八旗子弟、王公贵族,有朝中大臣、各级官员,有士庶年长德劭者。其中年九十岁以上者三十三人,八十岁以上者五百三十六人,七十岁以上者一千八百二十三人,六十五岁以上者一千八百四十六人。

韶乐高奏、鼓乐齐鸣后,皇帝步出暖轿,升入宝座。

乐止。

然后,赞礼官高声宣读行礼项目,奏丹陛大乐。这时,管宴大臣二人,导引殿外左右两边阶下序立的内外大臣、王爷、藏族蒙古王公等,由两旁分别走至丹墀正中。

鸿胪寺赞礼官赞行三跪九叩礼。伴随着乐曲,数千耆老一同向皇帝叩拜。

接着,管宴大臣又引导王公大臣步入殿内,与耆老再行一叩礼,之后入座就席。

康熙帝举起一杯酒,环顾四周,现场数千人霎时一片肃静。

只见康熙帝面露沉静的微笑。

康熙帝高声说道:"朕这第一杯酒要敬我的祖母,只可惜祖母仙逝,不能见到今日之境。朕适才说过,此次宴会之目的,就是要弘扬中华孝敬之道。朕八岁登基,当时鳌拜专权,若非祖母,朕便不能与那鳌拜周旋。朕记得祖母曾经教导朕,作为一国之君,肩头担负的是国家使命,要头顶着天,脚踏着地,像雄鹿一样高昂头颅。惟其如此,方能治国平天下。朕每每思及祖母,泪不能禁。"

说完,康熙帝将手中酒杯高高举过头顶,之后,又缓缓洒在地上。

早有人上前将第二杯酒斟上。

康熙帝再次端起酒杯,朗声说道:"这第二杯酒,朕要敬在座的诸位长者。是你们让天下家庭繁衍不断,是你们让子女后代茁壮成长,是你们让莘莘学子为国效力。'民可近,不可下;民为邦本,本固邦宁。'你们是朝廷之根本,你们是大清之根本。"

说完之后,康熙帝端起酒杯一饮而尽。

四周那些长者也一同举杯。

康熙帝举起第三杯酒,从龙书案前走出,来到众大臣桌前说道:"诸位爱卿,这第三杯酒朕要敬你们,是你们跟随着朕平反贼,治天下。朕登基之时,年纪尚幼,鳌拜专权,若没有诸位大臣的辅助,朕又焉能制服鳌拜这奸贼?后来又平定三藩,收复台湾,三征噶尔丹,也是你们跟随朕赴汤蹈火,是你们成就了朕的丰功伟业!"

康熙帝回首看见张伯行、陈鹏年、施世纶等人,说道:"诸位爱卿,你们心中高悬法纪明镜,手中紧握法纪戒尺,知晓为官做事尺度,为官一任,造福一方,实乃是我百姓之幸,大清之幸!苟非吾之所有,虽一毫而莫取。若人人皆为利而为官,又如何能给百姓造福,百姓又如何能够信服?"

众人皆口呼万岁,感激涕零。

"堤溃蚁穴,气泄针芒。小节不慎,大节难保。你的《却赠檄文》,铿锵有力,掷地有声,不胫而走,广为传诵,被朕视作为政清廉的金绳铁矩。"康熙皇帝亲自走到张伯行身边,语重心长地说道,"'一丝一粒,我之名节;一厘一毫,民之脂膏。宽一分,民受赐不止一分;取一文,我为人不值一文。谁云交际之常,廉耻实伤;倘非不义之财,此物何来?'这也是天下百官的一面镜子啊!"

张伯行匍匐在地,泪如涌泉,哽咽着说道:"皇上,此乃臣子之本分,却劳皇上时时挂心。微臣谢皇上惦念,谢皇上夸赞!"

康熙帝缓步回到龙书案后,对朝中文武道:"来,诸位爱卿,我们君臣共饮此杯,以祝我大清江山永固,万古长青!"

康熙帝和文武百官举杯痛饮。

康熙帝又命诸位皇子代替自己向诸位长者敬酒,并请前来赴宴的八十岁以上长者来到自己龙书案前,一一问候。看着这些长者将杯中酒饮尽,康熙帝心中自是愉悦至极。轮到柳老太爷见驾面君,他激动得几欲落泪,口中不停喊着:"万岁,万岁,万万岁!"

千叟盛宴那天,柳老太爷见了皇上,喝了御酒,吃了御菜,又逢张伯行,内心激动不已。柳老太爷心想,我回到江苏一定将这几日所见所闻全部记下,向左右邻居讲述一番。

眼前盛况让康熙帝兴奋不已,不禁诗兴大发。他回身对一名太监道:"取笔墨纸砚过来。"

那名太监忙将笔墨准备好,又将纸张铺好。

康熙帝沉思片刻,刷刷点点即席赋诗一首:

性理参天地,经书辅国朝。

勿劳民力尽,莫使俗氛嚣。

不误农桑事,须轻内外徭。

风高林鸟静,雨足路尘清。

视察焉能隐,行藏岂可摇。

桑榆虽景暮,松柏后霜凋。

长养春容盛,宽严君德调。

倦勤应不免,对越愧明昭。

此时此刻,此情此景,君臣皆欢,其乐融融。张伯行暗想:如此君民同乐之胜景,不正是自己为官几十载所追求之梦想吗? 自己虽然仕途坎坷,但当今皇上真乃是千古之明君。如今天下太平祥瑞,百姓安居乐业,实乃千载难逢之盛世。只可惜自己已经年老体衰,若能够盛年重来,定要为国尽忠,鞠躬尽瘁,死而后已!

正宴结束以后,康熙帝下令凡参加此次盛会者,皆有赏赐。

康熙帝又令满洲、蒙古、汉军以及七十岁以上妇人,齐聚集畅春园皇太后宫门前。随召九十岁以上入宫门内,八十岁以上至丹墀下,七十岁以上集宫门外。大臣妻年老者亦皆召至宫门内赐座。皇太后、皇上亲视颁赐茶果酒食等物,其余令诸皇子率宗室子依次颁给,又赐大臣妻衣饰、彩缎、素珠、银两。

二
相逢一笑

那天，张伯行喝得有点醉了。

在千叟宴上，皇上对自己说的那段话，让张伯行甚为激动。而偶遇柳老太爷，更让张伯行明白自己为官的价值。

在自己人生中的很多时光里，张伯行也曾愤懑过，也曾低落过，甚至屡次产生出辞职归隐的想法。

自己当年一心想跟冉太史兴办书院，宣扬理学，甚至皇上圣旨到来时，自己还很是犹豫。若不是冉太史极力劝解，也许自己现在依旧在请见书院。

柳老太爷那番话，让张伯行思虑再三：为官的意义到底为何？唯有初心而已！只有固守自己的初心，不为世俗所染，不为名利羁绊，内心将百姓放在第一位，一切付出才终有回报。

自己虽然离开江苏多年，但是江苏百姓竟然还在惦记着自己，还在念想着自己。那么，自己在江苏那些年所受的委屈，又算得了什么呢？

有道是："士为知己者死。"更让张伯行内心感激不尽的是，自己遇到千古明君。皇上崇尚廉吏的用人原则，让张伯行能够屡次逃过大劫，也让张伯行对于自己固守的那份做人底线坚定不移。

在与噶礼争斗的过程中，张伯行或许也有过动摇。但张伯行始终坚信皇上是圣明的，也必会有一个公允的裁决。不然，他为何能够成为天下的皇上呢？

事实证明，判断是正确的。

在千叟宴上，皇上举盏亲自勉力之语依旧在张伯行耳旁回荡。

躺在床上,闭目思索,张伯行的嘴角微微露出一丝微笑。

同样喝醉的朝中大员还有一人。

谁呢? 张鹏翮!

面对张伯行与柳老太爷的时候,张鹏翮心有顿悟。千叟宴上,皇上盛赞张伯行的廉直之语,更让张鹏翮深有同感。

张鹏翮回首往事,感慨万千。身边几位同僚被千叟宴中那种兴奋的氛围感染,个个逸兴横飞,高谈阔论。大家频频举杯,张鹏翮更是思绪万千。

所有人都沉浸在兴奋之间,没有人注意到,张鹏翮的脸色在酒精与情绪影响下,变得越来越惨白。

酩酊大醉的张鹏翮回到自己府中,夫人看到张鹏翮脚步踉跄,脸色煞白,慌忙将他扶到床边。

丫鬟唐小雪做好醒酒汤,熬上银耳羹。

张鹏翮躺了半日,终于缓缓睁开眼睛。夫人见状,急忙端来醒酒汤。张鹏翮只是感觉心慌意乱,并无半点胃口。

看到张鹏翮神色委顿,眉宇之间一片落寞,夫人想要问上几句,张张口却又闭上。

张鹏翮喝了几口汤,又躺在床上沉沉睡去。

夫人将床头帐子放下,又将门轻轻带上,然后出门交代唐小雪,时刻在门口等待。

夫人不敢走远,只在院子当中来回踱步,心内焦急万分。

忽听张鹏翮在房间内惨叫一声,夫人大惊,急忙和唐小雪一起推门而进。只见张鹏翮脸上淌着汗珠,手紧紧摁住自己的腹部。张鹏翮刚喝几口汤,又哇哇大吐起来。连声惊叫,黄水吐过吐绿水,绿水吐过吐血水,吓得夫人连声惊叫:"老爷,怎么啦这是?"

张鹏翮语气虚弱,说道:"夫人,我恐怕不行了!"

夫人急忙令家人去找医生把脉问诊,开药救人。

一炷香工夫,宫里徐太医来到张府,唐小雪忙搬来一把凳子放在床头。

徐太医坐在凳子上,伸出手指给张鹏翮把脉,眉头略略蹙起。

夫人神色紧张地看着医生,问道:"徐太医,我们家老爷究竟如何? 吃醉酒也不该是如此模样啊!"

徐太医缓缓说道:"张大人脉象左关郁塞,右关细弱,内心郁结,需要好好调理一番。"

思忖片刻,徐太医说道:"我且开个方子,夫人先令人取药一用,看看效果如何?"

而后,徐太医将方子开好,夫人忙命家人去照方拿药。

徐太医又对张鹏翮说道:"张大人,恕在下直言。大人以后凡事都要看开一些,莫要郁结于心。"

张鹏翮缓缓睁眼,说道:"徐太医所言极是,张鹏翮知道。"

而后,张鹏翮对夫人说道:"你且替我送送徐太医。"

夫人起身送徐太医出门。

来到大门口,徐太医回身对夫人说道:"夫人,张大人最近是否两胁胀痛,胸胀腹泻,身倦纳呆?"

夫人说道:"徐太医所言极对,我们家老爷是否不好?"

说这句话时,夫人语气竟有些哽咽。

徐太医道:"张大人此症是由于情志不遂,导致肝郁脾亏而引发的,进而造成肝失调达,脾虚气结,思虑太过,肝气郁结。"

徐太医又沉吟一下,说道:"夫人,恕我直言。用过我开的方子,若是能够挺过去便无事;若是挺不过去,恐怕结果就不好说,夫人要做好各种打算。"

听完之后,夫人脸色已经变得惨白,说道:"徐太医,还望太医用您的丹青妙手,让我们家老爷能够挺过此劫!"

徐太医拱手道:"张大人一生清廉,徐某肯定会尽全力医治张大人。但谋事在人,成事在天,张大人此症要看天意。"

徐太医说完之后,拱手离开。

夫人一个人呆呆地站在门口,竟然忘记转身回府。

阳光已经温暖无比,门外大街两旁长着几棵柳树,枝繁叶茂。微风过处,柳枝轻扬,柳絮飘飞。

春天实时来到京城。

回到府中,家人已经将药取回,夫人亲自下厨给张鹏翮熬药。一个时辰后,夫人将药熬好,先尝尝,感觉稍微有点烫,就又用羹勺轻轻搅动,等到不凉不热,才端到张鹏翮面前。

张鹏翮缓缓睁开眼,一往情深地看着夫人,夫人脸色之间流露出无限关切之情。

张鹏翮说道:"辛苦夫人了。"

夫人将药端起,说道:"老爷,药已经熬好,这会儿也不是太烫,你且喝下去。"

说着话,夫人命人将张鹏翮扶起,自己则拿起汤匙一勺一勺喂张鹏翮喝药。

连续喝下三天汤药,张鹏翮的病情却始终不见起色。

朝中那些大臣陆续知道张鹏翮病势沉重,纷纷前来探望。每次与朝中大臣寒暄过后,张鹏翮内心总是有微微失落之感。

在张鹏翮的内心深处,一直希望一个人能够到来。但是潜意识当中,又会有一些淡淡排斥。

(二)在张伯行内心深处,张鹏翮始终是自己的恩师

胜日寻芳泗水滨,无边光景一时新。
等闲识得东风面,万紫千红总是春。

张伯行漫步在京城小巷,口中一边吟诵着朱熹这首《春日》,一边欣赏着这京城的春色。

春天的脚步在轻柔中缓步而来,京城的大街小巷到处一片繁花似锦的景象。间或看到一只燕子口中衔着食物送到房檐下的燕窝里,里面正有几只小燕子叽叽喳喳乱叫。

微风过处,杨柳依依。

忽然之间,张伯行听到一个院子里有琅琅读书之声。

"子曰:'饭疏食饮水,曲肱而枕之,乐亦在其中矣。不义而富且贵,于我如浮云。'"

这乃是《论语》中的名言,意思是说:"吃粗粮,喝白水,弯着胳膊当枕头,乐趣也就在这中间。用不正当的手段得来的富贵,对于我来讲,就像是天上的浮云一样。"

张伯行听得心中一动,思绪在读书声的指引下,恍然回到自己年轻的时候。

在老家仪封,自己每日早上都会鸡鸣而起,或读书,或舞剑,可是如今自己已经须发皆白。

张伯行正欲敲门看看里面是何等之人,忽然背后传来一个声音:"老爷,老爷,原来你在这里!"

张伯行回头一看,却是府中家人张安。

张安年纪比张伯行还大,但是身体精神却是极好。那张安三步并作两步来到张伯行面前,气喘吁吁地说道:"老爷,你如何连招呼都不打,一个人跑了出来。"

张伯行笑道:"我也不是三岁小孩,出门还需要有人看管不成?"

张安道:"老爷自然不是三岁孩子,可是咱老家不是经常说老小孩儿,老小孩儿吗?快跟我回去吧,府中有人来访。"

张伯行问道:"谁来拜访?"

张安道:"翰林院高士奇大人前来拜访。"

这高士奇才学广博,不仅长于写诗作文,且喜欢收藏古董,对金石文物也颇有研究。更为难得的是,高士奇还擅长医道。康熙帝曾说,高士奇的医术比宫中太医还高。

张伯行有些奇怪,心道:我平日里与高大人并无多少来往,今日为何拜访我?

但是,容不得张伯行细想,张安拉着张伯行就匆忙往府中而去。

回到府中,张伯行果见高士奇端坐客厅。

张伯行快步上前拱手道:"张伯行见过高大人!"

高士奇忙起身回礼,说道:"张大人,高士奇不约而访,是否唐突啊?"

张伯行笑道:"不敢不敢,高大人快快请坐。"

两人分宾主落座。

张伯行令人看茶。

两人寒暄几句,张伯行问道:"高大人,无事不登三宝殿,不知今日前来有何指教?"

高士奇笑道:"素闻张大人为人直爽,果然如此。今日前来有一事想问。"

张伯行道:"高大人但讲无妨。"

高士奇拐弯抹角地说道:"皇上虽年事已高,但身体康健,诸多阿哥都是龙子凤孙。"

张伯行拱拱手,肃然说道:"高大人,我们做臣子万不敢僭越!"

高士奇笑道:"张大人所言自然极是,宫中之事我们做臣子的自然不能多言。但凡事预则立,不预则废。"

张伯行心想,难道这高士奇已经知道皇上龙体有何不适?

思量一瞬,张伯行说道:"高大人所言也是有理。不过,张伯行只愿安分守己,听从皇命,从无其他妄想。"

高士奇赞道:"张大人忠心耿耿,高士奇佩服。"

张伯行笑道:"高大人谬赞。"

高士奇不再说宫中之事,话题岔开,闲聊京城一些奇闻轶事。

高士奇忽然问道:"张大人,明日我欲要探望张鹏翮大人,不知大人可否愿意同去?"

张伯行有些惊异,忙问道:"张大人出何事端? 高大人为何要探望于他?"

高士奇脸色有些诧异,说道:"难道张大人不知? 张鹏翮大人近日身体不适,前几天我还为他把过脉。"

张伯行吃惊不已,急问:"张大人病情如何?"

高士奇叹道:"据我推测……"

说着话,高士奇停下话语,而后只是轻轻摇头。

张伯行顿然知道张鹏翮病情严重。

张伯行施礼道:"多谢高大人告知,我今日就去探望张大人!"

高士奇离去之后,张伯行坐立不安,焦急万分。虽然之前自己曾与张鹏翮交恶,但是在张伯行内心深处,张鹏翮始终是自己的恩师,自己的恩公。若没有张鹏翮推荐,自己就不会步入仕途,也没有机缘取得皇上信任,得到皇上赏赐。

而且,自己之所以与张鹏翮交恶,只是因为张鹏翮审理督抚互参时的犹豫。而张鹏翮为官为人同样以廉洁著称,这点朝中文武不管谁提起来,莫不挑指称赞。甚至皇上也曾多次赞赏张鹏翮,对其屡屡拔擢。

如今,噶礼已死,唐不语被杀,张令涛死于刀下,一切皆成过往。

人生大事,无非生死而已。张鹏翮病重,自己怎么可以因为曾经不快而佯装不知呢?

张伯行想到此处,对门外喊道:"张安何在?"

张安急忙从外面过来,躬身施礼道:"老爷,喊张安有何吩咐?"

张伯行道:"你将前些时日皇上赏赐我的那盒高丽参取出,并用锦盒装好。"

张安道:"老爷,您不是说这高丽参是留着给老夫人用的吗? 今日为何取出?"

张伯行脸色一沉,说道:"让你准备你便准备就是,为何那么多话?"

张安吓得一缩脖子,忙下去找一锦盒,而后将那棵高丽参小心翼翼地装好。

张伯行对张安道:"速速备轿,我要前去探望张鹏翮大人。"

张安不敢怠慢,忙命人将轿子备好,张伯行直奔张鹏翮府中而去。

张伯行来到张鹏翮府门之外,迎面碰见一人。仔细一看,却是李光地。

张伯行忙施礼道:"张伯行见过李大人!"

李光地见是张伯行,忙回礼道:"张大人也是来探望尚书大人的吗?"

张伯行点头称是。

只见李光地神色有些黯然,对张伯行道:"尚书大人不是太好,张大人您快进去吧!"

张伯行对府门外的家人说道:"张伯行前来探望恩师,麻烦您通禀一声。"

那家人连忙进去,片刻之后就回到府门外,对张伯行道:"张大人请进!"

(三)张伯行知道,张鹏翮是一个极其爱惜自己羽毛之人

张鹏翮躺在床上正在胡思乱想之时,家人来报,说张伯行前来探望。

夫人一听,眉头紧蹙,对那家人说道:"就说老爷身体不适,不便见人。"

唐小雪更是不快,脸色瞬间变黑。

那家人正要离开,张鹏翮缓缓睁开眼睛,说道:"且慢,让孝先进来吧,我想见见他。"

夫人说道:"老爷,您身体不适,若是见到张伯行再动气,我怕……"

张鹏翮闭着眼睛轻声说道："不妨事，我想跟他说几句话，夫人放心就是。"

夫人无奈，只好让家人出门通报。

唐小雪见状，转身而去。张伯行来到内室，看到张鹏翮躺在床上，双眸紧闭。距离千叟宴相见也不过十天而已，但是张鹏翮却似衰老数年一般。

张鹏翮脸色惨白，脸颊也消瘦一圈，且躺在床上，精神委顿，完全没有了往日风采。

张伯行看着心内一酸，眼睛湿润，急忙上前一步道："恩公，张伯行给您施礼了！"

张鹏翮缓缓睁开眼，看着张伯行，嘴角闪出一丝苦笑，说道："孝先，感谢你还惦记着我这把老骨头！"

张伯行急忙施礼道："恩公，在张伯行心中，您永远是我的恩公。不管发生什么事情，您在我心中的地位始终不变。如果没有恩公，就不会有我张伯行的今天。以前的事情，是张伯行的执拗带给恩公情感上的伤害，张伯行一直为此内疚。每每想起往事，张伯行总是对天责备自己。"

张鹏翮道："孝先，我知道我大限已到，时日不久。这几日我也时常在想，尽管唐无语不是我的儿子，但毕竟他是我的义子，且从小跟着我长大。是我对唐无语疏于管教，也因此险些毁掉我一世清誉。"

张伯行闻听，几欲落泪。

张伯行知道，张鹏翮是一个极其爱惜自己羽毛之人。张鹏翮半生为官，都是以清廉无私著称，甚至康熙帝都曾经亲口赞誉张鹏翮，说"天下廉吏，无出其右者"。

张伯行再次施礼道："恩公，无须为此自责。毕竟，唐不语只是您的义子，不是您的儿子。您的为人张伯行知道，满朝文武知道，皇上也知道。谁不知道您一生为官公而忘私？当年您做河道总督之时，为治理黄河水患，亲自在黄河两岸奔波勘察。若是没有您，黄河两岸的百姓，不知道会遭受多少苦难？您任两江总督时，更是一心为民，励精图治。当地百姓每每提到恩公，莫不挑指称赞您是当世之青天啊！我初入仕途之时，时常以恩公为楷模，心中也想，张伯行此生能够如恩公一般，便无遗憾！"

闻听此言，张鹏翮眼角之间渗出两滴浑浊的泪水。

张鹏翮伸出自己的右手,张伯行看到也急忙伸出双手,将张鹏翮那只手牢牢握住。

两人对视片刻,张鹏翮道:"我知道,孝先乃是懂我之人。"

张伯行再次安慰道:"恩公,作为一个父亲,您培养出懋诚、懋龄这样优秀的孩子。作为一个大臣,您为国家所立下的功劳更是显赫。如今,恩公只须好好养病,定会躲过此劫。最近,我正在撰写一本关于治水方面的文章,到时候,我还要向恩公请教呢!"

张鹏翮苦笑道:"孝先,我知道自己的身体,这次恐怕躲不过去了。"

张伯行回身对张安道:"张安,将我带的那棵人参取出交于夫人。"

张伯行对张鹏翮道:"恩公,前几日,皇上御赐一根百年高丽人参,让夫人回头熬汤,给您补补身体。"

张鹏翮道:"难为孝先有心。"

张伯行对张鹏翮说道:"恩公,您好好养病,相信恩公会很快恢复,然后我们再一起纵论天下大事。"

张鹏翮苦笑道:"孝先,莫要说笑话。你我年龄加起来一百多岁了,还纵论什么天下大事啊!"

"恩公为何如此懈怠?"张伯行稍微顿顿,继续说道,"恩公,还记得我们经常一起吟诵的苏东坡那首词吗?"

说完以后,张伯行看着张鹏翮,缓缓诵道:

老夫聊发少年狂,左牵黄,右擎苍,锦帽貂裘,千骑卷平冈。为报倾城随太守,亲射虎,看孙郎。

酒酣胸胆尚开张,鬓微霜,又何妨!持节云中,何日遣冯唐?会挽雕弓如满月,西北望,射天狼。

诵到最后一句,张鹏翮不禁受到感染,也跟着张伯行一起诵读起来:"会挽雕弓如满月,西北望,射天狼。"

声音虽然有些微弱,但是语气却透着丝丝缕缕的坚毅,甚至豪气。

随着最后一句气势恢宏的词句,张鹏翮与张伯行两人眼前似乎出现曾经的豪迈气概。

（四）年仅三十岁的张鹏翮出任苏州知府，可见康熙帝对其信任

张鹏翮少年立志，鸡鸣即起，孜孜不倦，读书论学，以古代圣贤为自己的奋斗目标。

康熙十九年（1680年），年仅三十岁的张鹏翮出任苏州知府，开启其主政一方的官场生涯。张鹏翮刚履职地方即委以重任，可见康熙帝对其是极其信任。

张鹏翮看着张伯行，眼神之中泛起一丝光芒。

张鹏翮缓缓说道："记得那时我不过而立之年，皇上圣明，对我如此信任，我自当殚精竭虑，为朝廷效力。没有到苏州之前，只听说江南乃繁华富庶之地，想着那里百姓生活都是极其富裕、幸福。到任苏州，我体察民间，了解民生，方才知道，正是因为那里富庶，赋税才格外繁重。又恰逢连年荒旱，看着当地百姓十有五六离乡背井，甚至鬻儿卖女，我心何其伤悲。当时凭借一腔豪气，我上疏皇上写下《治苏事宜疏》，提出延缓民众交历年所欠钱税、放宽考核办法的申请。皇上圣聪，对我的提议极为重视，并传下口谕，着我办理苏州事宜。"

张鹏翮眼神之中泛起泪光。

张鹏翮说道："我听闻孝先在济宁离开之时，万民称颂。孝先，毫不讳言，也绝不夸张，当年我离开苏州之时，苏州百姓亦是感恩戴德，万民相留。"

张伯行忙说道："恩公当年轶事，张伯行亦有耳闻。当年我初入仕途，恩公即是我效法的榜样。"

张鹏翮苦笑一下，说道："那时的我们，都是怀着一腔报国之志，更有一颗赤子之心。每日想的就是为官就要成为百姓的官，而不能成为富豪之官，更不能成为名利之奴。"

张鹏翮说这几句话时，神色一片肃然。他的脑海中浮现起自己从苏州离开，在山东兖州担任知府时的情景。

康熙二十二年（1683年），张鹏翮担任兖州知府。其间，他作风清正廉洁，审理昔日积压疑难案件，昭雪许多冤案，释放冤民三十多人。

有一件事,时隔数十年,张鹏翮依旧印象深刻。有一人姓李名清,在家务农,为人淳朴。只因他家的狗将村中一富豪家的鸡咬死,于是富豪将李清告到官府。因那富豪看中李清家的宅院,于是贿赂当地官府,竟将李清押入大牢。

李清家人四处申诉,却处处碰壁。恰逢张鹏翮到任,接到状子,便觉蹊跷。于是重新审理,正要判李清无罪时,师爷阻止张鹏翮。张鹏翮不解,退堂之后,询问师爷。师爷告诉他李清一案的原告乃当地富豪,且与山东巡抚有亲,张鹏翮若重新判决此案,恐得罪山东巡抚。张鹏翮闻听大怒,义正词严痛斥师爷,且不畏权贵,最终重新判决此案,李清无罪释放,当地百姓皆呼张鹏翮青天在世。

不仅如此,张鹏翮在兖州重视农桑,兴办教育,百姓安居乐业,民风大变,离任时官吏百姓更是拦路哭留。

后来,因著名廉吏于成龙去世,康熙皇帝命令六部保举清廉守节的官员。五月,作为兖州知府的张鹏翮被保举为天下"廉吏",成为康熙帝树立的"廉能"典范。经过这一次保举,张鹏翮进入康熙帝的视线。十一月十七日,康熙帝銮驾到达山东曲阜,朝官进孔庙诗礼堂听讲,其余地方官员在门外等候。康熙帝就座后,称兖州知府张鹏翮为官清正,也可以进殿听讲,便将他传入,列在山东巡抚之后。

"那一年,我三十五岁,正是壮年。那一天,春和景明,万岁爷坐在孔庙大殿之上,山东高官皆在两旁,我就在巡抚大人之后。皇上实在千古明君啊!"

张伯行说道:"我记得恩公任河道总督之时,我尚在家乡。但是河南、山东百姓提到河道总督张大人,莫不称赞。百姓们皆说,恩公当年每日里都要骑着马亲自在黄河两岸大堤之上来回巡视。若发现哪里有漏洞,就会亲自着人修缮。黄河水患在历史上给两岸百姓带来无穷灾难,但是在恩公治理之下,实在让两岸百姓受益无穷。"

张鹏翮脸上现出一丝笑意,说道:"我记得当年皇上曾亲口说:'张鹏翮自从出任河道总督监督河工以来,每天都乘马巡视堤岸,不辞劳苦。如果天底下做官的都像张鹏翮一样兢兢业业,那百姓们还有什么非议呢?'"

说到这里,张鹏翮忽然侧脸对夫人说道:"将我书房内那卷书稿取出。"

夫人疑惑道:"老爷,哪卷书稿?"

张鹏翮道:"《治河全书》那卷。"

夫人急忙离开,片刻之后,将那卷书稿取来。

张鹏翮接过来,对张伯行说道:"孝先,我知道,你对治水也颇有心得。这卷书稿,乃是我毕生治理黄河之经验。若是孝先同意,我将此书稿给你。你回去之后,看哪些地方还可修改完善,就帮我整理一下。如果有机会,就帮我交付书局刊印出来,或许对后人治理黄河有所裨益。"

张伯行闻听,忙道:"恩公,只管好好将养身体。容等恩公身体康复之后,恩公亲自去刊印,岂不更好?"

张鹏翮苦笑一下,说道:"孝先,我知你为人忠正,方才将此书稿托付于你。我知道我自己的身体,你莫要推辞。"

张伯行闻听此言,眼中不禁落泪,忙躬身施礼,接过书卷。

(五)张氏家族一直遵循家规训导,人称"清代蜀中第一家"

张鹏翮和张伯行两人虽皆白发飘飘,张鹏翮更是卧床不起,但是在回忆曾经那些岁月之时,皆显出豪放之情。

张鹏翮说道:"时光如白驹之过隙,转瞬即逝。恍然之间,我们都老矣!年轻时的自己,饱读圣贤之书;为官之时,更是想着要做实事,做好事。"

说到此处,张鹏翮有些神色黯然。

张伯行急忙宽慰道:"恩公此言差矣!人非圣贤,孰能无过?孔子尚因一饭而错怪颜回,况我等凡人呢?"

张伯行所说之事,发生在孔子与其弟子颜回之间。颜回乃是孔门七十二贤之首。颜回在煮粥时,发现有肮脏的东西掉进锅里,他就连忙用汤勺把它捞起来。正想把它倒掉时,忽然想到,一粥一饭都来之不易,于是就把它吃掉了。恰巧这时孔子走进厨房,还以为颜回在偷食,就把他狠狠地教训了一顿。后来其他弟子给孔子解释,孔子方才知道自己错怪了颜回。

张伯行接着说道:"何况唐不语之过,实与恩公无关。只恨噶礼、张令涛等人频频围猎,将他拉入歧途。恩公培养的懋诚、懋龄二子,皆已成为人中龙凤,个个出类拔萃,时时为国效力,让人尊敬!"

听至此,张鹏翮脸上现出满意的笑容,说道:"两个儿子还足以慰藉我心。"

说完之后,张鹏翮又对身边夫人说道:"夫人,将在家的几个孩子喊上来,我有话讲。"

张懋诚远在安庆怀宁为官,在家的张懋龄和两个妹妹听到母亲传唤,急忙进到卧室,跪拜于地。

张鹏翮看着几个孩子,缓缓说道:"我们张家本是书香世家。我幼年时,蓬溪战乱迭起,瘟疫肆虐,你们的祖父背着曾祖母躲避于深山老林,从此漂泊他乡,多年后才回到蓬溪。逃难中,我始终跟随在你们的祖父身边。生活固然坎坷,但你们的祖父始终不忘对我的教导。我记得你们的祖父屡次告诫与我:'遇高年者,尊之敬之;遇幼弱者,爱之恤之,勿致等于途人焉。'至今回忆,历历在目。"

张鹏翮顿一下,说道:"汝等自幼皆生活在优裕的环境之下,但更要懂得一切皆来之不易,更要懂得做人道理。唯有如此,以后方能做成一番事业。"

而后,张鹏翮对张伯行说道:"麻烦孝先将我下面所说之语记下,以后让晚辈后生皆要照此而行。"

张伯行取过纸笔,开始记录。

张鹏翮道:"凡我子孙,务须屏除恶习,力于勤俭,然后家道可兴。

"汝等既为朝廷官员之后,且记仕宦不得以贿败官,贻辱祖宗。

"若你们日后蒙皇上恩能够为国效力,在朝廷为官,更要时刻牢记我下面所说之语。居官要守得穷秀才本色,庶无贪念,不然人方荣华,而我寂寞;人方肥马轻裘,而我敝衣羸马;人方享妾之奉,而我伤北之叹。道心不定,未有不丧其所守也!"

张鹏翮告诫子孙,作为官员,要保持穷秀才本色,不能有贪念。否则,看到别人享受荣华富贵,我却一无所有;别人骏马华服,我却粗衣弱马;别人妻妾成群,而我独自叹息。如此一来,心里无法安定,坚守的人格底线也将丧失。

张鹏翮歇息片刻,继续说道:"既然为官,就要做朝廷之忠臣。忠臣必廉,而廉者必忠;奸臣必贪,而贪者必奸。故孔明忠于季汉而成都止有桑八百株;元载为奸于唐,而胡椒至八百石。由是观之,可以识忠臣奸臣之分矣!"

张鹏翮用三国之时诸葛亮和唐朝之时元载的典故,告诫子孙要做一个廉洁之忠臣。忠臣一定廉洁,廉洁的人也一定忠于国家。奸臣是贪婪的,贪婪的人也必定奸诈。因此,蜀汉的忠臣诸葛亮,也只有成都区区八百株桑树;而唐朝的元载,家里的胡椒都有八百石,由此可以看出忠臣和奸臣的区别。

张鹏翮又接着说道:"以后不管是在家中,抑或在朝廷之上,时刻谨记:存孝悌之心,行仁义之事;出为忠臣,处为端人;为士者诗书,为农者勤俭。使称为清白吏,子孙不亦美乎?"

张鹏翮告诉几位子孙,平时定要记得孝敬父母,友爱兄弟。做事要宽厚正直,为官要忠心为国,为人就要正直不阿。作为士人要饱读诗书,作为农民要勤俭持家。如果能以清白著称,这对于子孙来说不也是好事吗?

张鹏翮闭上眼睛,但是话语一直未断。

张鹏翮缓缓说道:"自奉宜薄,而待师友则宜隆……与贤于己者处,常自以为不足则日益;与不如己者处,常自以为有余则日损。"

这几句话是说对待自己要简朴低调,对待师长和朋友要热忱……和比自己贤能的人在一起,常常能够看到自己的不足,从而有所长进;与不如自己的人在一起,会常常自满,则不利于进步。

就这样,张鹏翮从自身到家庭到朝廷一一立下各种家训,张伯行一字一句皆记录下来。

最后,张鹏翮对张伯行说道:"孝先,若我先行一步,这几个孩子还麻烦孝先多方看顾。"

张伯行眼中再次流泪。

张伯行施礼道:"恩公,切莫多想,您一定会很快恢复如初的。"

张鹏翮淡然一笑,继续说道:"人皆有一死,死本不足惧。惧者,身后之事耳!今日之言,还望孝先惠存。"

看着张鹏翮神情有些委顿,张伯行又宽慰张鹏翮几句,最后说道:"恩公今日有些劳累,暂且好好歇息。恩公今日之言,张伯行谨记在心!"

张鹏翮欲要起身,张伯行急忙上前将他扶住,说道:"恩公,且不可动,好好卧床休息就行。"

说着话,张伯行退身至门外。

张鹏翮夫人携次子张懋龄,起身替张鹏翮送张伯行离去。

离开张鹏翮府邸,张伯行来到城门之外。太阳不知何时被一片乌云遮盖。来的时候阳光正好,而此时却阴云密布,似乎快要下雨了。

张伯行只觉得心情有些悲伤。

张安道:"老爷,就要下雨了,您上轿回府吧!"

不久,张鹏翮去世,没有多余家产,只有竹楼几间。大儿子张懋诚"四顾茫然",无钱安葬父亲,多亏皇帝赐给一千两治丧白银,张懋诚才得以扶柩回家。

由张鹏翮亲自撰写序言、张懋诚主持修订的《家规辑要》,成为张氏子孙的行为规范。要求张家后世子孙"存孝悌之心,行仁义之事;出为忠臣,处为端士;为士者诗书,为农者勤俭,使称为清白吏,子孙不亦美乎"。子孙后世中为官者"仕宦不得以贿败官,贻辱祖宗"。

数百年来,张氏家族一直遵循家规训导,家风井然,家族繁衍兴旺,成为一支兴盛长达二百年的名门望族。家族中,考中进士者六人,为官者八十余人,有诗文著述流传者五十余人,可谓"一家男女尽能诗"。

张鹏翮的儿子张懋诚历任安徽怀宁知县、奉天辽阳知州、通政使司通政使,被誉为"性忠直,有气节"。孙子张勤望历任宁国府知府、山东登州府知府,时人称誉"所至卓有循声,无愧贤良"。玄孙张问陶,号船山,诗画造诣极高,与袁枚、赵翼合称清代"性灵派三大家",被誉为"青莲再世,少陵复出"、清代"蜀中诗人之冠"。

因为张鹏翮和张问陶祖孙二人分别在政治和文学上取得了较高地位,康熙、雍正两帝还亲自为张家赠匾、赐书,可谓名满天下,人称"清代蜀中第一家"。

三
九嫡夺位

（一）康熙帝病倒的消息迅速传开，众阿哥纷纷进宫探望

京师的冬天格外寒冷。刚过十一月，北京城就飘下一场大雪。那雪花在空中宛若只只蝴蝶，在风中舞蹈，大街小巷霎时间被一片白色笼罩。街头巷尾之中，孩子们乐开了花。他们在雪花飞舞中风一样奔跑，间或发出声声笑语。

颐和园自然也被雪花笼罩着，且那些古色古香的各式建筑已经被白色覆盖。远远看去，白色的水榭歌台和朱红色的墙壁廊柱相映成趣，瞬间就成了一幅经典山水画卷。

一位老者站在雪中，须发和雪花一样白。他漫步在颐和园内，身后几位宫女和太监紧紧跟随。

他就是康熙帝。

自千叟宴后，康熙帝就感觉身体日渐疲惫，精力竟似大不如前。康熙帝知道自己沉沉老去，也许不久之后，自己也会像皇阿玛一样离开这个世界。对此，康熙帝不愿意相信，也不愿意面对。每日清晨，他比之前起得更早。他似乎越来越贪恋每日阳光。

但是今天，当他起来之后，推开房门，发现大雪弥漫了整个宫殿。康熙帝的内心有些喜悦，也有些激动，他似乎回到了自己的少年时代。自己八岁登基的那年冬天，也下过一场大雪，是祖母孝庄皇太后带着自己，坚定地踏过紫禁城内每一个台阶。每踏过一个台阶，孝庄皇太后就会告诉自己，以后你就要这样脚踏实地，一步一个脚印，行稳致远，并且走到最后，走到最高峰。

没顾上洗漱，康熙帝带着几人就来到颐和园。

康熙帝感觉这天精神特别好,眉眼之间竟然有顾盼神飞之感。他蹲下身子,抓起来一把雪,而后站起身来,将那把雪扔在空中,那一大把雪和空中飞舞的雪花刹那间融为一体。

闲庭信步之间,康熙帝来到一堵墙壁前。那里有一株梅花,枝干峭楞楞地伸展着。他抚摸着那株梅花的枝干,眼前似乎出现梅花与雪花共舞的画面。他轻轻吟诵道:"婀娜花姿枝叶长,风来难隐谷中香。不因纫取堪为佩,纵使无人亦自芳。"

这天,康熙帝精神似乎特别好,精力也似乎特别旺盛。他在颐和园里浏览大约一个时辰方才回去。

回到乾清宫,康熙帝意犹未尽,回身对身边太监说道:"传朕的口谕,唤张伯行前来。"

不到半个时辰,张伯行进入乾清宫。来到康熙帝面前,连忙跪倒在地,高声喊道:"臣张伯行拜见皇上!"

康熙帝摆摆手,说道:"不用多礼!"

而后,赐座。

张伯行低首道:"皇上喊微臣有何事吩咐?"

康熙帝微笑道:"朕今日逛过颐和园,兴致极高。见大雪之中运河之水依旧清澈,想起黄河治理之事。"

君臣二人由黄河治理聊到天下大事。康熙帝正在兴头之时,忽然感觉头昏脑胀,竟不能自持。

张伯行见皇上神色大变,大惊失色,忙对身旁太监说道:"万岁神情不对,速传太医。"

那太监也吓了一跳,急忙将太医传来。

早有几名太医赶将过来,先将皇上扶起,而后把脉问诊。

把完脉之后,张伯行忙问太医皇上如何。

太医缓缓说道:"今日皇上可曾外出?"

太监急忙说道:"今日早上,皇上去御览颐和园!"

太医道:"外面天冷,皇上偶感风寒。我先开个方子,喝一天试试。"

康熙帝病倒的消息迅速在朝廷传开。张廷玉、隆科多等大臣闻听,纷纷进宫探望。

几位阿哥听说,皆怀着不同的心思前来看望皇阿玛。

康熙帝一生英明神武,立下丰功伟绩。但是晚年之时,却因立嗣之事颇为难堪。

康熙帝有序齿的儿子共二十四位,其中九个参与皇位争夺。这九个儿子分别是:大阿哥爱新觉罗·胤禔、二阿哥爱新觉罗·胤礽、三阿哥爱新觉罗·胤祉、四阿哥爱新觉罗·胤禛、八阿哥爱新觉罗·胤禩、九阿哥爱新觉罗·胤禟、十阿哥爱新觉罗·胤䄉、十三阿哥爱新觉罗·胤祥、十四阿哥爱新觉罗·胤禵。

康熙十四年(1675 年),康熙帝立二岁的二阿哥胤礽为皇太子。日后,皇太子变得骄纵与蛮横,并结党营私。康熙四十七年(1708 年),在木兰围场的布尔哈苏行宫,康熙皇帝以皇太子胤礽"不法祖德,不遵朕训,惟肆恶虐众,暴戾淫乱"的理由,宣布废除太子。之后,众多阿哥开始觊觎皇位。

康熙四十八年(1709 年)三月,恢复胤礽太子地位。康熙五十年末,胤礽被告与刑部尚书齐世武、步军统领托合齐、兵部尚书耿额结党营私。康熙五十一年(1712 年)九月再次下诏废太子。从此,废太子一直被圈禁至终。

胤礽再度被废之后,八阿哥胤禩转而支持十四阿哥胤禵,九阿哥胤禟、十阿哥胤䄉附庸八阿哥胤禩。十三阿哥胤祥附庸四阿哥胤禛。这就形成以胤禛为首的四爷党和以胤禩为首的八爷党两大势力。

众阿哥皆知如今皇阿玛年纪已大,此次病倒恐怕凶多吉少,故此个个各怀私心,且做好了各种准备。

(二)唯一让康熙帝放心不下的,就是这皇位传人

乾清宫内,张廷玉、高士奇、隆科多、张伯行等人拱手肃立。

康熙帝的龙榻前站立几名太医。

虽说康熙帝只是下雪那天偶感风寒,但只因年事已高,故服用几天药后,这病势竟似渐渐沉重起来。

几名太医站在那里,面面相觑,谁也不敢再开方子。

高士奇坐在皇帝身旁,亲自把脉。

康熙帝缓缓睁开眼睛,恍然之间看到高士奇,开口问道:"高爱卿,你说朕

还有多少时日?"

高士奇眉头紧皱,不敢开口。

康熙帝苦笑道:"高爱卿,不敢开口,是否朕时日已不多了?"

高士奇轻声说道:"皇上,依您的脉象,断不至于此。"

康熙帝道:"高爱卿,只管说来。生死有命,朕自然知道。"

说来奇怪,此时康熙帝病重,不求助太医诊断,却格外相信高士奇的三招两式,真个是有病乱求医。

高士奇道:"皇上,本无大碍,只管放宽心,好好养病就是。"

"朕在位已经六十有一。翻开历史,有哪一位皇帝能够在位六十年啊?朕已经知足了!"康熙帝道,"你们先下去吧,朕想安静一会儿!"

众人告退。

康熙帝知道,自己恐怕凶多吉少。而今,唯一让他放心不下的,就是这皇位传人。

老八胤禩文才武略出众,从这点而言最似自己。奈何老八野心太大,过于张扬,这点让自己极为不喜。

老四胤禛虽说文才武略不及老八,但是老四却为人更加隐忍,不喜与人争斗。更让康熙帝感到宽慰的是,孙子弘历太招人喜欢,这几个月一直在宫中陪伴自己,让自己享受到天伦之乐。

可老四是否能够如老八那样深得众人之心呢?若是老四继位,不能服众,对大清江山的长治久安恐怕不利。更让康熙帝不安的是,若是老四继位,老八肯定不会善罢甘休。再有萧墙之祸,岂非贻笑历史?

康熙帝一边思考着种种后事,一边又想着该如何妥善处理。胡思乱想之中,竟沉沉睡去。

一阵剧烈的咳嗽声将康熙帝震醒。他突然感觉到胸口一阵刺痛,嗓子里有点发咸。向下一看,竟有自己咳出的血迹,内心一阵发紧,又一阵发凉。

康熙帝剧烈的咳嗽早让门口的太监惊慌失措,连忙让门外守候的太医进去。

几位太医来到龙榻前,一阵手忙脚乱之后,终于让康熙帝安静下来。

康熙帝对身旁太监说道:"传张廷玉进宫!"

张廷玉闻听康熙帝召见,不敢怠慢。穿好官服,匆匆忙忙来到宫中。张廷玉来到龙榻之前,急忙跪倒,低声说道:"万岁,微臣张廷玉叩见皇上!"

康熙皇帝缓缓睁开眼睛,看着张廷玉说道:"张爱卿,如今局势,你也清楚。众位阿哥虎视眈眈,俱是等着天意。若是一着错失,局面便无法收拾。卿意如何?"

张廷玉沉思片刻,说道:"万岁,哪位阿哥上位,由皇上您亲自裁决,只是臣以为需安抚三人。"

康熙帝并没有睁开眼睛,只是鼻子轻轻嗯一声,示意张廷玉继续说下去。

张廷玉偷眼瞧看,见皇上并无表情,于是接着说下去。

张廷玉道:"第一点,皇上颁下圣旨之时,需要让众位阿哥俱在宫廷内听候,且公布新君之前不准哪位阿哥随意离开。这样即使哪位阿哥有不臣之心,却没时间行动。第二点,皇上不管属意哪位阿哥,微臣以为还要多询问几位朝中大臣,如此方能知道这位阿哥是否服众。若是不能服众,以后恐生事端。"

康熙帝再次轻轻嗯声,而后示意张廷玉继续。

张廷玉道:"皇上需要注意三个人。一是八阿哥胤禩。众阿哥之中,唯有八阿哥可以调动军马。若是八阿哥有变,就会祸起萧墙。二是年羹尧。如今年羹尧手握重兵,驻扎边疆。若是哪位阿哥联合年羹尧,以后恐不好收拾。这第三个人物就是隆科多大人。隆科多大人虽身居尚书,但兼任九门提督,京城步军均归隆科多管理。皇上需要安抚住隆科多,方能万无一失。"

隆科多身世显赫,祖辈、父辈都为清廷建有很大功勋,封官晋爵。祖父佟图赖,是顺治帝孝康章皇后的父亲,入关以后多次出征山东、山西、河南、湖广等地,军功卓著;历任定南将军、礼部侍郎,晋爵至三等子,死后又特赠为一等公,原因是"父以女贵",是皇太后的父亲。父亲佟国维,又是康熙帝孝懿仁皇后的父亲,所以佟国维既是康熙帝的舅舅,也是康熙帝的岳父,地位自然尊崇。他又曾三次跟从康熙帝亲征噶尔丹,立功颇多。因此,佟国维也是仕途一路畅达,历任侍卫、内大臣、领侍卫内大臣,晋爵一等公。佟国维一女还是康熙帝的贵妃。

因其祖父和父亲的缘故,隆科多与康熙帝也有着双层的亲戚关系。既是康熙帝的表弟,也是康熙帝的内弟,自然受到重用。康熙二十七年(1688年),隆科多开始任一等侍卫,不久就被提拔为銮仪使兼正蓝旗蒙古副都统。康熙四十四年(1705年),康熙发现其部属违法,下谕斥责隆科多不实心办事,革去其副都统、銮仪使之职。但到康熙五十年(1711年),他又重新受到重用,得授步军统领的重要职位。步军统领,俗称九门提督,负责维持京城防卫和治安,并统帅八旗步军及巡捕营将弁,权责重大,由皇帝特简满洲亲信大臣兼任,由此可见康熙帝对其信任程度。康熙五十九年(1720年)十一月,任理藩院尚书,仍管步军统领事务。

听完分析,康熙帝心内暗暗赞叹张廷玉思路之清晰与缜密。

随后,康熙帝又缓缓说道:"张爱卿,依你之见,此事谁人方有秉公之言?"

张廷玉又思考片刻,说道:"可有一人!"

康熙帝问道:"何人?"

张廷玉道:"皇上明鉴!"

(三)隆科多急忙磕头说道,奴才不敢冒揣圣意

隆科多跪在床榻之前,康熙帝并没有睁开眼睛。一缕朝阳透过窗户斜射在地面之上,隆科多感觉到有些刺眼。

康熙帝用微弱的声调说道:"隆科多,朕听说你与八阿哥来往甚密,可有此事?"

隆科多内心一阵发紧,急忙磕头道:"主子,奴才时刻牢记您的训导,绝不敢结党营私。"

康熙帝眼睛睁开一条缝隙,微微说道:"朕给你的圣谕,你没忘记吧?"

隆科多忙道:"奴才时刻谨记。奴才记得,主子刚刚命奴才做步军统领之时,专意叮嘱奴才。主子说的话犹在耳边,奴才时时刻刻铭记在心。"

康熙帝说道:"朕似乎不记得,那你说与朕听吧!"

"只须行为端正,勤谨为之。此任得到好名声难,得坏名声易。兄弟子侄及家人之言,断不可取。这些人初次靠办一两件好事,换取你的信任,之后必定对你欺诈哄骗。先前的步军统领费扬古、凯音步、托合齐等,都曾为此所累,玷辱声名,须时刻防范。慎之!勉之!"隆科多继续说道,"主子的朱批奴才又如何敢忘记,更不敢违背皇上谕旨!"

康熙帝道:"隆科多,但愿如你所言。朕这里本有一道圣旨,你想知道是

何旨意?"

隆科多急忙磕头说道:"奴才不敢冒揣圣意,请主子明示!"

康熙帝一字一句缓缓说道:"取尔项上人头!"

隆科多只觉脊背之上冷汗直流,磕头如捣蒜一般说道:"主子,若是犯下什么过错,主子要奴才死,奴才不敢不死。"

康熙帝道:"隆科多,朕想看着我大清江山长治久安。记着,没有朕的旨意,你手下那些士兵断不可轻举妄动,更不能随你私心与哪个阿哥有什么勾连!"

隆科多急忙道:"主子但请放心,奴才绝不会违背主子旨意。奴才心中只有主子一人!"

康熙帝道:"你且下去吧,让朕安静一会儿。"

八阿哥胤禩府中,八阿哥与九阿哥胤禟、十阿哥胤䄉正在议事。胤禩道:"皇阿玛卧病在床,我问过太医,恐不久于人世。但是十四弟远在西北,一时半会儿回不了京城。不知道皇阿玛到底怎么想的? 我们又当如何应对?"

胤禟道:"八哥,我以为皇阿玛此时尚未决断之时,我们须赶紧行动。"

胤䄉也点头称是,并说:"十四弟不在京城。若我们按兵不动,恐耽误大事。"

胤禩道:"也罢,我们且双管齐下。第一,我们必须团结那些大臣,尤其是那些中间立场摇摆不定的大臣;第二,丰台驻扎的三万步兵皆为我所管,若是情势危急,就兵戎相见。"

胤禟问道:"八哥,那我们需要拉拢朝中哪些大臣呢?"

胤禩说道:"目前朝中为皇阿玛信任的大臣有张廷玉、隆科多、张伯行。我们先去拜访张伯行,若是能够取得张伯行支持,我们胜算或者会大很多。"

胤禟一边点头一边说道:"有道理。张廷玉与隆科多手握重权,且久伺皇上,心思难以捉摸。隆科多固然平时与我们来往甚密,但是关键时刻,他肯定是听命于皇阿玛。唯有张伯行,听说此人平日里不喜与朝中大臣结党,为人又极耿直。"

说到这里,胤禩回身对门外道:"备好车马。"

胤禩来到张伯行府中,张伯行感觉甚为奇怪,不知道这八王爷来有何贵干。

但张伯行也不敢怠慢,急忙出门叩头迎接。

张伯行将胤禩接到客厅,请胤禩上座,胤禩也没有客气。两人坐下后,张伯行令家人看茶。

而后,张伯行小心翼翼地问道:"八王爷,不知道光临寒舍,有何吩咐?"

胤禩微微笑道:"张大人,无事不登三宝殿!"

张伯行脸色之间有些诧异,忙起身施礼道:"八爷有何吩咐?"

胤禩看看客厅再无他人,于是就天上地下海说一通,听着没有边际,却也刀刀见红。

张伯行听完心内有些惊诧,心内翻江倒海一般,但神色却不敢流露什么。

若是按照张伯行以往行为,就会直接答应或者断然拒绝。但这几年张伯行在庙堂之上天长日久,知道有些话断不可乱说。故张伯行略微思考之后说道:"八王爷之言,张伯行谨记在心!"

胤禩看张伯行脸色谦恭,甚为得意,心想:人人皆说张伯行为人执拗耿直,我看也不过如此。

胤禩放下心来,便告辞回去。

(四)在弘历身上,康熙帝似乎看到自己旧日身影

这一日,天气略略暖和一些,阳光也较往日硬朗许多。

康熙帝这天感觉精神竟然爽朗起来,忽然想起孙子弘历,就命身旁太监将其唤来。

弘历来到龙榻之前跪倒,高声喊道:"孙儿弘历见过爷爷!"声音清脆,且语言之间透着童真与可爱。

康熙帝心内大悦,竟然从龙床上坐了起来。虽然感觉身体依旧软绵,但是精神却是甚佳。弘历见状,急忙上前帮着将爷爷扶下床来。

弘历拉着康熙帝的手,两人走出房门,来到院内。

院子里,那棵腊梅已经开始开放,前几日的残雪尚未融化。康熙帝看着弘历,问道:"弘历啊,我记得前人写过一首雪花与梅花的诗篇,你可记得?"

弘历笑着说道:"爷爷,写梅花与雪花的诗歌很多,爷爷说的是不是宋人卢梅坡的《雪梅》啊?"

康熙帝听完之后不禁微微一笑,说道:"正是这首。"

弘历用清澈见底的眼光仰望着康熙帝,说道:"爷爷,我且背与爷爷听,看是对也不对。"

说着话,弘历就朗声背诵起来:"梅雪争春未肯降,骚人阁笔费评章。梅须逊雪三分白,雪却输梅一段香。"

康熙帝不禁再次微笑,口中喃喃低语道:"是啊,梅须逊雪三分白,雪却输梅一段香。"

弘历的脸上露出灿烂而阳光的笑容,这是康熙帝最喜欢的一张笑脸。康熙帝膝下孙儿甚多,但唯有弘历深得其喜爱。甚至很多时候,在弘历身上,康熙帝似乎看到自己旧日身影,也看到大清王朝的未来和希望。

听弘历背完之后,康熙帝说道:"弘历,你且记着,每个人都会有自己的长处,也会有自己的短处。所谓尺有所短,寸有所长。你长大以后,一定要多多向旁人学习,方能不断让自己变得强大起来。"

年幼的弘历左手一拢衣袖,向前一步,双膝跪地,频频点头,说道:"爷爷,孙儿谨记在心!"

康熙帝道:"我们回去吧,爷爷今日感觉甚佳。"

刚刚回到房间,康熙帝忽觉脚步虚浮,竟自不能站立一般。弘历看到爷爷神色有些不好,急忙喊身边太监过来,将康熙帝扶到床上,传来太医。

太医过来给皇上把脉,见脉象微弱,气色紊乱,心中顿生不祥之感。这时,皇上微微睁开眼,说道:"传张伯行。"

一生雄才大略的康熙帝知道自己大限恐怕要到,自己必须要下定决断。

此时,张伯行正在自己府中整理陆稼书文集,忽然门外一阵骚乱,一名太监过来传皇上口谕,令张伯行即刻进宫,不得有误。

张伯行不敢怠慢,连忙换上朝服,令人备好轿子,匆忙往畅春园而去。

来到畅春园,在一名太监引领下,张伯行急匆匆来到康熙帝的床榻之前。

张伯行跪倒磕头,而后偷眼观瞧,却见康熙帝脸色惨白,躺在床上竟是一动不动,顿时心中一阵绞痛。泪水在他的眼眶之中来回打旋,却不敢落下。

张伯行哽咽着说道:"皇上,臣张伯行觐见!"

康熙帝微微睁开眼,看到眼前跪着一人,模糊之中有些眼熟,问道:"下跪何人?"

张伯行急忙又说道:"微臣张伯行!"

康熙帝抬起右手,轻轻一挥,侍奉的几名太监宫女退到房间之外,而后又将门关上。

康熙帝喘口气,说道:"张伯行,朕素知你为人耿直,且在朝中从来不与人结党。朕想知道,朝中诸臣对诸位阿哥希冀几分?"

张伯行一听,内心一紧,心中不断思考该如何回答是好。

思忖瞬间,这一瞬间让张伯行感觉像是一年之久。见康熙帝似睡非睡,没有睁眼,张伯行回道:"皇上,诸位皇子皆是人中龙凤。"

康熙帝脸色有些不悦,说道:"朕只要你实言。"

张伯行正色说道:"诸位皇子之中,四王爷、八王爷、十四王爷出类拔萃,皆有担当。四阿哥思虑缜密,谦和内敛;八阿哥文武双全,天赋极好;十四阿哥武力超群,镇守边疆,独当一面。"

康熙帝闻言,抬抬眼皮道:"说下去。"

张伯行似乎倾尽全身之力说道:"看圣孙!"

退出之后,张伯行衣衫已经湿透,额头汗水一直流淌。心想,今日这一番话若是被人所知,自己恐怕凶多吉少。但转念又想,不禁有些恼怒,为什么自己年纪大了,胆子反而还小了呢?

想想当初自己在山东、在江苏、在福建之时,做什么事情不皆是雷厉风行,又何曾惧怕过生死?今日自己竟然如此紧张?

张伯行又想,自己所言皆为朝廷考虑,全无个人私心杂念,更无个人利害得失。张伯行想到此处,不禁有些释然。

话说康熙帝听完张伯行"看圣孙"那三个字之后,心内已经下定决心,这皇位传于四阿哥胤禛。不仅仅是因为胤禛相较其他几位皇子更加低调谦和,不结党营私,拉帮结派,且平日里做事亲力亲为,勤勉有加。更为可贵的是,自己最喜欢的皇孙弘历颇有自己当年风采。日后,胤禛若将皇位传于弘历,那么大清的江山必然会走向兴盛。

想到此处,康熙帝对门外太监喊道:"张廷玉前来!"

（五）著皇四子胤禛继朕登基，即皇帝位，即遵典制持服

八阿哥府内几人正在商议着该如何应对的各种状况，门外忽然有人喊道："禀王爷，十四爷信到！"

胤禩闻听大喜，急忙让送信之人进来。胤禩拿过书信，信中说得明白，十四弟胤禵已经将西北边关之事交付与年羹尧，自己率领亲兵正在赶回京城，不日可达。

胤禩看过之后，不禁喟然长叹道："天不助我啊！十四弟，这步棋走得过于匆忙了！"

九阿哥与十阿哥急忙问："怎么了？"

胤禩叹道："我素知年羹尧其人。年羹尧与十四弟固然交好，但年羹尧与四哥关系更密。若是四哥继位，想那年羹尧定会倒戈听命于四哥。到那时，我们外边连接应的人都没有。况且，十四弟现在赶往京城。即使来到，只恐怕为时已晚。"

九阿哥与十阿哥听完之后也觉有理，但是却无可奈何。

胤禩思考片刻，说道："如果有变，我们不能坐以待毙，只有积极应对，才能扳回一局。"

胤禩回头对九阿哥胤禟说道："九弟，你速去丰台大营，以应不测。"

胤禟听完之后，急忙骑快马往丰台而去。

且说四阿哥胤禛府内，同样人来人往，络绎不绝。

容等所有人离开，胤禛回身对贴身仆人说道："速速去请隆科多大人过来，我有要事相商。"

不到半个时辰，隆科多到来。

胤禛看到隆科多，急忙上前迎接，说道："宫内如何？"

"九门提督隆科多见过王爷。"隆科多见厅内只有两人，于是趴在胤禛耳边轻声说道："王爷，依我推测，大事已定！"

胤禛听完之后，脸上露出笑容。

而后，胤禛对隆科多说道："虽说如此，但需要小心行事。八弟那里虎视眈眈，丰台大营也未可测。"

隆科多说道:"王爷,但请放心。第一,我手下兵马实力远超丰台驻军;第二,皇上也不允许有兵变发生。一切都安排妥当,王爷只需放心等待,让弘历多在宫中陪伴皇上即可。"

畅春园内,张廷玉跪在康熙帝的病榻前边。

康熙帝侧脸看着张廷玉,缓缓说道:"张爱卿,此事能够顺利,全赖于你。你替朕拟两道圣旨。"

张廷玉急忙道:"微臣遵命!"

康熙帝道:"先传朕的口谕,令诸位皇子全部前来,而后你当众宣读圣旨。只说平时几位皇子的所作所为以及对朕的照顾,内容越长越好。圣旨最后,让诸位皇子静静等待,等待隆科多宣读第二道圣旨。"

康熙帝感觉有些累,嘴里也有些干。旁边有人递上一盏茶,康熙帝轻轻抿了一口,继续说道:"这第二道圣旨只说一句话,朕的皇位传于四王子胤禛。"

张廷玉听完之后,急忙命人将墨研好,而后开始拟写圣旨。

正午时分,有人传下口谕,说康熙帝病重,请诸位皇子前来探望。凡留在京城的皇子从各自府中前来,不能缺少一人。

康熙帝看到诸位皇子齐刷刷跪倒在自己面前,轻声问道:"是不是都在?"

八阿哥急忙上前一步,说道:"十四弟尚在从边关回归的路途之上!"

康熙帝喘口气,叹息道:"恐怕朕等不到胤禵了!"

康熙帝对张廷玉说道:"宣读圣旨。"

诸位皇子一听,心内各自紧张。

张廷玉拿出第一道圣旨开始宣读。

从来帝王之治天下,未尝不以敬天法祖为首务。敬天法祖之实在柔远能迩、休养苍生,共四海之利为利、一天下之心为心,保邦于未危、致治于未乱,夙夜孜孜,寤寐不遑,为久远之国计,庶乎近之。今朕年届七旬,在位六十一年,实赖天地宗社之默佑,非朕凉德之所至也。历观史册,自黄帝甲子迄今四千三百五十余年共三百一帝,如朕在位之久者甚少。朕临御至二十年时,不敢逆料至三十年,三十年时不敢逆料至四十年,今已六十一年矣。《尚书·洪范》所载:一曰寿、二曰富、三曰康宁、四曰攸好德、五曰考终命,五福以考终命列于第五者,诚以其难得故也。今朕年已登耆,富有四海,子孙百五十余人,天下安乐,朕之福亦云厚矣,即或有不虞心亦泰然。念自御极以来,虽不敢自谓能移风易俗、家给人足,上拟三代明圣之主,而欲致海宇升平,人民乐业,孜孜汲汲、小心敬慎,夙夜不遑,未尝少懈。数十年来殚心竭力,有如一日,此岂"劳苦"二字所能概括耶?前代帝王或享年不永,史论概以为酒色所致也,皆书生好为讥评,虽纯全净美之君,亦必抉摘瑕疵。朕今为前代帝王剖白言之,盖由天下事繁,不胜劳惫之所致也。诸葛亮云:"鞠躬尽瘁,死而后已",为人臣者惟诸葛亮能如此耳。若帝王仔肩甚重,无可旁诿,岂臣下所可以比拟?臣下可仕则仕,可止则止,年老致政而归,抱子弄孙,犹得优游自适。为君者勤勉一生了无休息之日,如舜虽称无为而治,然身殁于苍梧,禹乘四载,胼手胝足,终于会稽,此皆勤劳政事、巡行周历,不遑宁处,岂可谓之崇尚无为、清静自持乎。《易》遁卦六爻,未尝言及人主之事,可见人主原无宴息之地可以退藏,鞠躬尽瘁,诚谓此也。

自古得天下之正莫如我朝。太祖、太宗初无取天下之心,尝兵及京城,诸大臣咸云当取,太宗皇帝曰:明与我朝素非和好,今欲取之甚易,但念系中国之主,不忍取也。后流贼李自成攻破京城,崇祯自缢,臣民相率来迎,乃剪灭闯寇入承大统,稽查典礼,安葬崇祯。昔汉高祖系泗水亭长,明太祖一皇觉寺僧,项羽起兵攻秦而天下卒归于汉;元末陈友谅等蜂起,而天下卒归于明。我朝承袭先烈,应天顺人,抚有区宇,以此见乱臣贼子无非为真主驱除也。凡帝王自有天命,应享寿考者不能使之不享寿考,应享太平者不能使之不享太平,朕自幼读书于古今,道理粗能通晓,又年力盛时,能弯十五力弓,发十三握箭,用兵临戎之事,皆所优为。然平生未尝妄杀一人,平定三藩,扫清汉北,皆出一心运筹。户部帑金,非用师、赈饥未敢妄费,谓皆小民膏脂故也,所有巡狩行宫不施采缋,每处所费不过一二万金,较之河工岁费三百余万尚及百分之一。昔梁武帝亦创业英雄,后至耄年,为侯景所逼,遂有台城之祸;隋文帝亦开创之主,不能预知其子炀帝之恶,卒致不克令终,皆由辨之不早也。朕之子孙百有余人,朕年已七十,诸王大臣官员军民与蒙古人等无不爱惜。朕年迈之人,今虽以寿终,朕亦愉悦。至太祖皇帝之子礼亲王之子孙,现今俱各安全,朕身后尔等若能惕心保全,朕亦欣然安逝。

圣旨内容先叙述康熙帝的文治武功,接着从康熙帝有病说起,到诸位皇子平日里如何照顾和探望,并将诸位皇子都夸奖半天。张廷玉洋洋洒洒书写万余字,读起来慢慢腾腾,这道圣旨竟然宣读大半个时辰,让八阿哥胤禩心内坐卧不安。

终于,张廷玉读出圣旨的最后一句话:"诸位皇子,没有皇上之命,皆不可离开畅春园半步。如果违抗,以大逆之罪论处。"

胤禩听完之后,更加着急。他找了个借口,说想去更衣。来到房间外,却见各个门口皆是重兵把守。胤禩心内叫苦不迭,但却不能走出畅春园半步,那丰台兵马也自然无法调动。

又等约半个时辰,忽见康熙帝神情大变,脸色惨白,而后只听得康熙帝大叫一声,竟然昏迷不醒。

此时,隆科多早将圣旨取出,诸位皇子只好全部再次跪倒。

隆科多展开圣旨宣读道:

> 雍亲王皇四子胤禛,人品贵重,深肖朕躬,必能克承大统。著继朕登基,即皇帝位,即遵典制持服,二十七日释服。布告中外,咸使闻知。
>
> 康熙六十一年十一月十三日

胤禩闻听,勃然道:"是传位于皇四子还是皇十四子?"

隆科多道:"皇上有旨,传位于皇四子,请皇四子胤禛上前领旨。"

皇四子胤禛闻听,心内大喜,上前一步接过圣旨。

突然之间,却听得旁边太监开始惊呼道:"大事不好,皇上归天了!"

一时之间,房间内一阵骚动。

科隆多站起身来说道:"速速安静,所有人一律原地待命,任何人不得擅自出入。"

张廷玉对身边那些太监、宫女厉声喝道:"任何人不得再哭出声音。"

而后,张廷玉走到四皇子胤禛跟前,甩动衣袖,双膝跪地,三叩九拜,口中高呼:"吾皇万岁万岁万万岁!"

"张爱卿平身!"胤禛略显生涩地对张廷玉说道,"张爱卿,拟一道圣旨,半个时辰后,宣布皇阿玛驾崩的消息,并安排好各种后事。"

"诸位皇子、阿哥、王爷、臣工,叩见新皇,向皇上行君臣大礼!"张廷玉起身之后,回首对诸位皇子说道,"诸位阿哥听好,每个人的名字中不可再有胤字出现。凡有胤字者,皆改为'允'字。"

八阿哥胤禩心内恨恨不已,但自知大势已去,只好跪下谢恩。

"皇阿玛已经仙逝,如今我们需要为皇阿玛定下庙号。"胤禛又对张廷玉说道,"张爱卿,你速速拟出几个庙号。"

张廷玉不敢怠慢,急忙写出几个庙号,递了上去。

胤禛看后,高声说道:"皇阿玛一生,经文纬武,一统环宇,虽为守成,实同开创,朕意庙号定为'圣祖'最好。"

众人看到胤禛刚一上台,一切事情处理得雷厉风行,皆不敢再乱多言。

很快,康熙帝驾崩的消息传遍全国。

在张廷玉的主持下,康熙帝的葬礼也顺利办完。

四阿哥胤禛正式登上大清王朝的皇帝之位。

张伯行听闻康熙帝驾崩的消息,不禁悲从中来,痛哭不止。回忆起自己初次见到康熙帝的情形,一切如在眼前。可是如今,这位英明神武的皇帝却已经魂归他乡而去。

张伯行越想越觉得伤感,仰天长叹曰:"圣祖已去,终留下这大好河山!"

四
雍正登基

（一）官员须作风上清正廉洁，工作上敢于担当

胤禛最终志得意满，登上皇帝宝座，史称雍正帝。

雍正帝上位之后，很多法令一改其父康熙帝旧制，开始掀起一股改革之风。

尤其是吏治的方法与制度，较之康熙年间变动甚大。

康熙帝在位之时，一直主张培养官场的廉洁之风。凡是属于比较廉洁的官吏，皆为康熙帝重视并且提拔。

雍正帝以为"贪官之弊易除，清官之弊难除"。贪能误国，懒也误国，无所作为的"清官"就是庸官，跟利欲熏心的贪官一样，都不是好官。作风上清正廉洁，工作上敢于担当，二者缺一不可。这就是雍正帝的用人观。

但雍正帝这种用人之法，却被一些别有用心之人添油加醋，四处传播，进而扰乱朝中文武视听。

这一天，张伯行感觉身体不佳，尚在府中休息。忽然外面家人来报，说陈鹏年大人来访。

张伯行大喜，兴奋之下，只觉身体竟然大好。出门相迎，果见陈鹏年正往府中而来。

张伯行上前一步，拉住陈鹏年的双手，激动不已，说道："沧州如何回到京城？"

陈鹏年道："有些公干需面呈皇上，故此回京。"

两人落座之后，张伯行命人将茶水斟上，两人边喝茶边聊天。从过去壮年之时，一直聊到时下的局势。

两人忆起康熙帝的一些事情,唏嘘不已,感慨万端。而后,他们二人又聊起当今皇上。

陈鹏年对张伯行说道:"大人,我在督查河运之时,听说过一件这样的事情,不知道大人是否知道?"

张伯行道:"沧州且讲来一听!"

于是,陈鹏年就将他听说那件事详细讲来。

当时,每三年就会对各级官吏考核一次,这已经成为大清王朝一个惯例,一般也不会有什么特别出格的新闻。但是,在雍正帝刚刚上位不久,对一位县官的考核与处理,却引起当时很多人震撼。

这个县官名字叫常三乐,任直隶吴桥知县。担任此地三年知县之后,这年考核如期而至。

常三乐平时极其倡导廉洁之风,并且宣布,不会接受任何人贿赂。不管是平常百姓还是当地豪绅,自己皆会一视同仁。因此,深得民心,当地百姓以青天呼之。

这年,负责考核常三乐的是直隶巡抚李维钧。

李维钧给常三乐写下两条考核评语,一是"操守廉洁",是个清官;二是"懦弱不振",工作积极性不高。据此,他建议平调常三乐去管教育,因为教书育人对操守要求高,工作量却不大。

史载:李维钧,浙江嘉兴人,康熙三十五年(1696年)由贡生选授江西都江县知县。此后,历任知县、知州、刑部员外郎,江南道监察御史、直隶守道(相当于藩台)。雍正元年(1723年)二月擢直隶巡抚;十月升授首任直隶总督,加兵部尚书衔,节制提督以下官员;雍正三年八月,李维钧被拿问、革职、抄家。

吏部看过考核报告,感觉不妥,于是质疑李维钧,责问李维钧处理不当。吏部向李维钧提出一个问题:你说老常工作不胜任,到底有什么具体表现,造成什么严重后果?

李维钧举不出像样例子。

因为常三乐在当地深得民心,百姓对他评价甚高,且常三乐日常工作倒也极为勤勉,井井有条,所有该收钱粮也都一一收取,吴桥当地治安也算得上是风平浪静。总之,常三乐并没有什么大的过错,担任知县一职也挑不出什么大的毛病。

既然如此,你李维钧为何将常三乐调离知县一职呢?

于是吏部与李维钧就产生矛盾,两者就常三乐的任职问题争论不休。

吏部说,既然没发现实质性问题,把人家调离重要岗位,理由不充分,也不符合惯例,提醒提醒即可。

李维钧坚持自己的看法。

最终这个问题还是摆到雍正帝的面前。

吏部官员以为到雍正帝那里,常三乐必会留任。但是,最终结果却让吏部那些官员大吃一惊。

雍正帝看过报告,朱笔一挥:撤职!

理由很简单,自古以来,郡县治则天下安! 县域是社稷基石,知县责任重大。常三乐固然廉洁奉公,但缺失当一县之长的魄力与能力,这比那些贪官还要让人不能接受,甚至不能容忍。

于是,常三乐就这样被撤职查办了。

陈鹏年将这件事原原本本讲给张伯行,而后说道:"朝中文武皆言,当今皇上与其父完全不同。圣祖当政其间,为官者须廉洁奉公,如此方能成为合格官员,你我皆因此受到圣祖皇帝恩赐,但当今皇上却似乎对廉吏之治的态度大不相同。大人,我们皆垂垂老矣,以后还是多加小心一些吧,免得落得晚节不保,就会贻笑子孙。"

听完之后,张伯行眉头微微皱起。

张伯行道:"沧州,我们皆问心无愧。且平素里做事兢兢业业,从不敢因私废公。只要我们仰不愧于天,俯不愧于地,即使被罢免,被撤离,又能如何?"

陈鹏年听过之后,也被张伯行这种豪迈感染。陈鹏年不禁感叹道:"大人,已经年过古稀了吧?"

张伯行笑道:"七十有二了!"

陈鹏年说道:"大人年过古稀,却依旧初心不变,说出这等豪迈之语,陈鹏年钦佩不已!"

两人又寒暄半天。时至中午,张伯行留陈鹏年用饭,而后又畅谈许久,陈鹏年方才告辞离去。

张伯行将陈鹏年送走以后,一个人在书房看书,但神情却似乎有些游离。往日看书皆能全神贯注,不知为何今日里竟恍恍惚惚。

陈鹏年那些话语竟一直在他脑海中盘旋。

(二)雍正帝一改先皇宽仁作风,推行刚猛政治

相较于康熙帝,雍正帝对于清官的态度确有很多变化。

康熙帝一直致力于提倡廉洁之治,但凡清廉者,皆会引起他的重视。康熙帝深知清官刚正不阿,易为奸佞残害,因而常加以保护,甚至加以特殊眷顾。

"治行为畿辅第一"的彭鹏因事多次受到革职处分,但康熙帝都改为降级留用,直到被降十二级,仍奉旨留任原官。康熙帝还特意大张旗鼓宣传清官事迹,意在让天下官员仿效。康熙帝尚德、兴廉的吏治思想和实践,收到较好的效果,清官成为其治国理政的一面旗帜。

但是,雍正帝继位之后,一改乃父宽仁作风,以"严明"察吏,推行刚猛政治。他大力整顿吏治,清查钱粮亏空,对查实的贪污官员严加惩处,追回赃款,抄没家产;又改兴廉为养廉,实行"耗羡归公",官员按级别从中提取"养廉银",给予官员合理酬劳,使贪污行为失去借口。雍正帝的高明在于不仅惩治大批贪官污吏,而且在加大惩罚力度的同时,诉诸制度保证,对整肃吏治颇为有效。

雍正帝曾经说过一段话:"此等清官,无所取于民而善良者感之,不能禁民之为非而豪强者颂之。故百姓之贤不肖者,皆称之及至事务废弛。朝廷访闻,加以遣责罢斥。而地方官民人等群然叹息,以为去一清廉上司,为之称屈。"

大意是说:那些清官因为不向百姓索取,所以百姓因为他的清廉而感动。因为没有办法禁止百姓做一些为非作歹之事,所以那些乡绅也会称颂于他。这样上上下下百姓都会赞颂他,但是实际上当地公务却已经废弛。若是朝廷斥责他或者罢免他,当地百姓又会为之叹息喊冤,认为这样做就是废弃一位清廉官员。

雍正帝此举旨在提倡有为有能者上之,无为无能者下之,但是他也犯下一个错误。在对待清官问题上,他处处与乃父背道而驰。在他看来,"洁己而不奉公之清官巧宦,其害事较操守平常之人为更甚"。

雍正帝深信:贪官之弊易除,清官之弊难除。选拔大臣时,宁用操守平常的能吏,不用因循废事的清官。

为了彻底消除官员好名的风习,他还一改康熙帝时期的做法,禁止百姓挽留卸任官员和为他们建祠树碑。雍正帝过于倚重能员,鄙薄清官,这种矫枉过正的措施产生了消极后果,时人指责的"贪吏、酷吏者,无一不出能吏之中"。

此后,乾隆帝大大强化雍正帝重能轻贤、重才轻守的倾向。他不仅贱视清官,而且对一切有沽名钓誉之嫌的官员深恶痛绝,绝不能容忍臣子以气节操守获取清名。

乾隆中期以后士大夫道德自律日益松弛,清官不称于世,而墨吏出于能员者不乏其人。

后来,养廉制度虽一直沿用,但各级官员不再以清廉品节相尚。虽一时畏于严法不敢出格,但忽略人品的砥砺与惩劝,已经埋下官场风气渐衰的隐患。

而这一切,都为张伯行深深担心。

张伯行坐在书房里,手里拿着一本《孟子》,却无心观看,脑海中浮现起曾经那些画面。

自己在江宁担任按察使的时候,康熙帝南巡,自己负责修路,并最终见到了皇帝。康熙帝当时说的那番话犹在耳边,"别人不保举你,朕亲自保举你。将来居官好,天下以朕为明君。若贪赃坏法,天下笑朕不识人"。

自那日起,张伯行就发誓要效忠朝廷,效忠国家,做一个清廉有为之人。为了国家,为了百姓,自己肝脑涂地,也在所不辞。他甚至自己时常用三国时代诸葛亮的名言勉励自己:鞠躬尽瘁,死而后已!

可是现在,新任的皇帝却改变往日制度。如此下去,天下廉洁奉公者,岂不寒心? 长此以往,大清江山又将何去何从?

张伯行越想越觉得心神不宁,越想越觉得忧虑重重!

自己向来以廉洁为名,是否也会招致雍正皇帝不满呢? 难道自己当初举荐这位四阿哥也是不妥之举?

张伯行心乱如麻,如坐针毡,眼睛忽然之间瞥向自己手中的书本——《孟子》,里面一段话映入眼帘:

> 故天将降大任于斯人也,必先苦其心志,劳其筋骨;饿其体肤,空乏其身,行拂乱其所为。所以动心忍性,曾益其所不能。人恒过,然后能改;困于心,衡于虑,而后作;征于色,发于声,而后喻。……然后知生于忧患,而死于安乐也。

也许是上天在给自己的晚年增添一份考验吧!这么多年经历过这么多的坎坷、变化、低谷,自己都不曾徘徊、犹豫、胆怯,为何今天却开始有些惶惑呢? 难道自己真的老了吗?

不,绝不能因此而逃避、而低落,哪怕自己为此付出代价,也绝不可恐惧!诚如孟子所言:居天下之广居,立天下之正位,行天下之大道。得志,与民由之;不得志,独行其道。富贵不能淫,贫贱不能移,威武不能屈,此之谓大丈夫。

自己向来以大丈夫自诩,又如何能够为此而自保避祸呢?

想到这里,张伯行对门外喊道:"张安,张安,准备笔墨纸砚。"

张安急忙进来,将笔墨纸砚备好,张伯行提笔给皇上写起奏折。他心想,即使被罢免官职,自己也要秉笔直书,向皇上写明自己的观点和看法。不然,定会冷却众清官之心,甚至会影响大清江山的前途命运。

张伯行一边写,一边想,若是皇上不能采纳自己的建议,自己就告老还乡,回到家乡仪封,继续在请见书院教育那些青年学子。

张伯行刷刷点点,很快将奏折写好,而后对门外喊道:"张安,备轿!"

张安早将轿子备好,张伯行登上轿子直奔养心殿而去。

(三)桌案之上的奏折若小山一般堆在雍正帝面前

张伯行刚刚出门不远,忽见两匹快马往自己府中疾驰而去。虽说只是电光石火之间,但张伯行已经看到马匹之上端坐的两人。

张伯行急命停轿而后回到府门。

只见那二人从马上跳下,正在跟看门的衙役说话。

张伯行疾步上前,在后面喊道:"大黑、大仪,可是你们?"

那二人回头,看到张伯行,一路飞奔而来。跑至张伯行面前,急忙跪倒于地,高声喊道:"见过老爷!"

张伯行上前一步,一把将两人搀扶起来,眼中竟突然之间蓄满泪水。

张伯行哽咽道:"大黑、大仪,果然是你们。你们如何到的京城?这些年在家里可好?我在京城无时无刻不在想念你们俩啊!"

大黑与大仪也流下眼泪。

大仪道:"老爷,我们在家乡甚好,我们兄弟也甚是想念老爷。家里一切都好,耿太夫人身体康健,只是十分想念老爷,故此让我们二人前来看望,并给老爷带来书信一封。"

大黑也流下激动的泪水。他拉着张伯行的手粗着嗓门喊道:"老爷,你什么时候告老还乡啊,这样我们又可以天天在一起喝酒聊天了。"

大仪瞪一眼大黑,说道:"你胡说什么?老爷如今也算得是朝中重臣,为何让老爷告老还乡?"

大黑却说道:"大仪兄弟,这几年在老家我是想得明白。什么重臣,什么官员,都不如在家里守着黑里河抓几条鲤鱼喝着小酒来得自在。您说是吧,老爷?"

张伯行哈哈大笑。

回到府中,张伯行急命人准备茶水、饭菜、酒蔬、果品,几人边喝边聊。

从当年在山东赈灾治水,一直聊到当下岁月。

不知不觉之间,几人竟然聊到天色将晚。

张伯行对两人道:"你们这次是不是不再回去了?"

大仪道:"老爷,明日我们还要回去。一则给老夫人送信报个平安;二则,实不相瞒,老爷,我们二人对官场生活真的已经厌烦。还是在家乡过得逍遥自在,天高皇帝远,无拘无束,煞是快乐。"

张伯行黯然道:"我何尝不是这样想?只是穿着这身官袍,就要负起相应的职责。"

大仪道:"哦,老爷,我们刚到府门的时候,看到大人身着官服而回,是不是有要事啊?别让我们哥俩耽误了老爷的公干。"

张伯行道:"我正要前往养心殿拜见当今皇上,却不想正好看到你们俩的身影,故此才特意转回的。"

大黑道:"老爷,那不是耽误您的事情吗?"

张伯行道:"晚一时早一时差别不大。这样吧,你们二人一路赶来,定是人困马乏。我让张安安排好住处,你们暂且休息,明日再说回去的事情。"

大黑与大仪点头同意。

张安将大黑与大仪安排妥当之后,夜幕已经降临。

张伯行在书房内却坐立不安,内心依旧在惦记着自己写的那份奏折。细思片刻,张伯行对张安说道:"张安,备轿!"

张安有些奇怪,问道:"老爷,天色已晚,为何还要出去?"

张伯行道:"莫要多言,只管备轿就行。"

张安不敢怠慢,命人将轿子备好。张伯行坐轿再次前往养心殿。

走到养心殿,门口太监拦住张伯行,说皇上行将歇息,未有召见者一律不见。

张伯行争辩几句,无奈那几名太监说什么也不让其觐见皇上。

此时,雍正帝伏案批阅公文已久,忽听得门外有人喧哗,便命身旁太监出去查看到底是何情况。片刻之后,那名太监进来说张伯行请见皇上,门口太监不放。

雍正帝道:"这张伯行这么晚前来,或有要事,让他进来吧!"

这名太监急忙出门,高声对殿外喊道:"着张伯行觐见。"

殿外太监闻听,忙放张伯行进去。

张伯行拿着奏折进入殿内。养心殿内,烛光通明,桌案之上的奏折若小山一般,堆在雍正帝面前,雍正帝正在专心致志批奏着一本奏折。

张伯行见此,心中不禁暗暗赞叹。人人皆说这新任皇帝勤于政事,今日一见,果然如此。

雍正帝见张伯行进来,问道:"张爱卿,这么晚前来,可有要事?"

张伯行急忙跪倒:"臣张伯行拜见万岁!"

雍正帝令张伯行站起。张伯行将自己白日所写奏折呈将上去,说道:"万岁,人言万岁对天下清官颇有成见,我心惶恐不安。若是天下廉洁之官心灰意冷,势必增长那些贪官污吏之气焰。长此以往,恐对我大清江山不利。故臣斗胆上奏,陈明心迹,先请万岁恕罪!"

雍正帝将奏折拿起浏览一遍,而后微笑道:"张爱卿,看来你是对朕的想法有所曲解。"

张伯行一愣,而后说道:"皇上认为,贪官之弊易除,清官之弊难除。果真如此,我又如何曲解圣意呢?"

雍正帝站立起身,从书案后绕到张伯行身边,微笑道:"张爱卿,你可知道天下清官很多,但并不是每一个清官,都如张鹏翮、陈鹏年和张爱卿这般能干。很多清官只有一个清廉名声,但是却无所作为,这样的清官朕要他何用?所谓在其位,谋其政。如果在其位而不谋其政,岂不是尸位素餐吗?"

雍正帝顿了顿,说道:"我惩罚者,乃是那些空有清官之命的沽名钓誉之徒。若是既有清廉之名,又有吏治之才,朕赏还赏不过来,又如何会罚之呢?"

张伯行闻听,再次躬身施礼道:"万岁英明,是臣多心了。"

雍正帝笑着说道:"张爱卿,你的奏折我大致一阅,字字入心,句句真谛。朕之措施制度若有不当之处,还望张爱卿直言不讳。朕以为,朕并不是那种不听逆耳之言的昏庸之君!"

张伯行闻听,跪倒在地,说道:"万岁之胸怀,实不弱于圣祖皇上。臣张伯行钦佩万分!"

(四)山东归来之后,雍正帝拔擢张伯行为礼部尚书

雍正帝将张伯行扶将起来,说道:"张爱卿,我听说你初入仕途是任济宁道,并在那里赈灾治水,是也不是?"

张伯行施礼道:"正是!"

雍正帝将一份奏折拿起,递给张伯行说道:"这是山东巡抚递过来的折子,说济宁水患又起,朕心甚是不安。"

张伯行接过来观看,果如雍正帝所说。

雍正帝继续说道:"朕想派一人前去查看济宁水患,却一直没有找到合适人选。张爱卿心中可有治水之才?"

张伯行思索片刻,说道:"皇上,若是不嫌弃微臣老迈,微臣愿再去山东。"

雍正帝闻听,内心暗喜,说道:"张爱卿,你这般年纪,却依旧愿意长途奔

波,为国效力,朕心实慰。如果张爱卿愿意亲自前往,那朕就传旨,命张爱卿为钦差大臣,前去山东济宁查看水患。"

张伯行跪倒说道:"臣张伯行领旨。"

第二天,大黑与大仪欲要告辞回乡。听闻老爷又要前往山东济宁,于是决定暂缓回乡,陪着老爷再下山东。

张伯行带领大黑与大仪在山东一待就是两个月。两个月中,张伯行如同当年一样,亲自考察各地水情,根据水情制定不同的治理措施,最终再次将山东水患解除。

回到京师,张伯行面奏雍正帝,将山东河运以及自己应对之策一一陈述。

"只因当地管理水运者,在戴村筑坝,并且引汶水至南旺湖,目的是为了分流济宁运河之水。但是南边泗水河却因此疏于管理,泗水河大半淤塞,造成河水入湖者几乎断流。泗水河流最终与沂水相合从鲁桥而出。臣至山东之后,将府河拓宽,又使泗水由金口闸引入府河,流至济宁马场湖内。山东境内其他河道,有逆流改道者,臣带人大加疏浚;有乱石淤塞者,将其拓宽,使水流疏通;有脉络不通者,挖河通之,务必使水势畅流。于是,所有河道的河水皆能顺流直下流入各个湖泊。另外,臣考察境内河流,从济宁到台儿庄,相距四百余里,中间的水闸将近四十座。而从台儿庄至黄淮交汇处,相距也近四百里,却没有一座水闸。所以每逢天寒,则因不能蓄水,故老百姓常常颗粒无收。臣又命人在徐塘口之上选一合适位置建水闸一座。至此,山东济宁水季河流畅通无阻,旱季又可蓄水救灾。"

雍正帝听完之后,龙颜大悦,命人将从海南运到宫中的荔枝赐予张伯行。

张伯行叩头谢恩。

而后,雍正帝又赐给张伯行折扇一把,并在扇面上赐诗一首:

> 清凉境界梵王宫,碧染芙蓉耸昊穹。
>
> 万古云封五顶寺,千株松纳四时风。
>
> 盘迥鸟道珠幡里,缭绕炉烟画障中。
>
> 石立俨然如接引,疑逢青髻化身童。

雍正帝在朝堂之上表彰张伯行说:"张爱卿以古稀之年,勇担此重任,不辞辛苦,且治理山东水患,井井有条。张爱卿听封。"

张伯行闻听一愣,旁边的张廷玉急忙示意张伯行,说道:"张大人,还不跪下谢恩!"

张伯行急忙跪倒于地。

雍正皇帝说道:"张爱卿治河有功,封张伯行为礼部尚书!"

张伯行闻听,又惊又喜,急忙叩首道:"张伯行谢主隆恩!"

回府之后,张伯行将朝堂之上的事情说与大黑与大仪听。众皆感奋,大黑与大仪一起恭贺张伯行。

张伯行令人备下酒菜,三人边喝边聊。想起往事,皆唏嘘不已。

最后,大仪说道:"老爷,我们二人离家时日已久,此地事情已结,明日想告辞回家。老爷可还有什么话要交代的吗?"

大黑也说道:"老爷,本来我们二人想着来到京城,送完信就回去,却没有想到又陪着大人故地重游一番。如今,离开家快要半年了。"

张伯行沉吟一下,说道:"你们二人在此时日虽久,但是京城繁华之地却并未游玩。如今,我刚从山东回到京师,皇上也准予我在家休整两天。这两天我且带你们去京城大街小巷走一走。"

两人相互看了一眼,皆知张伯行是舍不得二人离去。大仪沉吟一下,说道:"既然如此,我们且再陪伴老爷两天。"

第二日,张伯行陪着大黑与大仪在京城以及近郊游山玩水。行至八达岭长城之上,俯瞰周围山脉,三人皆感慨万端。

大黑说道:"若是生在乱世,我大黑定能在长城之上弯弓射雕。"

张伯行叹息道:"即使在这太平盛世,你们二人跟随着我也立下赫赫大功。"

就这样,大黑与大仪又在京城待上两天。到第三天,两人坚决告辞,张伯行只好再次将两人送出京城。

张伯行到礼部报到,正式上任礼部尚书之职。

这一年的秋天如期而至。

秋风飒飒,落叶飘飘。张伯行正在查看这礼部各种公文,门外忽有人高声喊道:"礼部尚书张伯行接旨。"

张伯行急忙出衙门。外面站立两名太监,手里捧着圣旨。张伯行急忙跪倒,高声喊道:"臣张伯行接旨!"

那太监展开圣旨,高声宣读:"奉天承运,皇帝诏曰:山东曲阜欲要举办祭孔大典,着张伯行前往主持,即刻出发。"

张伯行接过圣旨高声道:"谢主隆恩!"

那太监又对身后一挥手,早有人端过来一些果盘。那太监说道:"皇上知道张大人此行辛苦,故特御赐宫中木瓜及其他各色水果一盘。"

张伯行再次跪倒,接过御赐之物并谢主隆恩。

当日下午,张伯行收拾行囊前往山东曲阜主持祭拜大典。

早就想前往曲阜拜谒孔庙,瞻仰圣人风采,却不想皇上竟派自己前往山东主持祭孔大典,张伯行心内极为愉悦。

(五)张伯行赴山东曲阜主持祭祀孔子大典

曲阜孔庙,又称"阙里至圣庙",位于曲阜城中心鼓楼西侧,是祭祀中国古代著名思想家和教育家孔子的祠庙。始建于鲁哀公十七年(前478年),历代增修扩建。

曲阜孔庙以孔子故居为庙,岁时奉祀。西汉以来,历代帝王不断给孔子加封谥号,规模也越来越大,成为全国规模最大的孔庙,占地三百二十七亩,前后九进院落。庙内有殿堂、坛阁和门坊等四百六十四间。四周围以红墙,四角配以角楼,仿北京故宫样式修建。与相邻的孔府、城北的孔林合称"三孔"。

如今,山东举办祭孔大典,皇帝无暇前来,身为礼部尚书的张伯行,责无旁贷地主持此次盛会。

大成殿外,张伯行率领山东各级官吏跪倒在地,参拜孔子。

大成殿是孔庙的主体建筑,面阔九间,进深五间,重檐九脊,黄瓦飞彩,斗拱交错,雕梁画栋,周环回廊,巍峨壮丽。擎檐有石柱二十八根,两山及后檐的十八根柱子浅雕云龙纹,每柱有七十二团龙。前檐十柱深浮雕云龙纹,每柱二龙对翔,盘绕升腾,似脱壁欲出,精美绝伦。殿内高悬"万世师表"等十方巨匾,三副楹联。殿正中供奉着孔子塑像,七十二弟子及儒家历代先贤塑像分侍左右。历朝历代,皇帝的重大祭孔活动就在大殿里举行。殿下是巨型的须弥座石台基,殿前露台轩敞,"八佾舞"也在这里举行。

祭祀大典在张伯行的安排下,一切都显得井井有条。

在庄严的乐声中,献祭者将祭品呈上,张伯行率领山东官员跪倒于地。

而后,张伯行亲自宣读祭文。

> 文圣吾祖,恩泽海宇。千古巨人,万世先师。
>
> 吾国文明,渊源何远! 洪荒无征,蒙昧万年。
>
> 既历三皇,五帝相衔;贤哲冥思,归之鬼天。
>
> 吾侪何来? 终将何还? 何者为福? 何者为善?
>
> 生应何求? 何为圣贤? 茫茫长夜,踽踽盘桓。
>
> 逮及文武,民听达天。周公制礼,明德尚贤。
>
> 享祚八百,维系血缘。尾渐不掉,王室东迁。
>
> 霸者问鼎,逐鹿中原。强则凌弱,富者欺寒。
>
> 悖逆诈伪,淫佚兴乱。岁岁征伐,竟无义战。
>
> 呜呼夫子,生悯人寰。少贱多能,屡经磨练。
>
> 复礼兴乐,欲挽狂澜。己立立人,孝弟唯先。
>
> 修齐治平,悦迩来远。游说列国,不惧厄难。
>
> 杏坛论学,大同是盼。人心驱霾,晨曦乍现。
>
> 道虽不行,学统绵绵。与时俱进,巨匠迭见。
>
> 孟轲弘发,荀卿敷衍。董生继后,道法兼含。
>
> 南北一统,合而有辨。孔贾拘守,昌黎呐喊。
>
> 迄宋大兴,如日中天。程朱相续,周张并肩。
>
> 出入佛道,孔孟真传。人参天地,敬而自反。
>
> 天理良心,理学体完。知行合一,世界峰巅。
>
> 沉沉浮浮,倏尔千年。伟哉中华,千劫万艰。
>
> 百折不挠,国泰民安。嗟我夫子,所述皆验。
>
> 仁恕之道,广播众散。谐和赓续,华夏新篇。
>
> 谨此上达,慰我圣贤。伏惟上飨!

张伯行从孔子的功绩谈至当今盛世,又从当今皇上英明神武,谈到为人父母官者,该当如何从孔子学说中汲取经验,读者肃穆,听者动容。

当日晚间,待到人群散尽,张伯行独自一人在孔庙之内漫步。其时,秋高气爽,月朗星稀。月光透过两旁树木的缝隙,在路上洒下斑驳陆离的影子。

张伯行抬头看天,感慨万端。想起自己当年在山东时的种种事情,那时自己还在壮年,意气风发,如今已经白发苍苍,垂垂老矣。

但又想到曹操写的诗句"老骥伏枥,志在千里",张伯行内心又不禁勃发出一股豪情。

而后,又想起当今皇上,较之圣祖康熙皇帝犹有过人之处,而自己也从户部侍郎擢升为礼部尚书。

一想到此事,张伯行不禁心潮澎湃,心内暗暗发誓,不管自己余生有多久,一定会肝脑涂地,报效朝廷的知遇之恩。

回到京城之后,张伯行开始全身心投入礼部尚书的工作之中。朝中每一次大典的举行,每一次宴会的筹办,张伯行皆会亲力亲为,每一个细节都要亲自把关过问。若有不妥之处,马上指出并要人立即纠正。

尤其是在科举考试之时,张伯行更不敢放松。出试题,选考官,遴选试卷,张伯行经常秉烛达旦,夜以继日。

张安看着老爷如此辛苦,经常劝说张伯行。张安说:"老爷,您已经七十多岁了。老不以筋骨为能,人家这么大的年龄,都已经开始颐养天年了。可是,您为什么还这么较真,这么拼命呢?"

张伯行微微叹息道:"张安,皇上如此信任,我又焉敢偷懒?若是因为我的缘故,让一些该被选拔上的人才漏掉,岂不是犯下千古大罪?若是因为我的细心,朝廷多一个真正的人才,这乃是国家之幸、百姓之福。"

张安听完,也无可奈何。一边嘟囔着,另一边却已经开始为张伯行将饭菜备好。

令张安不解的是,张伯行每日操劳,却不见疲惫,反而精神矍铄,日渐强健。

听闻张伯行如此辛劳,雍正帝也甚是欣慰。他常在文武群臣面前夸赞张伯行不仅为人清正,更是勤于政务。偌大年纪却依旧能够坚持做事,实乃我大清朝中流砥柱。

这年春节将至,整个京城弥漫着氤氲之气,更被一种喜气笼罩。雍正帝想起张伯行这一年的政绩,于是亲自书写一个斗大的"福"字赐予张伯行,并告诉张伯行可将此"福"张贴于府门。

张伯行内心激动不已,跪倒高声喊着:"谢主隆恩!臣即使肝脑涂地,也不能报答圣上的知遇之恩!"

而后,张伯行将"福"接过,高高举过头顶。

雍正帝又令旁边太监将宫中御厨内所藏鹿肉、羊鸡鱼、番薯、瓜果等物,赐与张伯行。

张伯行回到府中,沐浴更衣,将雍正帝御赐的"福"字张贴于府门之上。

五
荣归故里

（一）张伯行带着御赐之物，往开封府疾驰而去

自张伯行于山东曲阜举行祭祀孔子大典之后，华夏上下，尊儒之风日盛，雍正帝甚喜。这年春天，雍正帝再次颁旨，重赏张伯行，赐张伯行凉帽一顶，蟒袍一件，其他纱缎、锦衣、金银各若干。张伯行深表谢意，感激不尽。

雍正帝道："百姓之治，在于民心。爱卿阙里祭祀，让天下百姓知道，儒学乃为正统之学。而今，尊儒之风日盛，天下百姓归心，实乃功德无量！"

张伯行跪倒谢恩道："一切皆为万岁之功！朝中文武及天下百姓，谁人不知万岁每日里忙于国务，勤于政事，乃不世之明君。有不世之君，方能用不世之臣；用不世之臣，必能立不世之功。天下归心者，感皇上之恩也！"

雍正帝闻听，亦是龙颜大悦。

"东风随春归，发我枝上花。"春日美好，美好的时光总是匆匆而逝。

夏日炎炎，一年的雨季再次降临。

临近六月，河南境内暴雨忽至，连降数日不停。黄河两岸，一时之间处于紧要关头。

开封西北有一渡口，名曰黑岗口。这里是黄河的险要堤段，自古以来，曾接连不断发生溃堤决口，历代皇帝对此都感到头疼。

雍正二年，黄河又从黑岗口决口。传说，决口头一天夜里，黄河大王托梦于雍正帝，说，我没处可走。雍正帝说，你没处走可走黑岗口。第二天天亮，雍正帝上朝对众大臣说："寡人昨夜做一梦，梦见黄河大王。"话未说完，有人急报，开封黑岗口决口，洪水泛滥成灾，到处一片汪洋。

开封境内，各级官员若风声鹤唳一般，闻水则惊。好在开封知府王士俊

亲自到黄河大堤黑岗口决口处,指挥民工铺埽堵口。

> 史载:王士俊,字灼三,号犀川,生于清康熙二十二年(1683年),贵州平越人。出身书香门第,官宦世家。康熙五十六年(1717年)考中举人,六十年(1721年)赴京会试,中进士改庶吉士,入翰林院任检讨。雍正元年(1723年)选送河南任许州知州,雍正二年任开封府知府。后任琼州知府、分巡岭西道、湖北巡抚、河东总督,雍正皇帝特赐孔雀花翎。乾隆元年(1736年)四月,以兵部侍郎衔署理四川巡抚。因越职上奏言事被参劾,下刑部狱。乾隆二年(1737年),削职为民回籍。乾隆二十一年(1756年),病逝于家。

一开始,王士俊下一埽跑一埽,总是堵不住,他便把衣裳一掖,奋身跳进激流的埽上,让民工继续铺埽。民工铺一埽,他便往前挪一埽。在他的带动下,全体民工也都奋不顾身,日夜苦战,抗洪斗争的情绪十分高涨。

但雨水太大,堵之不及。眼见得一处缺口越来越大,忽然想起当年仪封治水时,有人主张用装粮食的口袋装上泥沙堵塞缺口,效果甚好。他立即命两岸百姓迅速将家中口袋拿到大堤之上,并装好泥土,绳子捆扎结实,扔至缺口之处。

可是,决口越是狭窄,水流越是湍急。泥袋扔进去,立刻就被冲跑。这时,王士俊心急如焚。他把乌纱摘下,往水里一扔,大声喝道,有胆量,就给我冲走!只见激流在原地打漩,乌纱也随着水势转圈,就是不敢冲走。

缺口堵住,王士俊方始松口气,擦一把汗水与雨水,颓然坐在大堤之上。看着大堤南岸的村庄,心内犹自暗暗心惊不已。

大堤上,人山人海,一片欢腾,王士俊脸上也露出笑容。他屈指一算,前后只费一个半月,提前完成堵口工程,就吩咐地方官唱戏三天,祭祀河神。

河南巡抚田文镜亦亲自前来。王士俊见巡抚大人前来,急忙拜见,并将险情禀报一番。

> 史载:田文镜,字抑光,隶籍汉军正蓝旗,监生出身。康熙二十二年(1683年),二十二岁的田文镜出仕县丞,升知县、知州,历二十余年。康

熙五十六年(1717年),官内阁侍读学士。雍正帝即位后,深受宠待。雍正元年(1723年),署山西布政使,次年调任河南布政使,擢升巡抚。

田文镜乃是雍正时期著名廉吏,凭借多年担任地方官的经验,大力推行雍正帝的改革方针,以整饬弊政。他清查积欠,实行耗羡提解;限制绅衿特权,严限交纳钱粮;严行保甲制度等,均取得明显成效,也引起一些官员不满,先后受直隶总督李绂、监察御史谢济世参劾。然而雍正帝以其实心任事,称之为"模范疆吏",任用如故。

听完开封知府王士俊的汇报,田文镜心内亦感叹不已。他当即告诉王士俊,自己当会面奏朝廷,请朝廷封赏。

王士俊感恩不尽。

养心殿内,雍正皇帝面沉似水。连日暴雨,河南、山东境内水患灾情接二连三报奏到朝廷之内,雍正帝颇有焦头烂额之感。

黄门官禀报说,河南巡抚田文镜请见。

雍正帝闻听,心内更加焦躁不已,以为又是灾情加重,当即命田文镜觐见。

田文镜来到养心殿内,跪倒参见皇上。

雍正帝问道:"田爱卿,可是为河南水患而来?"

田文镜道:"万岁,臣正是为此事而来。"

雍正帝言语之中已经有些烦躁,说道:"那就速速禀来,河南水患又造成多少损失?"

田文镜急忙道:"启奏万岁,黄河水患已经基本得到控制,两岸百姓安然无恙。"

雍正帝闻听,龙颜大悦,忙问:"果真如此?朕正在为此事忧虑。快快告诉朕,河南水患如何得到治理?"

田文镜忙将河南水患治理情况一一陈奏,并特意提到开封知府王士俊治水有功。

雍正帝闻听不禁动容道:"如此知府,实为难得,朕明日派人前往河南嘉奖此人。田爱卿,你看派何人合适?"

田文镜思忖片刻,说道:"万岁,臣以为,莫如派礼部尚书张伯行大人。"

雍正帝道:"张伯行自然可以。只是张伯行年纪已大,朕不知张伯行能否受得鞍马劳顿之苦?"

田文镜道:"万岁,礼部张大人当年出仕亦是从治水开始。臣听说张大人还写过诸多治水方面的书籍,对于治水颇有心得。此行若张大人前往,还能给当地官吏更多治水方面的建议,这是其一。其二,张大人家乡亦在开封府,张大人为国事操劳一生,很少回家。此行可允许张大人回家省亲,这样亦是对张大人的另一种褒奖。张大人回家也可算得上是荣归故里,光耀门楣。我想,张大人定是愿意接受这件差事。"

雍正帝点头说道:"田爱卿考虑问题周全,所言极是。"

雍正帝当即传旨,着张伯行为钦差大臣,带御酒十瓶、锦袍一件,褒奖开封知府。并给张伯行一月假期,待褒奖完开封知府,即可回乡省亲。

张伯行闻听,欣喜不已。自己早就有回乡省亲之念,毕竟年纪越来越大,思乡之情越来越重,没想到皇上竟主动给与自己这个差事。

张伯行领过圣旨回到自己府中,告诉张安明日回家一事,张安亦是惊喜异常。

忽然门外有人来报,说河南巡抚田文镜大人来访。

张伯行一听田文镜来访,想到自己回乡这个公差,忽然就明白是怎么回事。

张伯行急忙出迎,见到田文镜忙施一礼,说道:"多谢田大人在皇上面前进言。"

田文镜哈哈大笑,说道:"张大人果然是大智慧。"

张伯行将田文镜接到客厅,命人看茶。

田文镜说道:"张大人,我举荐你回乡褒奖开封知府,实则也有私心,今日前来特要陈明心迹。"

张伯行拱手道:"只要张伯行能够做到,定会竭尽全力而为之。"

田文镜道:"张大人,你本是开封府人,故应该知道河南境内,每年夏季到来,总是水患不断。为了此事,我每年都头痛不已。我知道,张大人对于治理水患颇有心得,故此才在皇上面前举荐你回乡褒奖开封知府。实则是想让你到河南之后,给黄河两岸那些治水官员讲讲你的治水心得,以免黄河两岸百姓再遭水患涂炭。"

张伯行不禁赞叹道:"田大人用心良苦,我张伯行自会尽绵薄之力,为家乡安危效犬马之劳。"

田文镜拱手感谢。两人又寒暄半日，田文镜告辞离去。

第二天一早，收拾完毕，张伯行带着御赐之物往河南开封而去。

（二）距离老家仪封尚有十余里之遥，张伯行就下车徒步前行

赤日炎炎，太阳如火一般炙烤着大地。但是张伯行等人依旧快马加鞭，一路疾驰，不几日就来到开封黄河黑岗口渡口。

张伯行看着眼前熟悉的黄河，熟悉的渡口，熟悉的开封城，不禁感慨万端，自己已经多年未曾回到老家河南。

明崇祯九年，黄河河决黑岗，而黑岗之名始著。凡三筑黑岗堤，自后岁时必加修，诚以都会所在，保卫宜严。黑岗口也因"其土黑色，下有池多鱼"而得名。

张伯行在黑岗口举目远望，宽阔的黄河洪流自西北汹涌澎湃而来，大溜直冲堤岸，形势惊险，令人生畏。更让张伯行感慨的是，黑岗口大堤临水河道与堤背之地面，相差在十米以上。大河悬于高空，高出开封城内地面数丈。

看到黑岗口北临黄河，南依大潭，男人撒网捕鱼，妇女编蒲织包，家家户户安居乐业，张伯行顿感欣慰。又听到几个孩童边戏水玩耍，边唱着歌谣"南北堤，南北堤，家家户户门朝西。女的编蒲包，男的捉虾米"，更是高兴不已。

开封知府王士俊闻听钦差大臣前来，急忙率领开封府各级官吏前来迎接。张伯行等人被接到开封府衙，张伯行宣读圣旨，并将御赐之物一一赏与开封知府。

王士俊跪倒在地，叩谢龙恩，又将张伯行等人让到府衙，并请张伯行等人上座。

落座之后，张伯行就询问王士俊是如何治理水患的。王士俊闻听后，喟然长叹，说道："张大人，开封地界，黄河两岸，备受河患之苦，每到夏天，水患不断。前些时日，暴雨连绵，黑岗口大堤被冲垮。危急关头，有人提醒我说，当年仪封堵塞河堤时，有人用装粮的口袋装入泥土，堵塞决口，方便快捷有效。我马上命堤岸之下的百姓，将家中所有口袋拿出，并装入泥土，堵塞决口，最终化险为夷。如此说来，还要感谢当年仪封治水之人。"

张伯行闻听不禁微微一笑。

旁边之人对王士俊说道:"知府大人,当年仪封治水之人,就在您的面前端坐呢!"

王士俊闻听大惊,急忙再次施礼道:"原来张大人就是当年仪封堵塞黄河决口之人。我初到开封之时,就听人说起过大人当年一些事迹,却没有想到当年之人竟是钦差大人啊,失敬失敬!"

张伯行微微笑道:"些许小事,何足挂齿?堵塞决口固然重要,但最重要的还是如何疏浚河道。唯有堵与疏相结合,方能根治水患。"

王士俊说道:"我在仪封察看水情,听到市井民间津津乐道钦差大人治理黄河的三件大事。

"一是,有一年,祥符县南岸回回寨对面,淤滩直逼河心,主洪南趋,其下以南等处系单堤,且临近省城,关系甚重。张大人您循北岸至李家店一带,沿旧河身拨浚引河一道,引溜直行,俾成东西之势,以保固堤工。您提出开挑引河须审形度势,即河头有吸川之形,河尾有建瓴之势,方可期其必成。

"二是,有一年,黄河沿仪封县南岸青龙冈迤下,水势潆洄纡折,将上湾淘作深兜,与下湾相对,两湾只隔四百余丈。上水河头已有吸川之形,下水河尾亦有建瓴之势。钦差大人在实地勘察后,疏请开挖青龙冈引河一道,部议如其所请。引河开挖之后,使大溜趋直,旧河湾淤成平地,缓解险情。

"三是,还有一年,仪封县北岸黄河水势冲急,将雷家寺上首滩地刷开支河一道,沿堤走溜,经宋家营、徐家堂、曲家楼等处,直至三家庄出口,计程五十余里,堤工皆受其害。每遇水势泛涨,激流汕刷,腾波涌浪,势同奔马,上下抢护,救应不遑,甚属险要。张大人经过查勘形势,决定于雷家寺上首废堤头因势开挖引河一道,导水东行。引河挖成之后,河身顺直,水不纡回,大河之流既畅,支河之势自缓,不特坝工可以经久捍御而黄流全归正河,自当愈刷愈深,河滩亦能渐次淤高,使雷家寺以东五十余里堤埽工程得以避免黄水汕刷的危险,保护堤防工程。"

王士俊起身深施一礼,缓缓说道:"我听人说,大人后来去山东济宁,在济宁亦负责治水,且治水有方,功勋卓著!"

张伯行急忙摆手道:"莫要再提,莫要再提。那都是百姓们大力支持,方有我等这些所谓功成。"

王士俊听后,不禁钦佩万分,说道:"大人虚怀若谷,实在是让人钦佩不已啊。"

张伯行道:"非我谦虚,实则如此。治水当如治民,我们看待水流,亦要等同于看待我们治下的子民。凡事不可强力而为,需要顺其意而导之,方能从根本上解决问题。"

"大人高论,在下实在佩服至极!"王士俊拱手道,"钦差大人能否说得再具体一些,让卑职也好操作。"

"用砖筑坝,用砖代埽,是堵塞决口、治理黄河的有效途径,也是一劳永逸的最佳方法。"张伯行站起身子,踱出两步,一字一句地说道,"过去筑坝用埽,首先要制作埽段,既费工又费料;下埽后,埽坝与水面往往形成直角,每下一次埽,埽段加长,堤基加深,很容易被水冲塌;埽经不起风吹日晒,雨水侵蚀,不容易储备,因此,不是一种长久之计。改用砖,沿河有几十座民窑,可以随时买到烧砖,使用方便,省工又省料;用砖筑坝时,坝身与水面可以砌成钝角,加固坝身,不容易塌陷;砖本身性涩,下水后容易与泥沙凝固在一起,时间愈久愈坚固;砖不怕风吹雨打,烈日曝晒,储存方便。如果在黄河、黑里河两岸附近储备砖块,可以做到有备无患。所以,以砖代埽是一项根本措施。"

两人从治水到治国,从黑里河到贾鲁河,从贾鲁河到黄河,畅谈至久,物我两忘。

张伯行告诉王士俊,自己奉皇上之命回乡省亲,且不可四处宣传。自己带着张安并几个随从,轻装回去即可。

那王士俊早听人说起过张伯行为官廉洁清正,故一切听从张伯行安排,不敢过分声张此事,只是选派几人沿途跟随。

距离老家仪封尚有十余里之遥,张伯行就从车上下来,步行前进。

虽说一再叮咛不可声张,但是张伯行回乡之事早就在仪封传开。因此,十里八庄之人纷纷出来观看,附近各乡读书之人也是在沿途迎接。至于说仪封宫保府,大人、小孩儿跑出村庄数里之外,前来迎接。

大黑与大仪早听说张伯行要回乡省亲,故早早骑马前来。见到张伯行之后,忙翻身下马跪倒于地。

张伯行上前一把将两人拉起,三人紧紧抱在一起。张伯行不禁老泪纵横,大黑与大仪也是泣不成声。

张伯行回想起两人从最初到济宁就跟随自己闯荡,后来又到江苏、福建,历经九死一生,不禁哽咽不已。

三人终于止住眼泪。

张伯行在两人护送之下,往家中而去。沿途之上,众人纷纷施礼问好,张伯行则一一回礼致谢。

距离宫保府不到五里之时,大人、小孩儿纷纷林立道旁。毕竟,这么多年从来没有见过朝中这么大的官员到来过。

张伯行命张安将随身携带的瓜果礼品一一分与大人孩子。凡是路旁之人,不管识与不识,一律有份。

终于,张伯行回到自己家中。

张伯行推开府门,门还是自己临走之前那道门。跨过门槛,步入院落,迎接自己的依旧是那棵老槐树,只是老槐树比自己离开之时已经苍老很多。

夫人王凤仪早早站立在院门迎接张伯行。张伯行上前拉着夫人之手,不禁再次落泪。

等到张伯行进入客厅,耿太夫人端坐在桌案旁边。张伯行紧走几步,上前扑通一声跪倒,哽咽道:"不孝之子张伯行见过母亲大人!"

耿太夫人也不禁老泪纵横,急忙对张安说道:"张安,快扶老爷起来!"

大黑与大仪早上前一步,将张伯行扶起,张伯行亦在另一边坐下。

张伯行看着耿太夫人身体康健,心内欣慰不已,同时又感觉愧疚万分。自己这么多年在外奔波,却从来没有尽过子女之孝心。

耿太夫人对张伯行哽咽道:"黑孩儿啊,这些年家中安好,也多亏大黑与大仪常来照看。"

张伯行回身拉着大黑与大仪再次表示感谢。

张伯行回家的消息早在仪封城里传开,宫保府外,里三层外三层被大人、小孩儿包围。

跟张伯行一起长大的那些人皆白发苍苍,有的则已经故去。大家纷纷从家里端来各色瓜果,送来招待张伯行。张伯行也没有拒绝,每接过一个人递过来的瓜果,张伯行必要亲自施礼道谢。

而后,张伯行又命张安将自己从京城带来的各种礼品酒馔拿出来,分与乡亲。

家中那些乡亲,围着张伯行家的大门,纷纷艳羡不已。众人皆说张伯行为仪封带来骄傲、带来荣耀,张家更是因为张伯行而光耀无比。

那些人拿着张伯行送的礼品,回家之后更是郑重珍藏,说此乃皇上御赐之物,不可擅自使用。

(三)张伯行与大黑、大仪深夜在黄河岸边谈古论今

> 雪重新走向土地的时候,又见黄河,又见黄河坚硬地印在平原身上,浑黄色的呼吸足以让一个黄色民族回味不已。数不清的雪花想征服黄河,望不到边的黄河滩想诠释黄河。可那河却在咆哮之后狂怒之后,平静地优雅地打着手势。
>
> 又见黄河。又见黄河的时候,雪正试图征服黄河。人们静静地看着那河从脚下流走,总想找本通史读读。
>
> ——《又见黄河》

当天晚上,大黑、大仪并族中一些长者,皆在宫保府一起吃饭。众人皆夸赞张伯行从小好学,为人正直,因此方能得到皇上信任。张伯行破例痛饮几杯。众人一直饮酒至夜半时分,方才散场。大黑与大仪将众人送走以后,也要离去,却被张伯行拦住。

张伯行看着两人说道:"大黑、大仪,今日且不要回去。我想去黄河岸边看看夜色,你们二人陪我一行。"

两人闻听,皆道:"老爷,这有何难?反正我们回去也睡不着。而且,我们也正有好多话要跟老爷讲呢!"

容等众人散尽,夜色已深。

张伯行在大仪、大黑两人陪同下,漫步于黄河岸边大堤之上。但见淡烟笼翠,翠荫交加,映蔽星月,云光四幕,莺簧蛙鼓。两边树木郁郁葱葱,在月光映射之下,树木影子疏密有度,一团团印在道路之上,峭楞楞若隐若现。

当日恰好是八月十六,正是张伯行结婚纪念日。天空中,一轮圆月高高悬挂,月光照射下来,若白练一般,在整个黄河滩区涂抹上一层银色。不远处,黄河之水缓缓流动,在寂静的夜中发出哗哗之声。

滩涂地上,间或可以看到几艘小船,船上还有灯光点点。那是在黄河岸边打鱼的水上人家,从小船里偶尔还发出来阵阵小孩儿的啼哭之声,更让人迷恋这烟火人间。

一阵风过,树叶哗哗作响。而后,几只小鸟从其间飞出,原来是微风乍起。

张伯行与大黑、大仪看着眼前柳树成荫,郁郁葱葱,不禁浮想联翩,似乎又回到曾经的那些培土植柳、筑堤修坝的岁月。

黄河堤岸上的柳树,还是按照张伯行的"植柳六法"所栽而成。

卧柳,春初筑堤,用土一层,堤内外层层横铺柳枝,自堤根栽至堤顶;低柳,堤内外自根至顶,纵横一尺,栽柳一株;编柳,用柳桩从堤根密栽,将小柳卧栽,用柳条将柳桩编高,如编篱法;深柳,倒岸冲堤洪水,急栽深柳,将八尺以上铁裹引橛钉穴俾深,深栽一株;漫柳,坡水漫柳之处,难以筑堤,惟沿河两岸,密栽低小柽柳数十层,俗名"随河柳",水涨既退,泥沙委积,随淤随长,数年后自成巨堤,适于黄河岸边;高柳,堤内外用高大柳桩,成行栽植。从河堤两岸高度密栽柳枝,多年后,茂密的防护林带形成漫长牢固的两条绿色屏障,强有力地抵御洪流冲刷,漫流侵蚀,防止水土流失。

当年,几人年轻之时,这里也是常来之处。大家常常乘着月色,在大堤上、柳树下,习文练武。那时皆有壮怀激情之心胸,每每谈起国家大事,皆是摩拳擦掌。

如今,柳树已经折枝成林,几人都已经垂垂老矣。尤其是张伯行,已经年过古稀,白发苍苍,甚至走路都觉吃力。

大仪感慨道:"庄子说,时如白驹过隙,忽然而已,果然如此。想想过去我们在此赏月之时,犹在眼前。可如今月色如旧,而我们却已经不是当年的我们。"

张伯行道:"大仪,其实我们还是当年的我们。想想当年我们一腔壮志,立誓要为国效力,如今我们同样如此。虽然我们年纪已大,不可能像当年,但我们的心依旧,我们的精神依旧,我们的灵魂依旧。"

大仪说道:"老爷高论!"

张伯行又道:"就像这天空中的那轮明月,当年用她的光华照耀我们的青春岁月,也见证过我们的苦难辉煌。如今,这轮光华依旧,也和当年一样,照耀着我们,见证着我们。或许有一天,我们会老去,但是我们的心在这里活过,我们的精神在这里活过。那轮明月见证过的一切,都会一直存在这里,相信不会因为时光流逝而改变,因为精神永不会死去。"

大黑道:"你们俩人,一会儿月亮,一会儿我们,到底在说些什么?"

大仪笑道:"大黑,我记得你之前都说过类似的话。平日里让你读书,你只说读书太过麻烦,这会儿又开始不满了。"

张伯行也道:"大黑,你平日里没事的时候,也可以跟大仪读读书。毕竟我们年纪已大,唯有读书方能修身养性。"

大黑笑道:"算了,以前你们多次提到叫我读书,说得我这脑壳疼。你们只管说你们的,就当我没有在这里就行。"

张伯行与大仪听完哈哈大笑。

几人继续沿着大堤前行,一阵清风吹来,让人心旷神怡。

张伯行对两人道:"我们且去岸边那几户人家看看。"

大仪感佩道:"老爷,你是时刻都不忘记访查民生。"

张伯行笑道:"人人皆说这黄河之水难以治理,我却说黄河之水好治,难治的是百姓之心。人人又说百姓难治,但最难治的乃是为官者自己的初心。若是为官者忘记自己的私欲,一心只为治下百姓着想,以己之心度百姓之心,那治理百姓又有何难?"

大仪说道:"老爷所言,甚是有理。可这世间,又有几人能如老爷这般无有自己之私心,一心只有天下百姓?若人人皆如老爷这般,或者圣人理想的世界也就会出现吧!"

张伯行笑而不言。

几人信步来到那渔船旁边,见其中一艘渔船内尚有灯光闪烁。张伯行带着大黑与大仪走上前去。

只见船上一名男子借着灯光正在修理渔网。

张伯行看着不禁有些心酸,感慨这些渔人不易。当有些贪官污吏正在纸醉金迷之时,这些百姓却还在为生活而辛苦劳作。

那名男子旁边坐着一名妇女,想必是这家的女主人,那女子怀里尚抱着一个小孩儿。

张伯行上前一步道:"这位小哥,还没有歇着吗?"

那人忽然听到声音,急忙抬头一看,却看到几名老者站在眼前。虽说一个个白发飘飘,但气度不凡。

那人忙起身道:"你们是从哪里来的啊?"

大黑道:"我们是那边仪封乡里的,这位小哥是哪里的?"

那人回道:"我们是东边四明堂的,这几日黄河没有发水,故此在这里打鱼!"

张伯行上前坐在船头问道:"这黄河边上近几年水患如何?"

那人道:"水患自是不断。不过,当今开封府尹还是比较用心的,每年都会想尽办法治理水患,两岸百姓还是免受好多灾难。因此,这两年收成还算可以,百姓生活也勉强说得过去。"

张伯行说道:"我看到河兵众多,兵营连绵。如此,即使黄河有险,河兵一呼百应,也能救急。"

那人道:"老者所言极是。前些时日,黄河黑岗口决堤,多亏这些河兵。"

张伯行回身对大黑、大仪两人道:"现在看来,我当初力主设立河兵,思路极为正确。"

原来,张伯行多次上奏朝廷,要求增设河兵,完善堡夫制度。之后,朝廷颁布命令,改河夫制为河兵制。参与治河防洪工程施工的人员,除河夫以外,还有一定数量的士兵,用于做工或管理工地治安,实现"河政与河务的准军事化管理"。河兵平时专门练习填筑之事,经验丰富,有利于培养熟练的河工技术人员。

堡夫的主要职责是防汛守堤,常年驻守黄河、运河沿岸的护堤堡房中,巡堤守护。此外,还负责积土,担积土牛,以资修补堤工之用,后令改筑子堰。张伯行又奏请皇上,将年迈体弱的堡夫裁去,将精壮有用的堡夫留工效力,让其跟随河兵学习桩埽工程,将能够熟练掌握的堡夫拨作河兵,照例给饷,"二三年间可得谙练桩埽之河兵数百名,以帮堡夫之不逮,则既有河兵签桩下埽,又有堡夫负土担薪,修防有赖",既节省河工经费,又提高工作效率。

张伯行认为,堤防尤贵专人修守,有堤而无人,则与无堤同;有人而不能使其常川在堤,尽修防之力,则又与无人同。于是,张伯行建议地方官每二里建堡房一座。这样"兵夫住堤有所,风雨不离长堤,蜿蜒灯火相照,声息相闻。纵遇险工,一呼即应,则抢护不致失时矣"。

看到河兵灯火蜿蜒,堡夫梆声不断,张伯行深有感悟地说道:"看来,这次表彰开封府尹没有错,他果然是位好官。而河南巡抚田文镜大人,更是一位难得的清正廉洁之官。"

那人闻听张伯行如此说,忽然说道:"我听人说仪封出了位朝中大官,今日回乡省亲。听你们这么说,莫非您就是那位张伯行张大人不成?"

大黑哈哈笑道:"不然,谁又能说出这番话呢?"

那人闻听,急忙跪倒,高声道:"小人失敬,小人见过张大人。别说是仪封县,整个开封府提到张大人,都感到温暖,感到自豪。我们这里能够出一个像张大人这样的清官,实在是我们这些小老百姓的福分,着实觉得光彩啊!"

张伯行与大黑、大仪和那人攀谈起来,不知不觉已经将近四更天。

张伯行心想:还是与这些百姓们交谈让人愉悦至极。

(四)张伯行重新修葺请见书院,欲让书院再次兴盛

从黄河岸边回到家中时,已经接近五更天。

张伯行和衣躺倒,让思绪飞扬半天,方才沉沉睡去。等到醒来之时,已经日上三竿。

张伯行匆忙洗漱完毕,沐浴更衣后,到张家祖坟上行焚黄礼。跪在祖坟之前,张伯行向自己的父亲、祖父叩首。

回到家中,张伯行让大黑、大仪将自己少年时的一些同伴邀请至家中,饮酒叙旧。

中午时分,刘学山、孔照九、孔际可、孔时可等诸君,尤为公少年同学,悉延至家,杯酒道故,欢然相得。

众人边喝酒边聊天,自是不免回忆起旧日时光。大家忽而欢笑,忽而沉默,转眼之间,已是午时过半。

众人略有醉意,皆纷纷告辞而去。

张伯行在家中小憩约一个时辰,醒来之后,坐在窗前,呆呆发愣。忽然之间,张伯行想起请见书院。

自己回到家乡已经两天,只是忙着与乡里乡亲吃饭聊天,却一直没有闲暇去看一下请见书院。

张伯行急命张安将大黑与大仪喊来。

两人见到张伯行躬身施礼,问老爷唤他们何事。

张伯行说出自己的想法。

大黑与大仪略显踌躇。

张伯行奇怪道:"大黑、大仪,为何我说去请见书院,你们却犹豫不决?"

大仪施礼道:"老爷,并非我们犹豫,只是害怕老爷去到请见书院会着急上火。"

张伯行不禁更加奇怪,说道:"去看看书院,为何会着急上火?"

大仪道:"老爷,您必须要答应我,去到那里,不准着急上火,更不要伤心难过。"

张伯行有些着急,说道:"你们二人也不看看我已经这般年纪,还会着什么急,上什么火? 速速跟随我前往就是了。"

两人欲要备车马,张伯行拦阻道:"咫尺之遥,何须车马? 何况在自己乡中,坐车马恐乡亲们说闲话,我们步行前往即可。"

几人缓步而行。走到请见书院,张伯行抬眼一看,不禁大吃一惊:自己离开之时,书院何等兴盛,可如今却是这般模样?

原来,自从冉太史走后,书院便无人管理,变得越来越萧条。后来教书先生也都离去,到这里读书的学子自然也越来越少。于是,请见书院就逐渐荒芜。

张伯行举目观看,只见大门上的牌匾歪歪斜斜地悬挂在上面。两扇大门,一扇虚掩,一扇敞开。周围的院墙已经坍塌,院子里杂草丛生。张伯行推开那扇虚掩的大门,从大门上掉下的尘土落满全身。踏着中间那条小路,几人缓步走进书院之中。

房间里桌案已经残缺不齐,大多被附近村民搬走挪作家用。张伯行掀开一条凳子,却听见哗啦一声响,那条凳子的一条腿已经折断。

张伯行看着此情此景,不禁悲从中来,老泪纵横。

大仪上前一步道:"大人,我来之前已经给您说过,不要着急,不要悲伤。"

张伯行擦擦眼泪,说道:"大黑、大仪,你们二人从村子里找些工匠,将书院修葺一番吧! 我想在临走之前,看着请见书院再次兴盛起来。"

张伯行又在书院里来回看上半天,心事重重地回到自己家中。

之后,张伯行将自己的两个孩子张师栻、张师载喊来,叮嘱两人协助大黑与大仪两位叔叔,务必在最短时间内将请见书院修葺一新。

不过半月光景,在大黑、大仪、师栻、师载的努力之下,请见书院终于恢复旧颜。

张伯行亲自写下招生文稿,贴到周边乡村,又将村中老秀才刘先生请来做书院先生。

周边村子里那些喜欢读书的年轻人,闻听张伯行亲自将书院修葺,纷纷前来报名。

短短几日之内,书院里又聚集数十名学子。

终于,请见书院之内又开始人声鼎沸起来。

这一天,请见书院正式开学,张伯行亲自给学子们授课。他用自己的亲身经历,告诉眼前这些年轻人,唯有好好读圣人之书,方有可能成为国家的栋梁之材。

张伯行回忆年轻时读书的情景,说自己当年读书之时,也并未想过能够成为高官。那时自己虽也想过为国效力,但当时所愿,也只是想把书院办好。后来蒙皇上大恩,方有机会离开家乡,为朝廷效力。

张伯行又用明道先生的名言"天地之大德曰生",告诉眼前学子,读书切莫过于功利,更不要急于求成。唯有将读书融入自己的人生之中,方可有所收获。在生生不已的天道之下,通过阴阳二气的氤氲化生,产生天地万物。人只不过是得天地中正之气,故"人与天地一物也"。因此,对于人来说,要学道,首先要认识天地万物,本来就与我一体。人能明白这个道理,达到这种精神境界,即为"仁者"。故说,"仁者浑然与万物同体"。

总之,读书之道莫要害怕吃苦,唯有投入进去,方有所得;唯有不断钻研,方能找到生命之真理,所为"格物致知"者也。格物即是穷理,即穷究事物之理,最终达到所谓豁然贯通,就可以直接体悟天理。穷理的方法主要是读书、论古今人物、应事接物等。关于知、行关系问题,则要以知为本,先知后行,能知即能行,行是知的结果。

众人听完张伯行的讲解,纷纷称善。

刘先生更是频频点头。

最后,张伯行将书院郑重交付于刘先生,并叮嘱大黑与大仪,自己离去之后,书院各种事宜务要正常进行。若是缺少银两,只从自己留下的俸禄中抽取即可。

大黑、大仪、刘先生表示,定当竭尽全力,保证书院不再关门。

张伯行看着几人,始放心离去。

（五）数次离别家乡仪封,张伯行却从未有过如此的依依不舍

很快,一个月的省亲时间将要过尽。待诸事安排妥当,张伯行便到耿太夫人面前请辞。

耿太夫人看着这个乳名叫黑孩儿的男人居然须发皆白,不禁有些心酸。张伯行年事已高,身体也似乎大不如前,但身不由己,必须要离开家乡,前往京城。

耿太夫人又叮咛几句,而后掩面而泣,张伯行也不禁掉下眼泪。这么多年,张伯行数次离别家乡仪封,却从未有过如此的依依不舍。不知为何,张伯行突然之间想起唐代诗人贾岛的《渡桑乾》,心中顿感无限悲凉。"客舍并州已十霜,归心日夜忆咸阳。无端更渡桑乾水,却望并州是故乡。"

却不知,此一别,再回首,家乡就成故乡!

最终,张伯行恋恋不舍地离开耿太夫人,离开仪封老家。

回到京师以后,张伯行马上又投入礼部的工作之中,紧张而繁忙,充实而满足。

深秋时节,风流云散,又快到文庙崇圣祠的祭祀时间。雍正帝下旨,说今年欲要增加文庙从祀人物,此事就着礼部决议。

张伯行领旨,不敢怠慢,忙召集礼部各级官吏到府衙商议此事。

众人提到宋代大儒张载之父张迪时略有争议。同意者皆认为,张载乃是能够与周敦颐、程颐、朱熹齐名的大儒,后三人之父皆入崇圣祠,张迪理当进入。不同意者认为,张载幼年丧父,张载之父对于张载并无教育和养育之德。

最终大家的眼光齐刷刷盯着张伯行,就等张伯行一锤定音。

张伯行略微沉吟一下,说道:"横渠先生的关学与'二程'的洛学、茂叔先生的濂学、王安石的新学、晦庵先生的闽学齐名,共同构成宋代儒学的主流。

"其父张迪为官清正,在涪陵十年间,秉公办事,勤政爱民,深受涪州百姓的拥护和爱戴。当时百姓都赞扬张迪在涪陵为官期间,造福于民的赫赫政绩

和他敬德爱民、崇尚礼节的崇高风范。

"张迪虽然早早去世,但前辈张载幼年之时,依旧深受张迪影响。耳濡目染之下,张载自小就懂得,勤政为民乃为官之根本。

"后来,张迪去世,张载与其弟张戬护送其父灵柩回归故里。只因路途遥远,后不得不在勉县定军山下休整。张载在勉县守孝期间,多次拜谒武侯祠,此举也是深受其父影响。

"诸葛亮的故事使横渠先生深受感染。在反复思考后,他总结出这位思想家、军事家一生戎马倥偬、叱咤风云的成功经验,悟出许多道理。

"凡此种种,皆可证明张迪对于横渠先生的影响,没有因为在世时间过短而丝毫减弱。故此,张迪理应同晦庵先生、茂叔先生及'二程'之父同位。"

众人闻听,纷纷表示赞同。

后来,在张伯行的主张之下,又将前明罗钦顺、本朝陆陇其陪祀崇圣祠。

罗钦顺(1465—1547年),字允升,号整庵,泰和人。前明弘治六年(1493年)进士,授编修,迁南京国子监司业。正德中,因乞终养,刘瑾怒,乃夺职为民。瑾被杀,复官,累迁至吏部右侍郎。世宗即位,转左侍郎,前后命摄尚书事。嘉靖元年(1522年)四月迁南京吏部尚书,嘉靖二年三月改礼部尚书,不久丁忧归里。时"大礼"议起,张璁、桂萼以片纸骤贵,秉政树党,屏逐正人,他耻与同列,故于嘉靖六年二月复原官,五月迁吏部尚书,皆辞不就。同年七月初六日,世宗许其致仕,有司给禄米如制。里居二十余年,潜心格物致知之学,专力于穷理、存心、知性。当时王守仁以心学立教,大江南北翕然从之。他不以为然,尝与守仁往返探究致知与格物的关系。他认为,"通天地,亘古今,无非一气而已"。嘉靖二十六年(1547年)四月二十四日卒,年八十三。赠太子太保,谥文庄。有《困知记》《整庵存稿》传世。

至于陆陇其,张伯行更是推崇有加。在赴任江苏按察使途中,张伯行曾前往泖口"三鱼堂"拜谒陆先生府第,拜受遗书《松阳讲义》。

陆陇其(1630—1692年),初名世穮,字稼书,平湖新埭泖口人。出身清寒、贫苦,然少有大志,勤奋好学,读书躬行实践,以圣贤为榜样。父陆标锡教导陇其说:"贪与酷皆居官大戒,为官则要笃实务本。"陇其秉承庭训,入仕后以正直清廉自励。康熙初,回籍设馆于县城北水洞内,仍以程朱学说教授徒。康熙九年(1670年),登二甲进士。康熙十四年(1675年)四月授嘉定知县。

嘉定县政繁赋多俗侈,陇其到任后整顿吏治,抑制豪强,杜绝浪费,铲除恶俗,惠政不可胜记。翌年,左都御史魏象枢荐举补福建按察使缺,而江苏巡抚慕天颜却言其才干不及,应降级调用。县民闻讯,纷至巡抚衙门前要求陆陇其留任,慕天颜不得不再次疏请部议。康熙十六年(1677 年)二月,被诬告"讳盗"罢官,县民大骇。离任时,惟图书数卷及妻织机一具而已。是日,九乡二十都万余男女,执香携酒,争相送行,拥塞道途。后乡民建生祠以为纪念。次年举博学鸿词,因父丧未能应试。康熙十八年(1679 年),魏象枢应诏举清廉官,上疏论前部议之非,遂奉旨复职,命守丧三年后任用。康熙二十二年(1683 年),又在魏象枢荐举下补直隶灵寿知县。该县地瘠民贫,役繁俗薄,且灾情不断。他上任后,发粟赈灾,奖励农垦,减免赋税,推行乡约,肃正士风。在任七年,政绩良多。康熙二十九年(1690 年),被九卿荐为学问优良品行可用者,擢四川道监察御史。上疏言畿辅民情,痛斥"藉捐纳以济国用",要求减轻赋役。因击中弊端而与权臣冲突不和,次年夏,部议革职。归田后曾讲学于东洞庭山。后在东泖旁筑尔安书院,四方学者群聚门下。一年后卒。墓葬于泖上画字圩。

张伯行道:"此二公皆学术醇正,人品端方,为圣道嫡传,我以为应该从祀两庑。"

众人闻听,皆挑双指称赞。

张伯行将礼部商议决定的人选奏与雍正帝,雍正帝亦无异议。此事就此告一段落。

张伯行终于松了口气。

在撰写祭祀文书之时,年逾古稀的张伯行实在坚持不住,就将此事交于文书处理。

却不料文书在誊写之时,却疏漏数处文字,雍正帝看到后,极为不悦。张伯行内心不安,于是亲自上疏,自请降级。雍正帝见状,甚为感动,将张伯行级别降一级,依旧留任礼部尚书一职。

回到自己府邸,已经临近中午。张伯行在书房校阅书稿,忽然感觉头昏脑胀,痰气上涌,胸口发闷,竟一头扑倒在书案之上。

旁边张安见老爷一头倒在桌案上,一动不动,早被吓得魂飞天外。

六
白驹过隙

张安对着门外高声喊道："大事不好，老爷昏迷过去！"

从外面呼啦一下拥进来几个家人。张安忙对其中一人说道："张弛，你快去请太医，你们几个快跟我一起把老爷抬到床上。"

那名叫张弛的忙出门去找太医，其余众人七手八脚地将张伯行搀扶至床上。

张安一边掐着人中，一边让人轻轻往张伯行嘴里面喂些温水。

忙活半天，张伯行缓缓睁开眼睛。这时候，张弛也将太医延请过来。太医将药箱放下，坐在床前给张伯行把脉。

跟着张伯行一同返京的张师载，忽听父亲有病，也急忙赶了过来。

太医给张伯行把过脉，张师载的眼神里透着急切，问道："太医，家父病情如何？"

太医脸色有些凝重，看着师载，缓缓说道："张大人言语清晰，口内并无异味；舌质暗红，舌苔黄白稍腻，舌底瘀脉紫暗迂曲；右脉浮弦劲弹指，左脉弦无力，左尺部沉……"

而后太医沉吟一下，接着说道："我先给张大人开个方子，公子按照这个方子抓药，早晚一次，切莫耽误。张大人此症轻则手脚麻痹，重则……"

说到此处，那太医竟不能说下去。

张师载闻听不禁眼圈发红，哽咽道："医者仁心！还望太医施展回春妙手，救家父之命！"

太医忙道："救治病人乃是我等之职责，公子自不用言。"

张师载送走太医,忙命人出去抓药。而后回到房间,坐在床前。

张伯行睁开眼睛,看到师载眼圈发红,心内不禁一凉。他缓缓问道:"载儿,太医如何说?"

张师载闻听,急忙从嘴角挤出一丝笑容,说道:"父亲放心。太医说父亲之病并不是太重,只是需要父亲静养一段时间,按照方子吃药,过几日就可以缓解。"

张伯行微微笑道:"载儿,为父的身体我自己清楚,或许大去之日不久矣!"

张师载忙道:"父亲大人,切勿乱想。父亲只管好好静养,其他事情就不要再想。若是有什么事,只管吩咐孩儿去做就行。"

张伯行忽然道:"说起做事,为父确实有一件事,始终放心不下。载儿,趁着为父神志尚清,定要尽早完成。"

张师载忙问何事。

张伯行道:"载儿,你去我书房将所有书稿全部取来。"

张师载一听,不禁悲声道:"父亲,你现在只须卧床养病就行,为何还要阅看书稿?"

张伯行坚持道:"让你取来,你便取来吧!"

张师载无奈,只好前去书房,将张伯行平生所著书稿全部取出,小心翼翼抱着过来。

张伯行命师载将每一部书稿一一拿与他观看,凡已经刊印成书者放在一边,未曾刊印成书者放在另一边。

两人整理半日,张师载看到父亲气息有些粗重,又劝道:"父亲,你且休息片刻。张安已经将药熬好,先将药喝下,我们再继续整理如何?"

此时的张伯行也感到力不从心。他思考一下,便轻轻点头同意。

张师载将药端来,药碗之上尚有热气袅袅升起。他用勺子盛一点,尝上一口,药的苦涩让他微微皱眉头。

而后,张师载将父亲轻轻扶起,张安忙拿过来一个枕头,放在张伯行身后。张伯行吃力地坐起,将药碗接过,一口一口慢慢喝下。

喝完之后,张师载轻轻拍打着父亲的后背,将药水顺下。张安将枕头取下,张师载又扶着父亲缓缓躺下,让他闭目养神。

过了大约一个时辰,张伯行感觉到精神略好。于是,再次睁开眼睛,对张师载说道:"我们继续吧,此事不完,为父心内实在不安。"

无奈之下,张师载只好又继续分拣张伯行的书稿。

他拿出一份书稿,读道:"《居济一得》……"

张伯行眼睛突然一亮,轻声笑道:"此书是为父在济宁时所写,乃是我平生治水之心得。想起那时,为父尚在壮年,承蒙恩师张鹏翮大人举荐,圣祖之恩,为父方始踏上仕途。"

张师载道:"那时,我尚年幼,在老家跟着母亲与奶奶生活。"

张伯行感叹道:"那时,你的两位叔叔大黑、大仪尚跟着为父。想起当年在山东赈灾、治水之事,实在让人向往不已。奈何人生如白驹过隙,转瞬即逝,忽然之间,为父已经行将就木!"

张师载急忙说道:"父亲,休要再说。眼下只须好好静养,定然无事。到时候,我再带着父亲去山东。"

张伯行苦笑一声,说道:"此生恐怕再无机会前去山东。前几年去曲阜孔庙祭祀孔子,也许就是我这一生最后一次去山东了!"

张伯行气喘吁吁,说道:"这些书稿乃是我一生之心血,其中有一半已经刻印成书,余者一半全部交付与你。你切切记牢,寻找机会次第刻印成书,所需经费俱从我的俸禄中取用即可。一定不要因为畏难而停止此事,那样,我将死不瞑目。"

张师载闻听,已经泣不成声。

张伯行在家调养身体,感觉精神日渐好转。

这一日,张伯行看着身旁伺候自己的张师载,忽然问道:"伊川先生在世多久?"

张师载忙回答道:"七十有三。"

张伯行又问:"晦庵先生在世多久?"

张师载道:"七十有一。"

张师载奇道:"父亲缘何这样问?"

张伯行默然不应。

张师载忽然悟到:此二人皆为父亲平生尊崇之人,这二人在世皆为七十有余。而父亲今年正是七十三岁,大约父亲也想到自己恐怕离去之时不久矣!

张师载想到此处,急忙宽慰父亲说道:"父亲大人,太医那边我已经问过多次,您的身体无事。您只须放宽心,莫要乱想,很快就会恢复如初。"

张伯行依旧沉默不语。

(二)雍正帝圣驾亲临探望张伯行,对其高度评价

转眼之间,张伯行已经在病床上躺了数月。几个月中,张师载一面忙着将张伯行平生著述刻印成书,一面看护照料张伯行。

这一年的春节又要来临。京城中,大街小巷再次被一片红色笼罩,一种喜悦的氛围也开始在人群中弥漫。那些忙碌一年的人们牵着孩子的手,到各家店铺,给孩子准备春节的礼物,大人与小孩的脸色之间俱荡漾着一种欢乐的神色。

而张伯行的府中却被一种沉重覆盖,所有人都没有过节的心情,上上下下也自然没有往日的愉悦之感。

张伯行的病情日渐沉重,时而清醒,时而昏迷。太医也更换数个药方,奈何却总不能立竿见影。

这一天,雍正帝亲自前来探望。

张府上下立刻忙碌起来,院落打扫得干干净净,桌椅也擦拭得明亮如新。

雍正帝到来之后,张师载率领家中上下跪倒接驾。

雍正帝来到病榻之前。张伯行闻听皇帝前来,挣扎着欲要从床上下来跪倒接驾。

雍正帝忙上前一步扶住张伯行,说道:"张爱卿病体之躯,切勿再行君臣之礼。朕本欲早些时日前来,奈何政务繁忙,拖至今日。今见张爱卿身体瘦弱至此,朕心甚痛。我令宫中徐太医再来给张爱卿把脉,看看如何。"

张伯行闻听,内心感激涕零,哽咽道:"皇上,臣老迈之躯,如何敢惊动圣驾?今皇上亲自前来,臣无限感激。生老病死人皆难免,臣亦非神仙之体,又焉何能够避免?万望皇上以国事为重,切勿为臣之病体忧心。"

雍正帝回身对一名太监说道:"将宫中所藏那棵百年人参赐予张爱卿。"

张师载跪倒代张伯行谢恩。

而后,雍正帝又传命,将张伯行家中亲眷接来京城,尤其要把耿太夫人接

来。沿途之上切勿着急,免得耿太夫人偌大年纪禁不住车马之劳。"

张师载再次跪倒谢恩。

雍正帝摆驾回宫。

雍正帝的到来,让张伯行的精神好上很多。但张伯行也知道,这不过是回光返照之象而已,自己的病势越来越重,需要考虑一些后事。

张伯行将张师载唤来,命人将纸笔备好,说道:"为父恐不久于人世,今日之言,汝当谨记,以后行事,须以此为鉴。"

张师载闻听,急忙跪倒于地,悲声道:"父亲之言,孩儿自会句句牢记于心。"

张伯行缓缓说道:"我去之后,你定要孝顺祖母,不可有丝毫怠慢之处。古人云,'且夫孝,始于事亲,中于事君,终于立身'。回乡之后,要孝敬家中所有长辈;日后若有机缘为国效力,定要效忠皇上;这样方能成为一个男子汉大丈夫。"

张伯行所说乃是司马谈《命子迁》中的名言,意思是说:孝道,从侍奉父母开始,以服务君主作为继续,成就自己忠孝两全,才是孝道的最终归宿。

张伯行又缓缓说道:"为人子需要懂得孝敬,为人父则要知道慈爱。颜之推曰,父不慈,则子不孝也。"

张伯行闭目休息一会儿,接着说道:"我自幼熟读程朱之学,尊崇理学儒术。我们一生追寻者,莫如一个'仁'字,这也是孔孟两位圣人穷尽一生探求的人生境界。你和家中兄弟务要懂得此字的真谛,所谓仁义在身而色不伐,思虞通明而辞不专。"

张伯行此语之意乃是告诫孩子,一个人如果要有仁义之心,就不会自我夸耀。若考虑问题的时候能够明辨是非,通晓事理,那么说话的时候就不会自以为是。

张伯行接着说道:"我们家中不可能世代为官,也不可能世代富有。不管为官与否,也不管富有与否,你始终要记得'勤俭'二字,'勤俭'乃是终身之训。不管贫贱富贵,汝等家中子弟皆不能铺张浪费。浪费者,实乃是有罪之行。我自幼崇拜武侯,我记得武侯有戒子名言为:'静以养身,俭以养德'。俭不仅是一种高贵品德,更是滋养高贵品德之肥沃之地也!"

张伯行回身对张安说道:"张安,我去之后,你须替我严加管教家中子弟,

第六卷 第一清官

不可有丝毫疏忽之处。"

张安也几乎要哭出声来,对着张伯行频频点头。

张伯行对张师载继续说道:"家中子弟若是为官者,必须要谨记一条原则:为民请命,为国尽忠。若是为百姓而争,须舍得用自己的仕途和性命去争。若是不为官,则须懂得与人相处,不须争者千万莫要去争。君子力如牛,不与牛争力;走如马,不与马争走。要懂得自己的位置,更要懂得自己的能力。不争不是自己不能争,而是不愿争而已。"

就这样,张伯行从做官到做人,从做人到做事,从治家到为国,一一立下各种训诫。

府中文书字字句句,全部记录在册。

张伯行嘱咐半日,再次闭上眼睛,对张师载等人说道:"今日就说到此吧,我有些疲惫了。"

张师载起身,将汤药端上。张伯行喝完之后,躺在床上沉沉睡去。

(三)从圣祖时期出仕至今,从未收受过任何礼品,万望大人成全

这年的春节还是如期而至。

张伯行依旧卧病在床。

自雍正帝探望过张伯行后,宫里徐太医多次亲自为张伯行把脉。

徐太医为张伯行把过脉后什么也没有说,只是微微皱着眉头。张伯行强自笑道:"徐太医,我自知时日不长。有什么不详之言,但讲无妨!"

徐太医道:"张大人,我用针灸之法给你试上一试,看看效果如何?"

说完之后,徐太医打开药箱,取出几根银针,在张伯行的内关、水沟、三阴交、极泉、尺泽、委中等几处穴位扎上银针,约半个时辰方才取出。

而后,徐太医又来到外室,对张师载说道:"我再给张大人开个方子试试。若是见效,自然甚好;若是效果不好,那徐某也就再无良法了。"

徐太医开好方子,拿起药箱,离开张伯行的府邸。

也许是春节的喜气让张伯行内心有些愉悦之感,也许是徐太医的针灸和良药起到了作用,春节那几日,张伯行相较于前一段时间,竟然好上许多。与

人说话思路更加清晰一些,每日清醒时间也似乎长了一些。

张府上上下下,大家情绪也自然跟随张伯行的病情起起伏伏。张伯行这几日病情稍微稳定后,一则所有人内心皆为放松,二则大家都觉得也许张伯行可以安然过完这个春节。

因为雍正帝亲自来探望张伯行的缘故吧,朝中那些知悉张伯行病情的人也纷纷前来探望。

且说广西巡抚鄂尔泰春节省亲回京,听说礼部尚书张伯行病重,急忙备上重礼前来探望。

> 史载:鄂尔泰(1677—1745 年),西林觉罗氏,字毅庵,满洲镶蓝旗人,清朝中期名臣,国子祭酒鄂拜之子,与田文镜、李卫并为雍正帝心腹。鄂尔泰先人投归清太祖,为世管佐领。祖父图彦突官户部郎中。康熙三十六年(1697 年),鄂尔泰二十岁中举,进入仕途。二十一岁,袭佐领世职,充任侍卫,累任内务府员外郎。鄂尔泰官运的转机是在雍正继位之时。雍正三年(1725 年),拜广西巡抚。

鄂尔泰带人来到礼部尚书府邸。

张伯行正在床上闭目养神,闻听鄂尔泰前来探望,忙命张师载带着张安到门口迎接。

鄂尔泰命人将几箱礼物抬进府内。张师载与张安见状,不禁脸上呈现出为难之色。

鄂尔泰不解,忙问张师载与张安何意,为何皱眉?

张师载忙拱手说道:"鄂大人,不瞒大人您说,家父曾经给府中立下规矩:不管朝中哪位大人前来拜访,皆不可收礼。如果私自收礼,定责不饶。"

鄂尔泰哈哈笑道:"今日不同往日啊! 一则这几日乃是我中华大地传统之春节,走亲访友哪有空手而至的道理? 二则嘛,我也知道张大人这一段时间病重。我前来探望张大人,又如何不带一些礼品? 如果两手空空前来,我这心里过意不去。我们且先进家,我给张大人说。你们放心,一定不会让你们为此受责罚。"

张师载、张安无奈,只好命人先将礼品收下。

鄂尔泰跟随着张师载、张安来到内室,见到张伯行后,赶紧上前一步说道:"张大人,鄂尔泰刚刚回京省亲,听人说张大人有病,特来探望。张大人,两年不见,张大人竟自瘦成这般啊!"

张伯行微微叹口气说道:"病体之躯,不能与鄂大人见礼,鄂大人见谅!"

鄂尔泰忙道:"张大人安静躺着,莫要乱动就行。"

两人寒暄几句,鄂尔泰又安慰张伯行一番,欲要告辞。

张师载忙对张伯行道:"父亲大人,鄂大人来时备有礼物,不知当收与否?"

张伯行闻听,急忙对鄂尔泰说道:"鄂大人,且慢离去!"

鄂尔泰停下脚步,忙回身对张伯行拱手道:"张大人,适才我与令郎已经说过此事。今日适逢春节期间,又突闻张大人身体欠佳,故来时特备一点礼品,乃是鄂尔泰一点小小心意。我素知张大人廉洁,但此时并非往日,还望张大人收下。"

张伯行轻轻摇头说道:"鄂大人,并非张伯行驳您面子,只是张伯行自从圣祖时期出仕至今,从未收受过朝中同僚任何礼品。今日我也不想破例,万望大人成全!"

张伯行对张师载说道:"师载,你且查看一下鄂大人的礼品都是什么?"

张师载忙去查看,片刻之间已经回来。他拱手将鄂尔泰所带礼品一一回禀与父亲。

张伯行道:"感谢鄂大人一番好意。师载,将鄂大人礼品中留下一串水果,其余各种礼品全部帮着鄂大人送到马车之上,不得有误。"

鄂尔泰闻听,不禁感慨道:"我早听人说张大人之廉洁天下闻名,还听说张大人在江苏为官时写下《却赠檄文》。文中写道:'一丝一粒,我之名节;一厘一毫,民之脂膏。宽一分,民受赐不止一分;取一文,我为人不值一文。谁云交际之常,廉耻实伤;倘非不义之财,此物何来?'圣祖生前曾说张大人乃是'天下第一清官',今日一见,果然如此!"

鄂尔泰也没再客气什么,将所送礼品又原路带回。

等鄂尔泰离去,张伯行对张师载与张安再次吩咐道:"朝中大臣,不管谁来探望与我,只要带有礼品皆不可收受。如有违者,家规惩罚。"

自此后,朝中大臣前来探望张伯行者络绎不绝,但再也无人留下任何礼品。不管是谁前来,皆是空手而来。到张府之后,也都是清茶一杯招待。

张伯行的清廉之名再次在朝中传开,大臣提到张伯行者,莫不以"廉洁"二字颂之。

但是,张伯行的病却还是一天重过一天。

(四)雍正三年(1725 年)二月十六日戌时,"天下第一清官" 张伯行去世

早春清晨,依旧有料峭寒风,透过窗户可以看到天空有一层薄薄的云雾。窗外,偶尔有几只小鸟发出啁啾的鸣叫之声,仿佛要把院子墙角那株红梅叫醒。

寅时时分,与院子里那株红梅一同醒来的还有张伯行。

在梦中,张伯行恍恍惚惚又回到在江苏任巡抚之时的情景。自己与噶礼针锋相对,相互辩论。噶礼因为理屈词穷,故派一名杀手暗杀自己,那柄明晃晃的钢刀好像已经到自己脖子上。张伯行大喊一声,惊醒过来,房间里寂静无声,只有从窗外传来大自然的回响。

张伯行迷迷糊糊睁开双眼,看到在旁边一直侍奉自己的儿子张师载。

张伯行勉强起身,咳嗽几声。

张师载听到咳嗽声,也从梦中惊醒。看到张伯行欲要起身,连忙问道:"父亲,你起来做什么,继续休息吧,天色尚早。"

张伯行坐起来,对师载说道:"载儿,我记得昨晚上说的是,今天早上去乾清宫拜见皇上,说有国事商议。如今天色已亮,是否需要上朝啊?"

"父亲,尚在寅时,天未大亮,无须上朝,父亲还是接着睡吧!"

张伯行闻听,内心似乎稍安,缓缓躺下。

片刻,张伯行又起身道:"载儿,外面天色似乎大亮,皇上在乾清宫是否开始召见大臣?我要拜见皇上,山东赈灾之事出现一些状况,我必须见到皇上面奏。"

张师载闻听,知道张伯行已经痰迷心窍,在胡思乱语,更加悲痛。心想,父亲重病之中,依旧忧心于国事。

张师载道:"父亲,您现在是养病期间。您现在是礼部尚书,并未在山东

赈灾。因您病重,我已经在皇上面前给您告过假,今日不必上朝。"

张伯行闻听,似乎放心很多。然后躺下来,慢慢闭上眼睛。

旋即,张伯行的眼睛再次睁开,但是眼神并没有多少光芒。张师载看到他伸出一只手,急忙上前握住张伯行那只瘦骨嶙峋的手。

张伯行嘴里喃喃自语,却听不清在说什么。

张师载忙起身,将耳朵伸向张伯行嘴边,却模模糊糊听到几个词语。张伯行似乎依旧在想着上朝之事,嘴里忽而说出"乾清宫",忽而又说出"上朝要面奏皇上"这样的话语。

张师载内心悲恸不已。

此时,天已大亮。张师载忙将汤药熬上,又让张安给张伯行做好早饭。

张师载扶起张伯行喝点米粥,又将汤药端过来。张师载用汤匙尝尝不凉不热,递到张伯行嘴边,扶着张伯行缓缓喝下。

从开封到京城的官道之上,一架车马正急促地往京城赶。车里面坐着一位慈眉善目的老太太,看年纪有九十多岁。那老人的脸上有急切,有忧虑,更有悲伤。

车上之人正是耿太夫人。耿太夫人接到皇上口谕,听说张伯行病危,急忙坐上京中接她的马车,匆匆忙忙往京城而去。

但因为老太太年纪太大,故赶车之人不敢太过急促,唯恐把耿太夫人颠出病来。

耿太夫人却心急火燎,不断催促着快快前行。

只是她不知道,此时的张伯行已经病入膏肓。耿太夫人更不知道,她此生已经不可能再见张伯行最后一面,也不可能再看到张伯行给自己问最后一次安,听不到张伯行再喊她一声母亲大人。

这天晚上,戌时时分,吃完人生中最后一顿饭,张伯行躺在床上,嘴里依旧念叨着:"上朝,乾清宫去见皇上!"

张师载也似乎没有精力再给张伯行解释,而且,他也知道,无论他如何解释,张伯行也依旧想着拜见皇上陈奏国事。张师载只是看着张伯行,听着他的嘴里慢慢说着那几个词语。

而后,那声音越来越轻,越来越小。

渐渐地,张伯行停止喃喃自语,眼睛缓缓合上。张师载看着张伯行终于安静下来,以为张伯行说了一天的话,有些疲倦,于是悄悄起身,给张伯行盖上被子。

当张师载的手触碰到张伯行的手时,忽然感觉到张伯行的双手已经冰凉。

张师载心底一沉,急忙高声喊道:"快喊太医,父亲可能、可能……"

声音里透着惊慌,透着悲伤。

早有人将徐太医喊了过来。

徐太医将手搭上张伯行的脉搏,片刻之后,轻轻摇头,对张师载说道:"张大人,张大人已经驾鹤而去了!"

张师载闻听,放声恸哭。

他趴在父亲床前高声喊道:"父亲白天一直说着还要上朝面见皇上,父亲为何就走了啊。不,父亲没有走啊!"

张伯行神色端详,脸虽然瘦削,但是瘦削中依旧透着红润,似乎和生前并无二致。

被康熙帝誉为"天下第一清官"的张伯行,于雍正三年(1725年)二月十六日戌时去世,享年七十五岁。

张伯行从康熙四十二年出仕济宁道,时年五十有三,从此正式踏上仕途。历经康熙、雍正两朝,至其去世,历仕二十二年,从济宁道台一直做至礼部尚书。

自此,张伯行清正廉洁的一生落下帷幕,我们且用明代于谦的两句诗称赞张伯行:"清风两袖朝天去,免得闾阎话短长。"

(五)雍正帝下旨钦赐张伯行谥号为"清恪"

张伯行临终前几天,自知时日不多,故特意给雍正帝上疏,陈明自己心迹,倾诉自己的衷肠。因当时病情严重,故不能手书,自己口授,命张师载代书。其文如下:

> 臣中州鄙儒,由进士候补中书,历升巡抚,赋性迂直,不协同官,屡于吏议。蒙圣祖曲赐保全,署理仓场,旋转户部右侍郎。恭遇皇上登极,知遇深恩,旷古未有,升授礼部尚书、一品龙章,荣及祖父恩阴,下速臣子。

奉命祭告恩假回家,钦赐叠颁,隆恩难极。臣虽年七十有五,不忍乞休回籍。又以龙钟衰老,口耳不能从心,屡欲奏对,中怀惶悚,寤寐难安。不料今月十五日,忽得痰症,延至十六日,愈加沉重,医药无效。犬马之年已尽,而极主之恩未已。仰见我皇上圣学圣治,尧仁无所不被,舜智无所不周;伏圣性王心,懋加无已;崇正学,励直臣;厚糈以养廉吏,明法以惩贪员;宽裕温柔,发强刚毅;为千古第一首出之君,绵亿万载无疆之福。臣不胜倦惨祷祀之至!

张伯行在疏奏中说:自己本是河南仪封一个浅陋粗鄙的儒生,蒙圣祖大恩,由进士候补为中书。后经恩师张鹏翮举荐任山东济宁道,而后再蒙圣祖大恩不断晋升,后至江苏巡抚。我为人秉性迂腐耿直,不善于与同僚相处,故此屡遭朝中同僚非议。我也知道,我本是蒙受圣祖恩宠才得以保全官职性命。后来管理京城仓场,不久又升至户部右侍郎。圣祖去世,新皇登基,皇上对微臣知遇之恩,真乃旷古未有也。蒙皇上大恩,臣又升至礼部尚书。臣家族上下,俱感皇上赐给的荣耀。后皇上又赐予微臣一月假期回乡省亲,此等隆恩实乃让臣惶恐感激。皇上对微臣大恩,臣虽效犬马之劳,亦不能报答万一。故此,臣虽年过古稀,却依旧不愿意乞休回乡。臣仍想为国家效力,为朝廷效力,为皇上效力啊! 可是臣之年龄实在太大,日渐衰老,口不能言,耳不能听。屡次都想给皇上上疏以陈明心迹,倾诉衷肠,奈何内心又时常惶恐不安,害怕惊扰皇帝圣安,故此微臣常常寝食难安。可是,不承想到上月十五,突然染上重症,太医虽屡次医治,却日渐沉重。臣自知为皇上效犬马之劳的时间已经不长,可是皇上的大恩却难以报答万分之一。皇上,您不断学习上古时代那些仁君明帝,您的身上拥有尧之仁德,舜之智慧,实乃千古未逢之明君也! 您推崇儒家之正学,不断勉励朝中正直之大臣,重视用高昂的俸禄养廉洁之重臣,用严厉的法律惩戒贪污之官吏。您对重臣宽容柔和,对奸臣污吏严苛且不纵容。您宽严相济,刚柔并举,真千古第一明君啊! 您给这个国家和百姓带来的恩德,将会绵延不绝,以至万年。只是臣却无福消受这一切了。臣唯有用一颗忠心为皇上祈祷,为大清王朝祈祷,为天下百姓祈祷。

二十一日,雍正帝看到张伯行临终奏折,不禁双眸湿润。当即命镇国公、十二副都统额尔德,御前侍卫十人,赐奠茶酒,行叩礼,不循常格。

二十三日,雍正帝又额外施恩,加赠张伯行太子太保,并传下圣旨给朝中文武。圣旨云:

> 张伯行效力年久,持躬孤介,简任秩宗,恪勤供职。忽闻病逝,朕心深为轸恻。着加太子太保,于恤典定例外,再加祭一次,以示优恤旧臣至意。钦此!

而后,雍正帝又传下口谕,命朝中大小汉族官员齐集送丧。

礼部尚书张伯行家谕祭之日,朝中大小汉堂官、给事中御史等,俱着齐集。出殡之日,俱着送殡。

夏四月,雍正帝下旨,张伯行按照全葬之礼进行,而后又钦赐张伯行谥号为"清恪"。

清恪者,廉洁恭谨之意也。雍正帝颁下圣旨,礼部尚书张伯行全葬之礼五月进行,并令礼部右侍郎景日绘致祭。祭文之中,同样赞颂张伯行一生廉洁奉公,一心为国。

其文曰:

> 抒诚宣力,人臣尽职之经;赐恤施荣,国象酬庸之典。必须休亮采,令望克著于生前;斯增秩易名,厚予幸隆于身后。尔张伯行秉心诚实,赋质端凝。幼学壮行,砥廉隅以立志;家修廷献,励公慎以居宫。由监司而历任封疆,行多清操;自闽峤而旋移江左,政有贤声。久持农部之筹,兼司天庚;泊擢春官之长,允称秩宗。正倚毗之方股,沉之忽遘,速闻奄逝,深用轸伤。赠宫保以晋阶,遣天潢而赐奠。既逾常格,特表殊恩,载考彝章,更从优恤。呜呼!想履声而春怀耆旧,风度独存;颁祭酸而咸集宫你,哀荣备至。尔灵不昧,庶其祗承。

(六)张师载兄弟二人护送着张伯行的灵柩回到老家仪封

京城的各种祭奠活动终于告一段落。张师载向雍正帝请求,把张伯行的灵柩运往家乡仪封。毕竟,父亲临终前还念念不忘叶落归根。

雍正帝同意,赐给张师载路费纹银百两,又赐予回家谕祭丧葬费用二百两。

张师载谢恩告退。

六月,张师栻与张师载兄弟二人悲戚不已,失声痛哭。他们二人披麻戴孝,一路护送着张伯行的灵柩走出京师,前往老家仪封。

刚到都门,只见道路两旁齐刷刷站立数十位朝中官员,众人皆白衣素冠,送张伯行之灵柩。所有人都是一脸的肃穆,一脸的悲伤,众人拱手目送载有张伯行灵柩的车马缓缓走出。

忽然之间,道路上刮起一阵狂风。那阵狂风将地面上的尘土卷起,其间,还夹杂着几片树叶。

树木含悲,树叶低垂,偶尔传来几声鸟儿的悲鸣,似乎在为张伯行哭泣一般。

百姓闻知此事者,纷纷赶来送行,都门霎时之间被堵得水泄不通。只有道路中间留有狭窄的缝隙,让护送张伯行灵柩的马车勉强前行。

终于离开京师,终于踏上归途。

张伯行一生为国四处奔波,如今,魂归他乡之后,终于踏上回归仪封的路途。只是,这次张伯行再也不能看到归途之上的一草一木,再也不能看到大清王朝的如画江山。

当时,适逢雨季,路有大水。也许那流动的水是上天为张伯行离去而流下的泪水吧!流水哗哗,马蹄嗒嗒,溅起阵阵水花。路迢迢,马萧萧,车辚辚,发出辚辘辚辘的声响。

因为路途遥远且步履沉重,行进半个月,竟尚不足一半路程。

沿途之上,各地官员百姓闻听乃是张伯行的灵柩经过,纷纷迎接吊祭。

这一日,终于抵达开封府。

开封府尹王士俊闻听此事,一早就率领开封府各级官吏林立道路两旁吊祭。

张伯行的灵柩缓慢而来,王士俊及众官员跪倒在道路两旁,众人掩面而泣。

张师栻和张师载看到王士俊等人在道路两旁跪接,急忙来到王士俊等人面前跪倒于地。

张师载哽咽道："感谢王大人亲自前来吊祭,我替父亲谢谢诸位长辈!"

王士俊上前一步,来到车马跟前,手扶着灵柩放声痛哭,一边哭泣一边说着:"张大人,前年我们尚在此处谈笑,为何今日再见却已是阴阳两隔。张大人,您当日的教诲犹在耳边,本来想着有朝一日,我能再次聆听大人的谆谆教诲,却为何……"

说到此处,王士俊竟哽咽不能语,哭声震天,几欲昏厥。

张师栻与张师载在旁边也是泪流不止。

其他众官员也是依次上前,为张伯行祭奠。

开封府各地百姓闻听张伯行亡故的消息,也是在沿途之上纷纷等候吊祭,张师栻与张师载一路哭泣。

这一日,终于回到家乡仪封。

其时,已经七月中旬。

回到仪封,免不了按照当地风俗进行各种吊唁祭拜活动。

张伯行离开人世的消息早就传到仪封,大黑与大仪听说之后,几次哭昏过去。如今,张伯行的灵柩抵达仪封,两人来到灵柩之前,哭拜于地,再次昏厥过去。

众人上前将两人扶起,又是拍腿又是掐人中,半天两人方才缓过气来。

张师栻与张师载更是悲痛万分。

一切祭奠安葬仪式结束之后,整个宫保府,乃至整个仪封城,都被一种悲戚之情所笼罩。

九月,雍正帝再次颁下圣旨,令河南布政司分守开归道沈廷正致祭。

其文云:

国家重礼乐之司,寅清饮赖;人臣励靖共之节,恩恤宜隆。生被殊荣,殁膺异数,颁纶、宠及泉扃。尔张伯行厚重凝姿,恪诚立品。巍科早报,既经术之凤优;旋籍仕通,即政声之克婚。由监司而敷化,节钺频加;历中外之宣教,度支尤谨。洁清自好,凛终始之不渝;擒泊可甘,征涵养之有素。朕眷怀成绩,命长春官。方异克享遐年,意忽闻奄逝;考彝章而赐祭,稽法以易名。呜呼!旧德独存,永垂休于竹帛;新恩载贲,诞被泽于松揪。尔灵有知,庶克抵承!

第二年四月,雍正帝又亲自撰写一篇祭文,交由河南布政司,令其将此文交于张伯行家人并刻成碑文。

其文曰:

朕惟人臣励笃之忱,靖共匪懈;国象垂股肱之谊,恩恤饮隆;生则异数频膺,没则嘉名用锡。焕丹诰而树青珉,诚盛典也。尔张伯行秉姿耿介,立行端严,监司凤试,著勤慎于河防;观察旋迁,奏公平于狱徽;秉海疆之节钺,携琴鹤以相随,驻泽国之旌幢,凛冰霜而自励。泊乎董天储之出纳,掌邦赋之度支,常凛小心,弥敦素节。朕眷深毗倚擢长春官,不图疾病之偶婴,遂轸老成之奄谢。晋加宫秩,沛以褒崇,载考典章,谥曰清恪。呜呼!禁府常澄,用蕃洁清之操,朝端宿望,尚传俨恪之心,永勒丰碑,昭于奕世,不亦休!

雍正九年(1731年)春二月,仪封各地乡绅及有名望人士,认为张伯行一生清正廉洁,高风亮节,一心为公,爱民如子,所作所为,冠绝于世,于是众人推举一德高望重之人执笔撰文,铁笔牌匾,允许入祠。

当月,众人迎接张伯行牌位入乡贤祠。俱云:俎豆千秋,当之无愧!

当年夏四月,仪封万千民众强烈呼吁,张伯行在仪封县功德无量,前无古人,出资又为张伯行专门建造一处祠堂,并铁笔勒石,永志不忘。文曰:幼学壮行,求志达道;德被桑梓,惠施姻睦;出处悉合儒先,淘为乡邦模范。阖邑绅士,感公德泽,吁请春秋专祀,食报蒸尝,以兴后人之观感焉!

当张伯行离开人世的消息传至山东济宁、江苏苏州、福建福州,各地百姓更是纷纷自发祭奠纪念张伯行。

苏州城内,柳老太爷带领子孙来到苏州城外旷野之上,将黄纸点燃,纸灰飘扬,随风而去。

柳老太爷一边拨动纸张一边喃喃自语道:"没想到啊,张大人,千叟宴上竟是永诀。我一直想着如你这样清官,定会万寿无疆,可却没料你为何走到我的前面啊!"

江宁城的一处乡村,贾书声、贾书桢等六位秀才更是悲痛欲绝,面向北方,长跪不起。

江苏常州府无锡县内,当地名望人士组织乡绅商议,请让张伯行进入东林书院祠堂。

众人皆说,张伯行当年在江苏担任巡抚之时,大力提倡书院教育,亲自延请名师入驻东林书院,并多次来到东林书院进行讲学,鼓励当地读书人好好读书,报效朝廷。一时之间,江苏各地再次兴起读书热潮,而东林书院也再次崛起,声震天下。至今思之,当年种种情景,一切宛若在眼前。

商议完毕,一致同意张伯行牌位入驻东林书院祠堂。

是月二十七日,阖邑官僚绅士,奉公栗主,崇祀道南祠。让张伯行与先贤为伍,位大儒之列,以名垂青史,万古流芳!

七
天下清官

时光宛若夏日蝴蝶，方才好像还在眼前飞翔，倏忽之间，已然消逝不见。轰轰烈烈的人生如是，世代更迭又何尝不是如此？

转眼，张伯行已经去世百余年。

光绪四年（1878 年）十月，仪封城已经进入深秋，待最后一丝微弱的暖意逐渐散去，冬天悄然而至。

驿馆外的茶馆说书人李孝曾看着窗外光秃秃的杨树，不禁悲从中来。近些年战乱不断，赋税又重，来茶馆听书的人本就不多，一入寒冬，这人气就更加无法聚拢。他该如何撑起一大家子人的生活？假如衣食没有着落，又该如何度过这个漫长的寒冬呢？

正当他陷入深思之时，一骑快马闪过，直奔驿馆而去。

多年与驿馆为邻，李孝曾早已摸清门路，这般紧急的消息，必然是大事。他一路小跑到驿馆门口，等待出门送信的差人。

果不其然，不一会儿，就有一差人匆匆走了出来。

这差人李孝曾也熟悉，人们都称之为老柴，经常与他在茶馆聊闲天儿。

李孝曾上前问："老柴，有什么大事儿吗？消息这么急啊？"

老柴故作紧张："今天这事儿你可别瞎打听，你担待不起。"

李孝曾心头一紧，赶忙问道："难道是匪患未平，战火又要重燃？"

老柴一听，这说书的老头儿把话题引向禁忌的话题，赶忙说道："这话可不敢乱说。乱党早已平定，如今海晏河清，哪里来的匪患？此次加急之事，乃是大好事,咱们仪封城这下可要风光无限了!"

李孝曾一听见"风光"二字,两只耳朵直接竖立起来。眼下正愁没人听书,这一风光,这一热闹,问题不就迎刃而解了嘛!

他赶忙问:"啥风光大事儿啊,让咱也跟着热闹热闹呗!"

老柴神秘莫测地说道:"巡抚大人马上要来了,亲临咱们仪封城,主持祭祀大典。"

李孝曾有些疑惑,如今已是十月,不年不节,又非圣人诞辰、祭日,何来的祭祀呢?李孝曾将疑问道出,可老柴正准备急急忙忙往城里去,并没有工夫搭理他,便一边快步向前,一边说道:"事关清恪公,剩下的事情,你自己悟去吧!"

不等李孝曾再问,老柴已经一溜烟消失在人流中。

这清恪公,李孝曾一点都不陌生,甚至清恪公还是他一家的救命恩人。他在这茶馆中说书,没少讲清恪公修建书院讲学、率众御洪抢险、江南勇斗噶礼的故事。

清恪公本就是仪封城本地的大名人,事关家门口,没事的人都来这听他说上一段,心里又痛快又骄傲。正是这一段段熟稔于心的故事,为他带来供养一大家子人的钱财,这可不就是救命恩人吗?

如今仪封城内,确实有座清恪公的乡贤祠,逢年过节,有不少文人书生前去朝拜。

清恪公生前热心教育,凡到一地,最关心的只有两件事,一是水文,二是教育。史书记载,"所至,必修建书院、学舍"。

所建书院,著名的就有仪封城的请见书院,济宁的清源书院,福建的鳌峰书院,苏州的紫阳书院。

在他归乡期间,在仪封旧有饮泉书院遗址附近创立请见书院,"阁中聚书数千卷",多是如《小学》《近思录》以及程朱语类等此类理学著作,认为"入圣门庭在是矣"。

做山东济宁道以后,于康熙四十三年建过清源书院和夏镇书院,并在余暇之时,"辄至书院与诸生讲道论文,造就甚众","一时人文蔚起"。第二年,他又捐资重修毁弃的济阳书院。

康熙四十六年,张伯行任福建巡抚时,在九仙山下创立鳌峰书院,对于福建影响之深远,令人称叹。他置学舍、收藏书、搜先儒文集并刊布于世,并且在书院中以授诸生,宣扬程朱理学。他在给同年好友陈宫詹的信中说:"弟抚闽两载,酷好读书。又刻先儒遗书,使九闽之士,知吾之所言者乃程朱之道。程朱之道即孔孟之道,非子一人之私言也……有志于古人为己之学,欲闻圣贤之大道者,舍是书曷以哉?"

虎门销烟的风云人物林则徐林大人,便在鳌峰书院苦读七年。道光十一年时,林则徐林大人出任河南布政使,来到清恪公家乡,不仅朝拜乡贤庙,还提出,要以清恪公教导福建学士的精神,教导河南学子。修建书院,要传授的不就是学识风骨吗?

此外,江苏的紫阳书院也是影响深远,先后考出多名状元。同治帝、光绪帝两任帝师翁同龢,就是出自于紫阳书院。

这些书院,清恪公多自掏腰包,慷慨解囊,捐资捐书捐物,他自己更是多次授课,传圣人之道。须知,修建书院,教书育人,此为百世之大计。国运昌盛与否,人才至关重要,清恪公修建这么多书院,为国家输入的人才不可估量,这是兴国之重臣啊!

想到此处,李孝曾联想刚刚老柴说的大事,连巡抚大人都要来朝拜清恪公,自己虽然读过几本书,也算有点见识,但巡抚这么大的官,他是从来没有见过。即便是对于清恪公张伯行的认识,除从书上看的,大部分都是从私塾先生、官差嘴里听说的。说起这位河南巡抚,也与清恪公有相似之处,二人在治理河务上,都有建树。

(二)清恪公提出的治河理论,切实可行,行之有效,都得到朝廷采纳

说起清恪公治理河务上的成就,就不得不提一下当初那场几乎淹没仪封城的大水。清恪公顺治八年十二月出生在仪封城。他成名后,人们又尊称他为"仪封先生",后人多称其为"老大人"。清恪公家资富有,这使他有优越的条件受到良好的教育。他从七岁开始入私塾读书。父亲通晓孔孟之学,经常告诉他:"宋朝周、张、程、朱,乃上接孔、曾、思、孟之传者也,他日务读其书。"清恪公牢记父亲的教导,总是打听、搜集周、张、"二程"、朱五位大学者的书。

十三岁时,老大人已读完"四书五经"。康熙二十年,老大人以县学生的资格参加科举考试,得中举人。康熙二十四年,老大人进京考试,获殿试三甲八十名,给予赐进士出身。这年,老大人已三十五岁。经考核,授予内阁中书,又改授中书科中书。中书科的职责是写册文、诰敕等事宜,这是直接为皇帝办文、宣谕的机关之一。

清恪公在政治上崭露头角,引起人们的注意,正是始于治河,他的成功和锦绣前程亦始于治河。

仪封地处黄河南岸,水患连年发生,沿岸人民的生命和财产不断地被洪水所吞没,朝廷的经济为此也受到巨大损失。

康熙帝很重视治黄,从康熙二十年到二十七年,以祥符、兰阳、考城、仪封一带为重点地段,施工筑堤,以防洪水冲刷。

康熙三十八年六月,连续下暴雨,凶猛的洪水冲开仪封城北关堤坝,咆哮而出,向城内袭来。人们惊慌失措,乱作一团。是时,清恪公正在家中为父丧守制。在此危难时刻,他挺身而出,召集当地百姓,亲自督率,找来布袋装沙填塞住决口,从而避免了一场即将发生的惨剧。

清恪公的事迹很快被前来巡视水患的河道总督张鹏翮所知道,他很赏识清恪公的才干和魄力,便让清恪公以河道总督幕府之名,赴河工之任,督修黄河南岸堤二百余里及铜瓦厢、马家巷、东坝、高家堰诸地的水利工程。他悉心于河务,苦干三年,功绩显著。康熙四十二年,授山东济宁道,他善于治水的才华得到进一步施展。

后来,清恪公回忆这段治水的经历时说:"余自庚辰岁,奉命效力河工,日夕奔驰于淮扬徐泗数百里之间。"其辛苦和鞍马劳顿可以想见。不仅如此,他对治河颇有见地。他细心体察河务,精心研究治河方法,提出治理黄河、淮河、运河的设想方案。

朝廷在开海运之前,运河一直是南北经济运输的大动脉。由于运河河床狭窄,加之长期淤积,容水量有限,往往黄河发大水时,倒灌入运河中。不只运河,连淮河也都跟着同受其害。所以,治理黄河,不能不治运河、淮河。而运河北段水浅,常出现干涸,更影响到至关重要的漕运。

如何治理黄、淮、运,成为朝廷长期面临的一大难题。

清恪公驻地济宁,处运河要津,距黄河甚近。黄河一发大水,济宁地段的运河就遭受水灾。他在此任上,以治河为要务,倾注无数心血与聪明才智。

清恪公根据自己的实践,参酌古人治水经验,提出治水的原则是:"补偏救弊,相时度势,毋拘成格,毋循覆辙,善为之节宣。"

他认为,河水"宜蓄者蓄之,宜泄者泄之,而河犹有不顺其治者,未之前闻"。这就是说,只要"蓄""泄"得宜,河水就不会为害。清恪公总结前人治水,概括为四个字:疏、浚、筑、塞。

清恪公强调,治理黄河在于"分"其水。因为黄河之害,苦于洪水来临,无处可泄,其结果势必冲决堤坝,或倒灌运河、淮河,造成大面积水灾。因此,他建议应修通会河,最为有效。这样做,是"分"其水势,减"强"为"弱",水流畅通,就不会发生水患。

治理运河,也是这样。清恪公详察运河水量,看出运河北段水源不足,是其干涸的主要原因。他提出北运河要蓄水,办法是开引河一条,把发源于山西而流入黄河的沁水,设法引至张秋,入运河。其南运河所依赖的水源如南旺湖、马场湖,逐渐变为百姓耕地,运河缺水,而一到雨季,则田地尽被淹没。清恪公主张应将两湖还其为湖,既足运河水源,又使运河之水可蓄可泄,可保运河畅通而无害。

清恪公治河的思想主张及实践,都凝结在他亲著的《居济一得》一书之中,这本书展示出他对治河的许多精辟见解。

李孝曾看过这本书,家在黄河边,怎么能不关心治黄河的事呢?他活了几十年,也不是没经历过洪水泛滥,心里对官家的治河工程是又期待又失望。假如说他人生中还有什么大的志向的话,恐怕就是治河!可惜李孝曾自己出身寒微,无力求学,人到中年也只落得勉强养家糊口的地步。

清恪公提出的许多治河理论,都得到朝廷采纳,并在自己管辖范围之内,践行其主张。他亲自督修黄河南岸堤坝二百余里,"往来督催,无时即安"。他颁行《济宁以南各闸放船之法》,制定了山东四十八闸放船的具体规章。这些措施,切实可行,行之有效,保证他管辖的一段运河畅通无阻。

康熙四十四年二月,康熙帝南巡,途经山东,召见张伯行,十分赞赏他的治河才干,亲书"布泽安流"榜,作为对他治河成绩的奖励。清恪公以治河而知遇于康熙帝,受到器重。次年五月,经康熙帝批准,擢升他为江苏按察使司按察使。

清恪公的这些事迹,因为事关自家生计,李孝曾研究得很透彻,可谓烂熟于心,也心生向往。但李孝曾很清楚,清恪公平步青云,可不单单靠治理河务。

再说现在的河南巡抚,身兼河东河道总督,授兵部尚书衔,可谓一方大员。这样的人物,突然要来小小的仪封城,怎能不让人好奇和激动呢?

(三)张伯行从祀文庙,经光绪帝御批,报慈禧太后恩准,最终成为定制

老柴马不停蹄,一路小跑,到达县衙。通禀之后,跟着差役见到仪封县知县任兆麟。

> 史载:任兆麟,字圣微,号竹宣,直隶邯郸人,清光绪元年特举,光绪甲辰科赐进士出身,廷试一等,签分河南府仪封县知县。先后署渑池,补仪封,调太康,皆有惠政,民送旗伞物不绝。

仪封县知县任兆麟一听巡抚大人要来,颇为惊讶。这仪封小县,仪封小城,怎么招来巡抚这尊大佛呢? 他赶忙细问,谜底终于揭开了。

原来,清恪公在前几日的祭拜文庙大典中,得以从祀文庙。这可是无上荣光啊!

自圣人降世,到如今已两千余年,得以从祀文庙者,不过区区百余人。大清建国也已二百余年,从祀文庙者,不过两人而已。

本朝第一位从祀文庙的,是理学大家陆陇其,而举荐其从祀文庙者,正是清恪公。

第二位则是汤斌,字孔伯,河南睢州人,官至工部尚书,康熙二十三年出任江宁巡抚。历官三十余年,清正廉明,所到之处,体恤民艰,弊绝风清,政绩斐然。汤斌坚持不谋私利,不图享受,依然过粗茶淡饭的生活,每日三餐都以豆腐汤为菜,极为简朴。久而久之,苏州百姓便给他起了个"豆腐汤"的雅号,赞他为官清廉。一时间,"汤青天"的美名家喻户晓,妇孺尽知。康熙二十六年,汤斌病逝于工部尚书任上,终年61岁。乾隆元年,乾隆帝赐予汤斌谥号"文正",道光三年,从祀文庙。

自立志入仕以来,知县任兆麟就把本朝青史留名的名臣和名儒作为人生榜样。现在,康熙时的能臣、本地先贤张伯行,得到当今圣上如此崇高的礼遇,自然非同小可。自己担任仪封县的父母官,顿时觉得光彩耀眼。

任兆麟心里欢喜,立即叫来县丞、书吏等人,略作交代后,便分派任务,务必在三日之内,将清恪公的乡贤祠修缮一新,重塑雕像。并将城中街道打扫干净,祭拜乡贤祠三日,举行大型集会,共贺清恪公入享文庙。同时,将县衙最好的客房准备好,迎接巡抚、道台等大人。

河南巡抚李鹤年听到张伯行从祀文庙时,丝毫不觉得惊讶。张伯行的理学成就较之陆陇其并不逊色,且清恪公生前官至礼部尚书,又被康熙帝称为"天下第一清官"。京城的同僚给他送信时,已向他详细介绍了当时的情况。

　　史载:李鹤年,字子和,号雪樵,奉天义州(今辽宁义县)人,道光七年(1827 年)生。道光二十五年(1845 年)中恩科二甲第六十七名进士,选庶吉士。历官御史、给事中、隶布政使。光绪元年(1875 年)调任河东河道总督,授兵部尚书衔,兼署河南巡抚。此间,开封府黑岗口大堤溃坝,李鹤年亲自督促抢修二十余昼夜,所有险段均补修完好。光绪十六年(1890 年)卒。

乾清宫内,光绪皇帝与帝师翁同龢等朝中几位重臣,商议孔庙祭祀一事。翁同龢说起文庙之中从祀者,在当朝之中已有两位,分别为陆陇其和汤斌。

光绪皇帝听完几位大臣的介绍,沉吟一下,说道:"朕欲再择廉洁中正之人,从祀文庙。与前面两位,成三人之数,不知众位爱卿以为如何?"

翁同龢上前一步道:"万岁此议甚当。自此汤斌大人从祀文庙以后,已经过去数十载。当今理学之风甚盛,且国家政治经济稳定,正要树立楷模,以励正统风气,让我大清王朝,更能长治久安!"

旁边几位大臣闻听,也表示赞同。

光绪皇帝道:"从大清王朝一统天下之后,廉洁奉公者甚多。而既能够为官清正,且又能崇仰理学之风者,不知又有几人?"

翁同龢上前一步道:"万岁,微臣推荐一人,不知可否?"

光绪皇帝道:"恩师请讲。"

翁同龢说道:"微臣推荐之人,姓张名伯行,字孝先,乃河南仪封人氏。"

光绪皇帝眉眼一挑,说道:"张伯行,我也听说过此人。圣祖时期,张伯行廉洁天下闻名。"

翁同龢笑言:"万岁所言极是。张伯行是圣祖皇帝二十四年进士,曾任福建和江苏巡抚,官至礼部尚书。历官二十余年,以清廉刚直著称。圣祖仁皇帝曾称赞其:居官清正,天下所知,为天下第一清官。"

光绪皇帝闻言道:"圣祖皇帝的确对此人极力褒扬。但若只是为官清正,朕以为还不够。能入文庙者,除人品必须端庄方正者,还须博览群书、著述颇丰方可。"

翁同龢笑着说道:"万岁所论甚是。这张伯行不仅为官清正,且在著述理论方面颇有建树。陆陇其大人得入孔庙,也是在张伯行大人举荐下,才得以成行。所以,张伯行大人之资历威望,实在不亚于已经从祀文庙的汤斌大人与陆陇其大人。"

"张伯行不仅喜读程朱之学,著述颇丰,而且在为官期间,大力弘扬儒家学说,鼓励青年学子用心读书,为国效力,每到一处都不忘在当地兴建书院。臣记得张大人尚未出仕为圣祖效力之时,在家乡仪封就自己出资建成请见书院,弘扬儒学。河南仪封民风淳朴,人才辈出,实在与张伯行张大人的努力密不可分。"翁同龢又接着说道,"后来,张大人先后在山东、福建、江苏为官之时,更是自己出资兴建多家书院。闻名天下的林则徐林大人,就曾在张大人修建的鳌峰书院中苦读七年,得以正途。无数青年学子,皆是因为张伯行大人所建书院,而走上读书之路,继而为国效力。微臣也是在张伯行兴建的苏州紫阳书院,挑灯苦读,始有今日!"

光绪皇帝听后,龙颜大悦,紧接着却又感慨地长叹一声。其意,一来是赞叹张伯行的功绩和廉洁,二来是遗憾自己一朝尚未有如张伯行这样的臣子。就这样,张伯行从祀文庙一事,经光绪帝御批,报慈禧太后恩准,最终成为定制。

九月廿八,光绪帝率领文武百官,祭祀孔庙。张伯行从祀孔庙之事,迅速传遍朝野。

河南巡抚李鹤年得知消息之后,立即决定亲往仪封城,祭拜清恪公乡贤祠,并将这大好消息告诉仪封城的百姓。这是仪封人的光荣,作为河南巡抚,他也是与有荣焉！已经接连出了两位从祀文庙的大家,河南文脉果然是源远流长!

（四）要让仪封,要让河南,要让所有的孩子都能读书

举行三天集会的消息很快就传入李孝曾耳中,起因和缘由当然也一字不落地传了过来。李孝曾坐在窗口,忽然发现对面枯死的杨树梢上,又重新鼓出新苞,吐出嫩芽,这是来年的希望啊!冥冥之中,清恪公又一次拯救他们一家子。想到此处,李孝曾老泪纵横。

茶馆掌柜得到消息之后,迅速将茶馆上下打扫一新。掌柜马上新添了几条板凳,又将今年新到的"王大昌"茉莉花茶、西湖龙井、武夷岩茶也一一取出,摆在显眼位置,翘首以待这次盛会。近年来灾祸不断,特别是匪患洪灾,几度威胁到豫东地区的百姓。人们四处流浪,无家可归,千村薜荔,万户萧疏。而今,又逢盛事,确实应该好好热闹热闹,庆祝一番。

祭拜乡贤祠的日子越来越近。

大清早,街上已经热闹起来。仪封县知县任兆麟率领县内诸位官员,早早就在城门外等候。茶馆掌柜看见知县大人,赶紧迎接上来,邀请任大人在茶馆内等候。此时,李孝曾已经准备妥当,醒木一响,群响毕绝。

"话说康熙帝时期,有个清官,他写过一篇《却赠檄文》,说得直白一点,就是一道不准送礼的命令。'一丝一粒,我之名节;一厘一毫,民之脂膏。宽一分,民受赐不止一分;取一文,我为人不值一文。'这话什么意思呢?一丝一粒虽小,却牵涉我的名声和气节;一厘一毫虽微,却都是民脂民膏。对百姓宽待一分,那么百姓所受恩赐就不止一分;向百姓多索取一文,那么我的为人便一文不值。各位请想,有多少官员能这样正气凛然,高风亮节?说这话的这位清官,正是咱们仪封人——清恪公张伯行。

"要说是万般皆下品,惟有读书高。张伯行从小就喜欢读书,满学堂里数他最认真最刻苦,时时刻刻都不会忘记读书这回事。……康熙二十四年,张伯行高中进士。之后,张伯行在咱们仪封老家读书耕田,教书育人。一时间,咱们仪封声名鹊起,满地书香。康熙四十二年,经张鹏翮推荐,张伯行出任济宁道台,正式走上仕途。没过几载,皇帝南巡,深感济宁运河河宽水深,治理

有方,就拔擢张伯行为江苏按察使。之后仅仅不到两载,康熙帝再下江南,让两江总督噶礼和江苏巡抚于准荐举贤能官员,张伯行没有在被荐之列。康熙帝深知:千军易得,一将难求,认为像张伯行这样的清官更为不易。他老人家一想,这哪成啊,都看不见好官吗? 于是,亲自举荐张伯行。他对张伯行说:朕很早就知道你,现在朕要重用你。你呢,要做出些了不起的事,也让天下人都知道,朕这个皇帝是知人善任。康熙帝这是将张伯行树为典型,当朝天子慧眼识人的典型。可以说,张伯行仕途顺畅与康熙帝的提携拔擢密不可分!

"受到康熙皇帝举荐后,张伯行被任命为福建巡抚。到福州后,张伯行见到福州百姓还在祭祀瘟神,就下令拆除瘟神神像,改祭祀祠为学堂,祭拜朱子。张伯行在安排好一切政务之后,就开始着手建造鳌峰书院,并时不时亲自去讲课。您想啊,巡抚讲课,那跟一般先生讲课能一样吗? 在这个书院读书跟在私塾读书能一样吗? 福建的读书人进步极大,所以,后来福建出现了好些个治世能臣……

"清恪公为官廉惠清正,不贪不占,这就不用多说。他还敢于直言犯上,不怕挫折,勇于斗争。有一年,张伯行由福建巡抚改任江苏巡抚,没想到刚到江苏,又碰上贪得无厌、狡诈专横的顶头上司——两江总督噶礼。清恪公在任上清理多年积弊,数次上书皇帝,请求豁免过重的赋税负担,算是给咱老百姓多一条宽松的谋生路。皇上批准,百姓拥戴,贪官恼怒。那个噶礼却处处设障碍,时时耍花招,一心要挤走张伯行。康熙五十年,江南乡试中,副主考官赵晋等人收受贿赂,录取不公,士子不服。榜发之日,数百人竟然抬着财神像进贡院,讽刺这些考官为了捞钱财,啥脸面也不要了。这些读书人不服,就要个公道。张伯行将这事原原本本上书给皇帝,要求调查处理。事实上,噶礼也参与贿卖关节的事,可他来个恶人先告状,罗织张伯行七大罪状,亦上书弹劾张伯行。康熙帝几次派大臣去调查,但他们惧怕噶礼的权势,却加入陷害张伯行的行列,最后议定说,张伯行应该革职。康熙帝说:张伯行居官清正,天下人哪有不知道的……朕敢说,张伯行的操守在天下清官里那是第一,断不能参他。噶礼虽然能干,但是太惹是生非,朕从没听说他有清正的名声。于是,康熙帝一生气,将噶礼革职,叫张伯行无罪来京,接着又让张伯行当户部侍郎兼管仓场,碰上科考,还叫他当主考官……"

李孝曾说书,语气抑扬顿挫,有详有略,老百姓一听就被吸引住。当然,也有他们似懂非懂的地方,觉得非常厉害,其间他们不时拍手叫好。知县任兆麟也随着鼓掌叫好。

任兆麟心中不禁感叹,自古清官最受百姓爱戴,不无道理。为官不廉,就是站在百姓对立面。康熙帝重用清官,本朝传世的廉吏大多出自康熙年间,著名的就有清恪公、陆陇其大人、陈瑸大人等。

后来,清官不再受到重用,反倒是一批巨贪得势。这些弊端在盛世自然得不到显现,可道光二十年之后,异邦开始侵犯我大清国土,盛世不再,这弊端就显露无遗。

如今,更是如此。连年灾祸,民不聊生,如若各级官员再横加盘剥,民众岂有不反之理? 自陈胜吴广揭竿而起,到前朝朱元璋推翻元朝,不都是农民出身吗? 百姓只求安居乐业,肯定不会无故暴乱。万事皆因地方官不作为,横征暴敛,搜刮民脂民膏,以至百姓衣食无着,再无他路可走。

倘若都如圣祖仁皇帝一样重用清官,官员都如清恪公这般清正廉洁,洁身自好,百姓怎会不知感恩、不懂是非、犯上作乱呢?!

百姓如此喜爱清官的故事,也正是期待一个公平清白的世道啊!

正当仪封县知县任兆麟想得入神,有衙役进来报告说,看到巡抚李鹤年一行的车驾马上就到。任知县赶紧起身,带着县内一应官员前去迎接。没走出多远,就见一众人马逶迤行来。

原来,李鹤年有心要看看仪封城内外的景象,没等到仪封知县等人的迎接,就从车驾上走了下来。仪封虽城池不大,城外道路也算平整干净,行人和车辆井然有序。

见知县任兆麟慌忙迎上来,又听得前面一处茶馆里人声嘈杂,李鹤年便明白七八分,问道:"任大人,这是在听什么,听得这么入神?"

任知县吓得后背布满汗珠,赶紧跪下请罪:"下官未能远迎,还望巡抚大人海涵!"

李鹤年上前扶起任兆麟,笑道:"本官不过开个玩笑,任知县不必如此。百姓爱听说书,你我为官之人偶尔也不妨与民同乐。本官也是对说书十分感兴趣,平日里你我政务繁忙,今日正好得空闲,可以听一阵儿再走嘛!"

任兆麟把刚刚李孝曾所说简单介绍一遍。李鹤年倍感惊奇:"想不到清恪公的事迹被人这般广泛流传,古来之臣,所愿不过是名留青史而已。清恪公非但青史留名,还为民间所传颂,真乃是我辈之楷模!"

任兆麟附和道:"是啊,清恪公为官清廉,治学严谨,乃是一代大儒。从祀文庙,享受万世供奉,何其光荣!如今一些学子,学习儒道不过是为考取功名,混个一官半职,而对于儒道学问漠不关心,实在愧对先贤,应觉汗颜!"

李鹤年道:"任大人眼光独到。如今天下不太平,做学问与身后事都被大家抛之脑后,过于看重眼前的蝇头小利,而不思进取。须知,如今异邦视我为鱼肉,人人都想分一杯羹。圣祖时期,我们何曾受过这般待遇?世道出现问题,我们就要想法子应对。圣上此次恩准清恪公从祀文庙,一定是经过慎重考虑的。清恪公清正廉洁,大公无私,正是我们这些做臣子的榜样。如若每个官员,都如清恪公这般尽心尽责,异邦岂敢欺我辱我?民众又怎会犯上作乱?这一切道理,清恪公在治河时已阐述清楚,遇事宜疏不宜堵。"

此言和任兆麟所想不谋而合,任知县心下甚是欢喜。他不敢再耽搁,邀请李鹤年前往县衙,接风宴已准备妥当。

次日,李鹤年率领一应官员,祭拜乡贤祠,并将清恪公从祀文庙的消息,向仪封百姓大声宣告,围观百姓无不欢呼雀跃。李孝曾也在人群当中,将说书的摊子挪到城中,现下他已无心说书,站在人群中,享受着这难得的欢欣和热闹。

仪式结束,李鹤年和一众官吏心情上都松弛下来,从祠中缓步走出。忽然,一个瘦小的身影跟跄着扑了过来,正倒在李鹤年脚下。

众人定睛一看,原来是个不足十岁的孩子,身穿缀着补丁的粗布衣裳,大概是从人群里被挤出来的。

立刻就有差役过去扯起这孩子,喝道:"快走!快走!"

却见这孩子并不惊骇,反而抬起头来看着李鹤年,黑黑的眼珠透出一道亮光。李鹤年阻止衙役动手,问孩子道:"你可有什么话说?"

这孩子不吭声。李鹤年拍着他的肩头说:"你今年几岁?叫什么名字?读书了吗?"

"俺叫黑娃,今年九岁。俺想念书,俺爹不答应,天天让俺放羊。"

这一串话说得又快又脆,惹得众人大笑不已。

李鹤年却体察出里面的意思来,问道:"你为什么想念书呢?念书起早贪黑,十分辛苦。"

黑娃说:"念书识字,不受欺负,将来当大官,叫穷人家都有吃有穿。"

李鹤年和任兆麟听过,面面相觑,心里颇为感动。

李鹤年心想,今天在此祭拜张伯行这位名儒清官,却碰见这么个有志气的孩子,莫不是冥冥之中的天意吗?

于是,他对黑娃说道:"说得好。放心,你念书的事,就包在我身上!"

说这话的同时,他还做出个决定,要让仪封,要让河南,要让所有的孩子都能读书! 如此,方不负先贤谆谆教诲,良苦用心,不负百姓对当政官员的殷殷期望!

(五)以史为鉴,可以知兴替;以人为鉴,可以明得失

白驹过隙,沧海桑田!

清康熙四十年(1701 年),张伯行被荐治理黄河,督修仪封、兰阳、考城、祥符沿岸黄河南大堤。张伯行认为:自古未有决而不堵、堵而不迅之理。若使洪水改流新河,必然要筑堤坝。且不说舍千百年旧址,开千余里新工,费用浩繁,工程远大。只说灾区亿万难民流离急迫,何堪设想? 仪封之危,危于口门之决;百姓之困,困于堵塞之迟。

黄河上寒风刺骨,浪涌如山,声吼如雷。堤坝东西两门以及上下边埽,无不撞击冲刷,东西堤坝陷溺数人。张伯行见此情景,忧心如焚,奋不顾身,胆大心细,运筹帷幄。他昼夜坚守河岸,数日不返公馆。饿了,吃干馍咸菜;累了,枕料物打盹;困了,在轿中而卧。"上下同欲者胜!"从仪封、兰阳、考城、祥符至归德府,二百余里的黄河南岸大堤,"往来催督,无时不博。而日用车马皆自备,毫无所染"。数月历尽艰辛,耗尽心力,受尽惊险,时复晕迷,不可支持。虽大险迭出,犹得补坚固。历经数日,张伯行带领众人终于堵口成功。后经雍乾两代修治,黄河两岸堤防逐步完善,虽时有决口,旋决旋堵,直到咸丰五年(1855 年)河决铜瓦厢以前,再未发生大的改道。

张伯行封堵决口处,成为黄河下游繁华的集镇,豫鲁两省之间忙碌的渡口。那是万里黄河上著名的险工! 那是九曲黄河最后一道弯! 那个地方就叫铜瓦厢!

清咸丰五年(1855 年)六月十九日西时,滔滔黄河在张伯行曾经封堵过的

决口处破堤而出,"所加之土,不敌所涨之水。适值南风暴发,巨浪翻腾,直扑堤顶,兵夫不能站立,人力难范"。遂酿成著名的黄河铜瓦厢改道,这也是黄河下游最后一次大改道。由此时此处起,奔腾不息的黄河改变自宋代以来,流向东南夺淮河入黄海的方向;由此时此处起,黄河折向东北,经赵王河过济宁、济南,夺大清河由利津入渤海;由此时此处起,铜瓦厢小镇沉入河底,演变成今天的兰考东坝头。

就在铜瓦厢决口处的东坝头,就在九曲十八弯的黄河最后那道弯,就在我祖祖辈辈生活的故乡,由仪封、兰阳、考城三县分分合合,最后定名为今日的兰考。这里,十二条黄河故道蜿蜒不断,曲折漫长;风沙弥漫,盐碱遍地,沙丘连绵,八十四个风口中最大的那个风口就在东坝头!笼罩在这片土地上的,不仅仅是风沙,还有小盐、白碱,还有逃荒、要饭。"种一葫芦打一瓢,在家不如往外逃。"乡亲们吃完槐花吃榆钱,吃完槐树皮吃榆树皮,到最后实在是没啥吃,就只能吃黄土和茅草根。

作为一个土生土长的兰考人,我曾经写过一首诗,叙述着童年苦难的岁月:

三月过后是四月,四月过后是五月,五月过后才是收割麦子的季节。榆钱儿是春节与麦子之间的过渡地带,让农人沿着榆树,对麦子更加渴望。榆钱儿从农历中,走进地锅馍筐,香喷喷地,给童年和饥饿的乡村,释放麦子的能量。又是四月,我站在城市,想念乡村。母亲,您的粮缸里,是不是又装满榆钱儿做的干粮!

1952年10月,毛泽东主席来到曾经叫铜瓦厢的兰考东坝头视察黄河。一生畅游过无数大江大河的伟人,面对着这条养育中华民族的母亲河,发出"一定要把黄河的事情办好"的伟大号召!

1962年12月,新任兰考县委书记焦裕禄来到张伯行曾经封堵黄河决口的东坝头,探流沙,查风口,带领兰考干部群众,开始了一场前所未有的向"风沙、盐碱、内涝"宣战的"治三害"运动。

兰考人民多奇志,敢教日月换新天!当年种下的槐树绿了,柳树青了;桃花开了,杏花白了;麦子黄了,高粱红了。如今的兰考,绿树成荫,良田成方,

"绿我涓滴,会它千顷澄碧!"

"遇事无难易,而勇于敢为。"如今,这片多灾多难的土地日新月异,发展迅猛。在第二批党的群众路线教育实践活动中,习近平总书记将兰考作为联系点。2014年3月17日下午,习近平总书记亲赴兰考东坝头访贫问苦,指导脱贫。他叮嘱当地干部要切实关心农村每个家庭特别是贫困家庭,因地制宜,发展产业,促进农民增收致富。

在2014年3月18日河南省兰考县委常委扩大会议上,习近平总书记语重心长地指出:"兰考历史上出了一个有名的清官张伯行。他历任福建巡抚、江苏巡抚、礼部尚书,为谢绝各方馈赠,专门写了一篇《却赠檄文》,其中说道:'一丝一粒,我之名节;一厘一毫,民之脂膏。宽一分,民受赐不止一分;取一文,我为人不值一文。谁云交际之常,廉耻实伤;倘非不义之财,此物何来?'我看,这也可以作为一面镜子!"

"草木蔓发,春山可望。"备受鼓舞的兰考人苦干实干,于2017年成为全国首批脱贫"摘帽"的贫困县。现在的兰考欣欣向荣,蒸蒸日上。抬望眼,黑里河潺潺流淌,泡桐花粲然开放;麦子咯吱咯吱拔节,花生自由自在歌唱。乡村振兴再创佳绩,公益超市人来人往;烛光行动照亮未来,爱心书屋弥漫书香……我的兰考我的家,你究竟经历了多少苦难,才变得如此灿烂、如此辉煌?

"清心为廉,直道则耿。"自古以来,廉洁为政是百姓对公平正义的呼唤,清官廉吏更堪称时代的价值准绳。习近平总书记之所以引用张伯行的《却赠檄文》,强调廉洁从政,慎小慎微,就是要求广大党员领导干部树立正确的政绩观、政德观、政风观,"显功"与"潜功"并重。要明大德、守公德、严私德;浚其源、用其贤、干其事;涵其林,养正气、固根本,锲而不舍、久久为功。要追求"慎独"的最高境界,从小节上严加防范,"心不动于微利之诱,目不眩于五色之惑"。要做到台上台下一个样,人前人后一个样。尤其是在私底下、无人时、细微处,更要如履薄冰、如临深渊,始终不放纵、不越轨、不逾矩,清清白白做人、干干净净做事、坦坦荡荡为官!

以史为鉴,可以知兴替;以人为鉴,可以明得失!

"江山就是人民,人民就是江山。"中国共产党是为人民谋利益的政党,人民的利益就是党的利益。革命时期,中国共产党人抛头颅,洒热血,通过艰苦卓绝的斗争,争取到民族独立,获得了自由幸福,赢得人民群众的拥护和爱戴。而今,黄河流域生态保护和高质量发展迈出坚实步伐,脱贫攻坚取得全面胜利,人民对美好生活的向往成为党的奋斗目标。在全面建成小康社会、向着第二个百年奋斗目标拼搏的今天,打造一支忠诚、干净、担当的干部队伍显得尤为重要!

时代呼唤张伯行,人民需要焦裕禄!培养造就出"天下第一清官"张伯行和县委书记的榜样焦裕禄的兰考大地,清风吹拂,绿意盎然。滔滔黄河水映照出太阳金子般的光芒,映照出一代又一代人的初心与梦想!

放眼望,习桐始华,亭亭如盖;焦桐花开,桐花灼灼!枝繁叶茂的泡桐吮天地之精华,秉乾坤之正气,行人间之大道,成为力量,成为精神,成为象征!

而这种力量,这种精神,这种象征,正滋养着生机勃勃的兰考大地,温暖着辽阔厚重的豫东平原,照耀着辉煌沧桑的千年古都,激荡着奔腾不息的万里黄河!

2014 年 7 月—2019 年 7 月　初稿

2019 年 7 月—2020 年 7 月　二稿

2020 年 7 月—2020 年 12 月　三稿

2020 年 12 月—2021 年 12 月定稿于开封三有斋

参考书目

1. 人民日报评论部:《习近平用典》(第一辑、第二辑),人民日报出版社 2018 年版。

2. 人民日报评论部:《习近平讲故事》,人民出版社 2017 年版。

3.〔清〕张师栻、张师载编:《张清恪公年谱》,乾隆四年本。

4. 中国第一历史档案馆编译:《康熙朝满文朱批奏折全译》,中国社会科学出版社 1996 年版。

5. 中国第一历史档案馆编:《康熙朝汉文朱批奏折汇编》,中国档案出版社 1985 年版。

6.〔民国〕徐世昌编:《清儒学案》,中国书店 1990 年版。

7.〔民国〕赵尔巽等撰:《清史稿》,中华书局 1977 年版。

8. 王钟汉点校:《清史列传》,中华书局 1987 年版。

9.〔清〕徐珂编撰:《清稗类钞》,中华书局 2010 年版。

10.〔日〕中川忠英编著,方克、孙玄龄译:《清俗纪闻》,中华书局 2006 年版。

11. 林铁钧、史松编:《清史编年》,中国人民大学出版社 2000 年版。

12. 故宫博物院明清档案部编:《李煦奏折》,中华书局 1976 年版。

13.〔清〕张伯行选编:《唐宋八大家文钞》,浙江古籍出版社 2012 年版。

14.〔清〕张伯行:《居济一得》,商务印书馆 1936 年版。

15.〔清〕张伯行选编:《正谊堂文集》《正谊堂续集》《正谊堂全书》,福州正谊书院藏版,清同治八年。

16.〔清〕张伯行选编:《近思录专辑》,华东师范大学出版社 2015 年版。

17.〔清〕张伯行辑:《太极图详解》,学苑出版社 1990 年版。

18.〔清〕施璜编:《紫阳书院志》,黄山书社 2010 年版。

19.《仪封张氏家谱》(上、下),1988 年。

20. 开封市地方史志编纂委员会办公室编:《开封市志》2001 年、《开封府志》2009 年、《开封老街志》2018 年、《菊谱》2010 年。

21. 兰考县志编纂委员会:《兰考旧志汇编》(兰阳卷、仪封卷、考城卷),1986 年。

22. 兰考县地方史志编纂委员会编:《兰考县志》,中州古籍出版社 1999 年版。

23. 杞县地方史志编纂委员会编:《杞乘译注》,中州古籍出版社 2014 年版。

24.〔清〕李同亨修,开封市地方史志办公室编:《顺治祥符县志校注》,中州古籍出版社 2019 年版。

25. 开封市祥符区地方史志办公室编:〔清〕光绪二十四年《新修祥符县志》,2015 年。

26.《河南省黄河志》(2009 年)、《开封市黄河志》(1991 年)、《开封市郊区黄河志》(1994 年)、《兰考县黄河志》(1998 年)。

27. 吴江:《刘青霞故居》,中州古籍出版社 2013 年版。

28. 周远廉:《清朝兴亡史》,北京燕山出版社 2016 年版。

29. [美]史景迁:《前朝梦忆》《康熙》《曹寅与康熙》,广西师范大学出版社 2010 年版、2011 年版、2014 年版。

30.《白寿彝文集》,河南大学出版社 2008 年版。

31. 济宁市政协:《济宁非物质文化遗产名录》《济宁民间传说与歌谣》《运河文化与济宁》《济宁民风民俗》《济宁历代诗选》,中国社会出版社 2010 年版、2011 年版、2012 年版、2011 年版、2011 年版。

32. 郑建新、郑媛编著:《徽州问墨》,黄山书社 2013 年版。

33. 陆勤毅、李修松主编:《安徽通史》,安徽人民出版社 2011 年版。

34. 叶知秋主编:《十大王朝》,远方出版社 2003 年版。

35. 孔宪易校注:《如梦录》,中州古籍出版社 1984 年版。

36. 钱实甫编:《清代职官年表》,中华书局 1980 年版。

37. 商衍鎏:《清代科举考试述录及有关著作》,百花文艺出版社 2004 年版。

38. 台湾银行研究室编:《清经世文编选录》,台湾丛刊第 229 种,1966

年版。

39.《大清圣祖仁(康熙)皇帝实录》,台湾新文丰出版社1978年版。

40.〔明〕黄仲昭:《八闽通志》;〔清〕郝玉麟等:《江苏省通志稿》;《福建通志》;〔清〕金一风:《康熙汶上县志》,康熙五十六年;〔清〕章弘:《康熙巨野县志》,康熙四十七年;〔清〕赵良生:《永定县志康熙本》,康熙三十六年;〔清〕徐景熹:《福州府志乾隆本》,乾隆甲戌春三月;〔清〕曾曰瑛:《乾隆汀州府志》;〔清〕觉罗普尔泰:《乾隆兖州府志》,乾隆三十五年;〔清〕胡裕燕等:《清河县志》,光绪二年刊本;〔清〕姚延福:《光绪临朐县志》,光绪十年。